한국인의 에너지, 가족주의

- 개인의 보호막과 지위상승의 발판인 가족

도서출판 피어나

역동적 한국인 총서
5

한국인의 에너지, 가족주의

개인의 보호막과 지위상승의 발판인 가족

김동춘 지음

피어나

서문

20세기에서 오늘의 이르는 시점까지 한국사람들의 의식이나 행동을 설명하려 할 때 가장 으뜸이 되는 현상은 무엇일까? 가족주의는 단연코 그 첫 번째 자리에 있다고 말할 수 있을 것이다. 한국뿐 아니라 모든 사회의 근원적 작동의 원리는 바로 가족 내부에서 출발하지만, 오늘날 대부분의 한국 사람은 평생을 가족을 위해 일을 하고, 가족 때문에 고통과 갈등을 겪고, 또 가족 때문에 죽기도 한다.

오늘날 청년층이 결혼을 기피하고, 결혼이 더 이상 필수가 아닌 시대가 되었지만 여전히 대부분의 사람은 가족관계 속에서 살아가고, 설사 가족과 분리하여 별도의 가구를 꾸리고 살아도 가족관계는 그의 모든 사회관계나 정신세계의 가장 중심적인 위치에 자리 잡고 있다. 따라서 한국사회에서 발생하는 많은 현상과 문제는 거의 가족관계, 가족질서, 가족 재생산과 연관되어 있다.

가족주의는 바로 가족 집착, 가족 애착, 가족 상속, 자녀 교육, 가족 복지 등으로 연결되는 모든 사회적 행동의 기초이며, 여타의 사회적 행동으로 연장·확산된다고 봐도 좋을 것이다. 사회, 국가는 여전히 가족을 가장 기본적인 삶의 단위로 전제하고, 결혼하지 않는 사람을 비판하는 경향이 있고, 혼자 사는 것보다는 가족을 이루고 사는 것을 당연시하고, 가족을 위해 몸을 바치는 사람을 좋게 생각한다. 오늘날의 가족주의는 사회적 행동 또는 실천이며, 지배 이데올로기이자 대중들의 사회적 심성이기도 하며 제도와 법으로 구체화되어 있기도 하다.

가족, 가족주의에 대한 각종 사회비평이나 정책보고서, 그리고 학술연구는 1960년대부터 엄청나게 많이 쏟아져 나왔다. 그리고 수많은 사회학자가 이 주제로 논문이나 학술연구서를 발표하기도 했다. 그러나 가족, 가족주의는 연구의 주제라기보다는 일상의 실천이기 때문에 모든 사람은 이것에 관한 한 약간의 전문가들이다. 그러나 모든 사회과학 연구영역이 그렇듯이 조금만 깊이 생각하면 이 주제 역시 그리 간단하게 비평하고 설명할 수 있는 현상이 아니라는 것을 알 수 있다.

왜 한국에서는 가족주의가 그렇게 유별난 방식으로 나타났는가? 언제부터 그런 현상이 있었고, 다른 나라와 다른 점은 무엇인가? 과연 개인주의가 확대되고, 비혼 인구가 증가하는 현재 이후 한국사람들은 가족 질서 속의 존재, 가족의 유기적 구성원에서 벗어나 독자적 판단력과 의사결정 능력을 가진 독립된 개인이 될 것인가? 그렇다면 앞으로는 가족주의가 사라질 것인가?

한국의 근현대 역사도 서구와 마찬가지로 개인화의 과정이었다는 것은 분명하다. 그러나 한국의 20세기를 돌아보면 부모, 형제, 부부 사이의 관계에서 독립적 자아와 인격적 독자성을 갖는 개인이 탄생했는지는 의심스럽다. 물론 전통적 가부장주의 신분사회에서처럼 개인의 존재 자체가 부인되지는 않게 되었지만, 독자적 선택과 판단이 오롯이 존중되는 그런 개인이 아니라 가족이라는 공동체의 일원임을 전제한 상태에서 비로소 개인성도 인정되는 개인, 즉 '가족 개인'이 일반화된 것이 아닌가? 그렇다면 20세기 이후 오늘날까지 나타난 가족주의는 전통시대의 그것과는 어떤 차이가 있을까?

필자는 1987년 민주화 이후에도 공적 조직운영이나 공적 의사결정 과정에서 강하게 작동하는 한국사회의 가족, 연고주의적인 행태를 체험, 목격하면서, 가족주의는 단순히 과거의 유물이 아니며, 한국사회가 여전히 후진적인 상태에 머물러 있기 때문에 나타나는 현상이 아니라는 점을 주목하였다. 그래서 1990년대 이후 가족주의를 비판하거나, 가족주의가 근대 이후 어떻게 강화되었는지를 살펴보는 비평이나 논문을 쓴 적이 있다. 특히 「유교와 한국의 가족주의」(2002)에서는 가족주의는 지위 재생산의 전략, 근대의 정치경제적 위기의 산물이라는 점을 강조했었다. 필자는 근현대 이후 한국사회 작동의 기저에 가족주의가 자리 잡고 있으며, 그것은 단순히 근대 이전의 유교문화의 유산이 아니라 일제강점기 이후 본격적으로 정착한 현대적 현상이며, 산업화·도시화 과정에서 확대되었다고 생각했다.

필자는 그동안 가져왔던 이러한 문제의식을 이 책에서 더욱 체계적으로 담았다. 이 책에서 가족주의는 '위기와 기회'의 시기였던 지난 식민지적 근대화의 과정, 한국전쟁, 급속한 산업화라는 격동기에 한국인들이 생존과 자기보호, 그리고 계층상승과 지위유지를 향한 에너지이자, 그런 열망을 가장 집약적으로 드러낸 행동이라는 점을 강조하였다. 필자는 한국 가족주의를 '보호적 가족주의'와 '지위유지(상승)적 가족주의'로 구분하였다. 가족주의는 상속을 통한 지위유지, 자녀 교육을 통한 지위상승의 받침, 지렛대이자 생존의 단위로서 가족에 엄청난 열정과 기대를 쏟는 행동이며, 근대 이전에 차별받던 여성과 상민(常民)층의 '인정투쟁'이기도 했다는 점을 발견했다. 즉, 한국의 근대는 서구와 달리 자주적이고 독립적인 '개인', 독자적 의무와 책임을 한 몸에 지닌 '개인'의 탄생사가 아니라, 가족이라는 유기적 단위 속의 개인, 즉 '가족 개인'의 탄생사로 볼 수 있을 것이다. 가족주의를 통해 우리는 한국 근대의 특수성과 보편성을 볼 수 있다.

가족주의는 고정적이고 심리적인 태도나 기질은 아니며 다양한 역사적 정치적 계기와 맞물려, 다양한 신분 계층에서 차별적인 방식으로 형성, 강화되어 오늘 한국사회의 다이내믹을 만들어냈을 것이다. 가족주의는 19세기 말에서 20세기 중후반기의 정치경제 질서에서 한국인들이 대처, 적응, 상황극복을 시도하는 과정에서 일상화된 것이기 때문에 단순한 문화적 현상이 아니라 정치연관적 현상, 일종의 정치경제적 '사실'이다. 근·현대 한국인의 존재와 행동을 집약한 '가족 개인'은 계급, 직업 집단 및 여타 사회적 연대를 차단해온 지난 한 세기의 정치경제질서가 만들어낸 것이다. 혈연적 가족 개념은 근대 이전부터 지금까지 지속되는 변함없는 특징이지만, 가족주의는 전통의 유산이 아니라 근현대의 산물임을 주목할 필요가 있다.

사실 어린 시절 유교적 가치와 습성이 지배하는 경상도 북부의 농촌 씨족 마을의 질서를 체험한 필자로서는 도시에서 자라난 동년배의 학자들에 비해서 한국의 전통 가족주의와 한국사회의 문화적 뿌리를 몸으로 익힐 수 있는 '행운'(?)을 누렸다. 산업화가 본격화하기 이전인 경상도 북부의 농촌 씨족 마을은 사실 조선시대 말기와 일제 강점기, 한국전쟁, 그리고 근대화 초기 한국인들의 변화된 행동과 그 일상을 엿볼 수 있는 현장이었다. 그래서 필자는 한국의 전통가족에 대한 선배 학자들의 연구, 산업화 이후 가족과 가족주의에 대한 조사연구의 내용을 쉽게 이해할 수 있었다. 이 책에 각주를 달지 않은 서술의 상당 부분은 필자의 어린 시절 경험에서 나온 것이다.

이 작업을 마무리하는 과정에서, 프랑스나 일본에서 나온 가족연구에서 이미 필자와 비슷한 문제의식을 느끼고 진행된 사례들을 발견했지만, 이 작업에서는 충분히 반영하지 못했다. 기회가 되면 그런 성과를 반영하여 이 연구를 좀 더 보완하고 싶다. 원래 한국학중앙연구원의 연구용역 사업으로 추진된 이 연구는 일반인들이 쉽게 읽을 수 있는 책 출간을 목표로 하였으나, 연구 수행과정에서 아직 정리되지 않는 학술적 쟁점이 많다는 사실을 새삼 확인한 이후 연구서의 성격을 강화하였다. 그래서 연구자가 아닌 독자들은 이 책의 2장, 즉 "가족과 가족주의의 개념, 이론과 접근방법" 부분은 건너뛰고 그 뒤의 본론 중심으로만 읽어도 좋을 것이다.

모쪼록 이 작업을 처음부터 기안하여 추진한 구자혁, 오유석 두 박사의 노고에 감사드리고 공동연구원인 정태석, 김정훈, 이창언 박사에게 감사드린다. 그리고 우리 연구팀의 세미나에 참석해서 좋은 지적을 해준 정수복, 송재룡, 최봉영, 권보드래, 한규석, 이명호 교수님, 그리고 필자가 이 연구를 수행하는 과정에서 많은 가르침과 시사점을 던져준 선배 동학 가족사회학 연구자들께도 감사드린다.

이런 연구를 수행할 기회를 준 한국학중앙연구원과 익명의 심사위원 모든 분께 깊이 감사드린다. 선배, 동년배 연구자들의 선행 연구가 없었으면 이 책은 나올 수 없었을 것이다. 미비한 부분에 대한 질책을 기다린다.

마지막으로 원고의 많은 허점과 오류를 잘 지적, 교정해준 도서출판 피어나의 편집팀과 김명진 대표님, 우리의 총서 출간을 먼저 제안하고 좋은 지적을 해준 기획자 이건범 님께도 감사드린다.

김동춘

차례

서문 … 5

I. 머리말: 왜 가족주의인가? … 13

   1. 한국사회 역동성의 동력, 가족주의 … 15
   2. 가족주의의 그늘 … 20
   3. 가족주의를 이해해야 할 필요성 … 25

II. 가족과 가족주의의 개념, 이론 및 접근방법 … 27

   1. 가족, 가족주의의 개념 … 29
      (1) 가족이란 무엇인가? … 29
      (2) 가족주의란 무엇인가? … 37

   2. 가족주의 강화의 메커니즘 … 50

III. 한국 근대 가족과 가족주의의 형성 … 67

   1. '근대 가족'의 탄생 … 69
      (1) 한국 '전통사회'의 가족과 가족관계 … 69
      (2) 한국 가족의 변화, '전통'의 '현대'적 변형과 재탄생 … 82

   2. 가족주의 강화 (1): 식민지적 근대, 분단, 전쟁과 보호적 가족주의 … 102
      (1) (씨족/친족) '가족' 거부와 탈출(exit) … 102
      (2) '가족' 회귀: 보호와 지위추구의 그릇으로서 가족 … 117

   3. 가족주의 강화 (2): 인정투쟁으로서 가족주의 … 139
   4. 가족주의 강화 (3): 제도적 가족주의(familialism) … 150

IV. 한국 가족주의의 표출 양상과 역동성 … 161

   1. 가족지위 상승 전략의 입시열 … 163
   2. 기복(祈福) 신앙 … 181
   3. 소유권 절대주의와 재산 지위 세습 … 192
   4. 기업가족주의 … 204

V. 한국 가족주의의 특징: 비교론적 관점에서 … 211

   1. 한국의 가족, 개인, 그리고 공공성 … 213
      (1) 개인의 탄생? '가족 개인'으로서 한국인 … 213
      (2) 전통가족주의와 현대가족주의 … 218
      (3) 한국 가족주의의 양면성: 공공성 부재와 역동성의 기반 … 223

   2. 동아시아와 한국의 가족주의 … 229
   3. 가족주의는 한국과 동아시아만의 특수한 현상인가? … 246

VI. 맺음말 … 255

   1. 근현대 한국 가족주의 강화의 메커니즘 … 257
   2. '가족'의 해체, 가족주의의 해체? … 267
   3. 가족주의를 넘어서 … 274

     참고 문헌 … 283
     찾아보기 … 299

I. 머리말: 왜 가족주의인가?

1. 한국사회 역동성의 동력, 가족주의

　수년 전에 개봉하여 크게 히트한 영화 「국제시장」(윤제균 감독, 2014)은 가족 이야기로 많은 한국 사람의 눈물을 자아냈다. 그 영화의 주인공 덕수가 아버지로서 보여준 무한대의 가족 헌신에 대해 관객이 크게 감동했기 때문이다.[1] 덕수의 모습은 1970~80년대를 살던 한국의 기성세대를 대표하는데, 집안을 다시 일으키기 위해 헌신한 한국의 기성세대가 결국 경제적 성공의 주역이라는 메시지를 담고 있다.

　또 2000년에 개봉하여 1,000만 관객을 동원한 「태극기 휘날리며」의 이야기도 비슷한 부류다. 주인공 진태와 진석은 매우 다정한 형제였으나 전쟁 중에 둘 다 입대하게 된다. 동생의 전역과 가족의 안위를 위해 국군의 영웅이 되지만 나중에는 인민군이 되어 동생과 마주치는 비극적인 이야기다. 한국인에게 가족애와 형제애는 이념과 사상, 체제를 넘어서 작동하는 가장 강력한 접착제와 같다. 그래서 가족 이야기는 언제나 한국 영화의 성공을 보장하는 보증수표였다.

　그런데 박근혜 정부 시절 「국제시장」이 상영되자 영화 내용 자체에 대한 관심뿐만 아니라 그에 못지않게 정치적 의도에 관한 논란이 일었다. 2015년 1월 28일 박근혜 대통령은 파독 광부와 간호사 가족과 함께 이 영화를 관람했는데 관람 전 영화 관계자들과 만난 자리에서 박 대통령은 "문화 콘텐츠는 사회 통합에도 이렇게 도움을 주고 기여한다는 것을 「국제시장」을 통해 실감했다"고 말했다. 그래서 박근혜 정권이 박정희 정권 시절의 성장주의, 가부장주의, 국가주의에 대한 향수를 갖고 있으며 가족 사랑이 대다수 기성세대 한국인의 현실을 긍정하는 정서를 조

---

1. 류재형, 「'국제시장', 가부장적 가족주의의 재현」, 『현대영화연구』 22권, 2015.

장했다는 지적이 나왔다.[2] 즉, 한국에서 가족주의는 경제성장, 국가주의 등과 결합한 주류 보수의 일반적인 서사의 핵심이기 때문이다.

1960~70년대 박정희 정권 시기의 한국사회는 '잘살아보세'라는 구호에 온 국민이 환호하고 동시에 동원된 시기이다. 물론 그것은 박정희 정부가 위로부터 공식적으로 퍼트린 것이지만, 대다수 한국인은 그것을 적극적으로 받아들여 일상의 동력으로 삼고 마치 신앙처럼 내면화하기도 했다. 그런데 그 구호에는 모든 사람이 같은 출발 조건에서 뛸 수 있다는 생각, 그리고 노력하면 누구나 잘살 수 있다는 생각이 깔려 있는데 인구의 대다수가 계층적으로 거의 비슷한 처지이던 당시 조건에서는 어느 정도 적용될 수 있었다. 그래서 '잘살아보세'는 당시 한국인의 빈곤 탈피와 변화에 대한 열망, 계층 상승의 욕구를 집약했다고 볼 수 있다. 1960년대 이후 한국사회가 매우 역동적이었다면, 그것은 한국인이 '잘살기 위해' 지독하게 열심히 일했기 때문일 것이다.

자원이 거의 없는 한국이 1960년대 이후 지금까지 경제 기적을 이룬 것은 근대 한국인의 엄청난 헌신과 열정에 기인한 것인데 그 헌신과 열정은 대체로 가족애와 자식사랑, 효도 등 강력한 가족 유대 의식에 기초한다. 뉴욕주립대학교의 윤봉준 교수는 1997년 외환위기를 맞아 한국경제가 심각한 위기에 빠졌을 때 효도와 가족주의를 되살려 한국경제를 살리자고 주장했다. 그는 가족주의적 자본주의가 한국경제의 골간이라 주장하면서, "서양의 관제 자본주의보다 효에 기반한 가족주의가 훨씬 시장경제에 적합하며, 자유주의적 자본주의 원형에 가깝다"고 보면서 "효와 가족주의로 무장한 자조적 시장경제를 구축하면 한국이 아시아적 가치의 종주국이 되어 21세기를 아시아의 세기로 만들 수 있

---

2. 「건전 애국영화 '국제시장'을 띄워라?」, 『시사인』, 2017. 5. 4.

다"고 낙관적인 전망을 제시했다.[3]

물론 한국이 성취한 오늘의 경제 기적은 다른 어떤 나라에서도 찾아볼 수 없는 한국인만의 근면성과 헌신성에 기인한다. 그중에서도 첫째를 꼽으라면 당연히 거의 열병이라고 할 정도의 높은 교육열이다. 미국의 한국경제연구원장 피터 벡은 "한국인은 군비경쟁을 하듯이 교육비 지출 경쟁을 한다. 옆집 아이가 학원을 네 곳에 다니면 우리 아이는 다섯 곳에 다녀야 한다고 생각한다"고 지적하면서 "한국인은 거의 미치기 직전인 것처럼 보인다. 입시철에 한국의 수험생 어머니들이 학교 교문에 서서 자식이 시험을 잘 치르기를 비는 모습은 미국에서라면 극단적인 일로 간주될 것이다"라고 말했다.[4]

이 '미친 듯한' 교육열의 원천은 바로 가족적 지위상승 전략, 그리고 그것의 기초가 되는 가족 유대, 즉 가족주의이다. 일찍이 1950년대 후반부터 교육현장에 나타난 '치맛바람', '돈 봉투·내신조작', '조기유학', '고액과외', '과외비 마련을 위한 엄마의 파출부 일', 그리고 다른 나라에서는 절대로 찾아볼 수 없는 1990년대 이후 '기러기 가족' 현상은 강한 교육열이 낳은 한국인에게 특유한 현상이며, 그 동력은 내 가족의 입신양명을 위해서라면 무슨 일이든지 할 수 있다는 한국인의 가족주의였다. 1990년대까지 매년 연말이면 신문지상을 장식하는 학력고사, 수학능력시험 최우등, 서울대학교 수석 입학생의 스토리나 명문대학의 합격선 발표는 온 국민의 관심거리였는데, 자녀의 대입으로 가족의 번영을 도모하려는 교육전쟁에 온 국민이 참여하고 있었기 때문이다.

정신과 전문의 홍강의는 가족주의가 현대 한국인이 잠재력을 발휘할 수 있는 원천이 되었다고 강조한다.

---

3. 윤봉준, 「동아경제 모험, 여전히 유효하다」, 『매일경제』, 1998. 3. 10.
4. 피터 벡, 「한국인 교육관 문제 있다」, 『동아일보』, 2001. 5. 31.

한국인들이 전 세계를 누비게 된 것은 아마도 건실한 가정 문화와 개인의 심리적 강점이 아니라 어머니와의 안전한 애착과 강렬한 심리적인 유대, 그곳에서 경험한 인간적 안정감과 자신감에서 비롯되었다는 것은 말할 나위가 없다. 아마도 이렇게 강렬하고 밀접한 어머니와 자식 간의 정서적 유대가 한국인으로 하여금 궁극적으로 끈기와 자신감과 안정성을 공급하여 필요시 세계적인 무대로의 도약을 가능케 한 원동력이 되었을 것이다.[5]

한국의 기성세대, 특히 어머니들은 가족, 특히 자식과 남편을 위한 일에 자신의 모든 것을 바치는 엄청난 에너지를 발휘하였다. 세계적 음악인인 정명화, 정경화, 정명훈을 길러낸 어머니의 열정도 잘 알려져 있지만 20세기 한국 부모들, 특히 자녀를 향한 아버지와 어머니의 무한한 헌신이 대한민국을 경제적으로 선진국 반열에까지 오르게 한 사실은 아무도 부인할 수 없을 것이다. 역경을 딛고 성공한 사람의 이야기에는 대부분 부모, 특히 어머니의 헌신적인 자식 사랑과 부모님의 은혜를 갚고자 불철주야 공부하고 노력한 자식의 효성과 열정 이야기가 넘쳐 난다.

21세기 오늘도 가족과 자녀에 대한 애착은 여타 모든 사람과의 관계를 압도한다. 한국인은 가사와 돌봄 문제, 금전 문제에 가족의존도가 압도적으로 높고(78.6%. 71.1 %), 건강이나 감정심리적 문제뿐만 아니라 재해 문제 등도 친구나 이웃 혹은 전문가보다 가족에게 의존한다.[6]

1990년대 이후 전형적으로 나타난 현상이지만 백화점마다 국산 브랜

---

5. 「가정의 정신분석학적 의미와 가족주의 문제」에 대한 정신의학 전문의 홍강의의 논평, 한국정신문화연구원, 『형성과 창조 2-3』, 1997, 137쪽.
6. 신인철, 「한국인의 가치관과 감정을 서베이로 읽기」, 한국학중앙연구원 학술토론회 자료집, 『한국인의 가치변화와 감정양식』, 2017, 282쪽.

드 자리를 밀어내고 빽빽하게 들어선 고급 수입 아동의류 매장, 일반 유치원 수업료의 두세 배를 받아도 지원자들이 구름같이 몰려드는 사설 영어 유치원, 학생 단기 해외 영어연수 프로그램, 수백만 원을 호가하는 호화판 아이 돌잔치 등은 자식의 기를 죽이지 않고 남부럽지 않게 기르며 교육하려는 부유층 한국인의 내 자식 지상주의이며 이는 자녀의 대학 학점까지 개입하는 과도한 모성으로 이어졌다.[7]

가족주의는 남한뿐만 아니라 북한과 해외동포 사회에서도 나타난다. 남북한을 포함한 세계의 거의 모든 지역의 한국인 사회를 특징짓는 중심단위는 '가족'이고 공통의 문화적 특징, 공식·비공식 차원에서 남북한 사회가 유지되는 강력한 단위는 여전히 가족이다. 세습체제인 북한은 그것이 '국가의 가족화'로 나타나는 데 반해, 남한에서는 비공식적 사회관계를 관장하는 논리로서 자리 잡고 있다. 즉, 북한은 유교적 심성과 가족주의를 국가의 지배논리로 변화시켰다면, 남한은 공식관계 이면에서 그러한 공식관계를 유지, 재생산하기 위한 기제로 활용하고 있다. 남·북한에서 가족주의가 두드러진 이유는 그러한 생각과 태도 혹은 습관을 가진 사회구성원이 있기 때문이다. 특히 이러한 지향이 있는 주류 지배층의 의식과 행동이 오늘 남북한 사회 모든 사회조직의 운영원리로 자리잡았기 때문이다.

어쨌든 20세기 한국사, 남북한 모든 한국인의 역사, 그리고 한국사회의 역동성은 가족주의를 빼고는 설명할 수 없다.

---

7. 김동춘, 「가족이기주의」, 『역사비평』 통권 47호, 1999.

2. 가족주의의 그늘

근대 이후 한국사회를 역동성 있게 만든 가장 중요한 에너지인 가족주의에는 매우 부정적인 측면이 있다. 가족주의의 긍정적인 측면인 역동성과 부정적 측면이 가져온 짙은 그늘은 동전의 양면과 같다. 예를 들어 한국인의 자식 사랑이 오늘의 한국을 있게 한 것은 맞다. 하지만 이와 유사한 교육열을 보인 유대인은 아이가 세상을 살아가는 데 필요한 수단인 어학과 문학 교육을 시키면서도 '바른 유대인', 더불어 살아가는 인간으로 성장하는 데 필요한 종교교육, 인성교육, 윤리교육을 병행한다. 그러나 한국에서는 이와 같은 교육을 생략한 채 아이의 세속적 경쟁력, 즉 입신출세에 필요한 능력만을 개발하는 데 초점을 두는 경향이 있다. 한국인들은 정치공동체에서 살아가는 데 필요한 시민적 덕목과 권리의식이 무엇인지, 어떤 철학과 가치관으로 아이들을 지도해야 하는지는 거의 관심이 없고, 오직 경쟁사회에서 자기 자식이 '성공'하는 일에만 관심을 두고 엄청난 돈을 '투자'하고 있다.

자녀교육에 모든 것을 바치는 한국인은 자식을 부모와 한 몸이라 보기 때문에 불행이 닥치면 자녀와 '동반자살' 등 집단자살을 택하기도 한다. 외환위기 이후 실직한 남편이 가족과 '동반자살'하는 일이 매우 빈번해졌는데 그 이유는 남편이 아내나 자녀를 하나의 독립된 인격체로 보지 않기 때문이다. 2005년 2월 6일 부산의 한 아파트에서는 우등생인 딸이 재수를 하고도 명문대 진학에 실패하자 이를 비관한 40대 어머니가 분신자살하는 사건도 있었다. 경찰 조사결과 우등생인 딸이 수능시험에서 높은 점수를 받았지만 명문대 진학에 실패하자 그동안 이를 심하게 비관해왔다는 것이다. 어머니는 자녀의 대입에 자신의 모든 것을 걸었지만 실패하자 죽음을 택한 셈이다.

이런 부모는 자녀의 생명, 자녀가 받을 충격은 안중에 없고, 그들을 독립적인 인격체가 아닌 부모의 소유물로 본다. 사실 동반자살이라는 표현 자체가 잘못이고, 그것은 자녀 살해 후 자신이 자살하는 것이라는 명확한 지적도 있지만,[8] 가족에게 매우 헌신하고 충실한 남성, 그리고 모범적인 가장의 역할, 가족에 대한 강한 가부장주의적인 관념을 가진 부모가 이런 자녀 살해를 감행하는 경우가 많다고 한다. 결국 자녀교육을 향한 가족주의의 열정은 가족 지위상승과 개인적으로 성공하는 에너지가 되기도 하지만 이렇게 자녀의 생명권을 박탈하는 흉기가 되기도 한다.

사회학자 박영신은 박정희 정권 시절의 '잘살아보자'는 구호에 대해서도 비판적이다. 그는 '잘살아보자'는 것은 '우리 집안 잘살아보자', '우리 식구 잘살아보자'는 것과 같이 가족 중심의 효(孝) 발상, 가족공동체 발상과 통하는 것이지, 국가나 사회를 의식한 자유·평등·복지의 가치와 무관한 것이며 그것은 사실 기본적으로 조선시대 이후로 내려온 유교주의적 가족주의의 발상이라고 비판하였다.[9] 그것은 한국인의 가족중심주의, 가족이기주의에 호소한 것이지 공공의 가치나 지향을 담지 않았다는 것이다.

가족사랑, 가족주의를 비판한 사람들은 그것의 이기적 측면, 즉 공공심의 부재를 주로 지적하였다. '맞아 죽을 각오로' 한국인을 비판한 저서를 낸 일본인 이케하라 마모루(池原衞)는 한국인의 자식 사랑과 효심을 칭찬하면서도 "한국인의 공중도덕은 제로예요, 제로" 하며 한국의 가족주의 행태를 비판하기도 했다.[10] 한국인 스스로도 한국인의 '시민

---

8. 김희경, 『이상한 정상가족: 자율적 개인과 열린 공동체를 그리며』, 동아시아, 2017, 83쪽.
9. 김용복·박영신 외, 「한국 근대화와 기독교」, 대한기독교서회, 『기독교사상』 28(7), 1984, 133-139쪽.
10. 이케하라 마모루, 『맞아 죽을 각오를 하고 쓴 한국 한국인 비판』, 랜덤하우스코리

의식이 매우 낮다'고 평가하며, 그 근거로 주로 공중도덕을 준수하지 않는다는 사실을 들고 있는데,[11] '효를 중추로 하는 가족 도덕이 건전한 시민의식을 마비시키는 가장 중요한 장애물'이기 때문일 것이다.[12] 그래서 한국이 안고 있는 가장 근본적인 사회문제는 가족주의적 에고이즘이라는 지적도 제기되었다.[13] 사실 한국의 가정과 학교에서는 가족을 벗어난 사회에서 어떻게 행동해야 하는지를 가르치는 과정은 거의 없다. 사회는 다른 남들과 경쟁해야 하는 전쟁터로 간주되는 경향도 있었다.

조선말기 근대화와 독립운동에 앞장선 신채호, 한용운, 서재필 등도 가족주의의 부정적 측면을 주목했다. 갑신정변에 참여했다가 미국 망명 후 귀국하여 독립협회를 조직한 서재필은 "한국인에게는 공공의식이 거의 없으며, 공통이익의 단위는 씨족과 양반사회 내의 당파에 국한되어 있고 전 사회적인, 전국적인 공통이익의 관념이나 공공이익의 개념은 너무나 희박하다"[14]고 한탄했다. 그는 어설픈 온정주의와 가족주의는 사회를 폐쇄화하는 지름길이라고 주장했다. 그는 조선이 문명개화의 길로 가려면 한국인의 가족관념을 타파하지 않으면 안 된다고 주장했다.

유교적 지식인으로서 출발한 신채호도 "한국 동포는 공공심이 거의 없는 동포이다. 개인이 있는 줄만 알고 사회가 있는 줄은 모르며, 가족이 있는 줄만 알고 국가가 있는 줄은 모르니 이 어찌 뜻있는 이의 통탄할 바가 아니겠는가" 하고 한탄한 바 있다.[15] 언론인 장지연은 "우리나라

아, 1999.
11. 「대한민국을 '개한민국'으로 …쓰레기 시민의식' 도마 」, 「국민일보 」, 2014. 10. 20.
12. 최재석, 『한국인의 사회적 성격』, 현음사, 1994, 112쪽.
13. 김중환, 「혈연-물질주의에 젖은 가족 이기주의의 극복」, 『기독교사상』 42(5), 1998, 38-46쪽.
14. 이정식, 『구한말의 개혁, 독립투사 서재필』, 서울대학교출판부, 2003, 198쪽.
15. 안병직 편, 『한국 근대사상가 전집: 신채호』, 한길사, 1979.

는 가족의 결합으로 발달되었기 때문에 가족적 관념이 많고 국가관념이 적어서 게으르고 의뢰하는 성질이 있다"고 비판하였다.[16] 그가 말한 무국가 사상은 바로 공공심의 부재를 의미한다. 이후 한용운 역시 "공익에 무관심한 한국인들이 패망할 수밖에 없었다"고 이들과 거의 유사한 논조로 한국인을 비판했다.[17] 그는 이후 윤치호와 계명구락부가 1920년대부터 추진한 족보폐지운동,[18] 제사폐지운동을 적극적으로 지지하며 독려하였다. 즉, 조선말에서 근대 전환기에 활동한 계몽적 지식인들은 가족에 대한 한국인의 지나친 집착이 근대국가 수립을 방해한다고 비판하였다.[19]

한국에서만 가족주의에 대한 비판이 제기된 것은 아니다. 중국의 혁명가 쑨원(孫文)은 "중국인은 가족주의, 종족주의를 제일 숭배하고 국족(國族)주의는 없다"고 하면서 민족보다는 오직 자기 가족과 종족만을 중시하는 중국인의 태도를 질타했다. 20세기 중국을 대표하는 사회학자이자 인류학자인 페이샤오퉁(費孝通)은 '자기 집 앞의 눈도 쓸지 않는 중국인'을 강하게 질타한 적이 있다. 중국 속담에 "사람마다 자기 집 앞의 눈은 쓸어도 남 지붕 위의 서리는 신경 쓰지 않는다"는 속담이 있는데 페이샤오퉁은 중국의 이기주의는 너무나 일방적이어서 이기심의 폐해는 실로 어리석음과 질병보다 보편적이라고 질타하였다.[20] 그는 천하에서 아름답다

---

16. 장지연은 량치차오(梁啓超)의 『신민총보』의 '신민설'에서 신민이란 가족주의적인 부민에서 벗어나 능히 자치할 수 있는 국민으로 발전한 것이라는 사상에 크게 감화를 받았다. 그는 혈연적, 지연적 유대에 의한 인군의 풍속적, 관습적 결합이 아니라 개인 대 사회, 사와 공의 관계가 뚜렷한 공덕, 자치에 의한 단계적 결합을 주장하였다. 구자혁, 『근대한국인물사 307, 장지연』, 동아일보사, 1993.
17. 한용운 지음·정해렴 편역, 『한용운 산문선집』, 현대실학사, 1990, 291쪽.
18. 「족보를 폐지하라」, 『동아일보』, 1928. 2. 2.
19. 김태길, 『유교적 전통과 현대 한국』, 철학과현실사, 2001, 101쪽.
20. 페이샤오퉁, 『중국사회의 기본구조』(이경규 옮김), 일조각, 1995, 28-29쪽(번역서

는 소주(蘇州)성만큼 물이 더러운 곳도 없다고 비판하였다. 중국인은 국가가 모든 것을 소유한다고 보았기 때문에 국민은 아무런 의무감과 책임감, 공중도덕심을 갖지 않았다는 것이다. 중국인의 이러한 태도는 자기중심적인 윤리, 즉 소집단 중심의 가족주의에 기인한다고 보았다.[21]

한국인의 파벌의식과 분파주의도 가족주의와 상관성이 크다는 지적이 많다.[22] 분파주의는 소집단주의인데, 그것은 가족주의의 연장이다. 근대 한국에서 가장 서구적인 조직인 기독교에서 심각한 분파주의가 시작되었고, 1920년대 이후 공산주의 운동에서도 그러한 양상이 반복되었다. 한국 내에서 거의 300개에 이르는 기독교 교단이 난립한 것이나 일제강점기에는 공산주의 분파들 간의 심각한 적대적 분열로 일제의 먹잇감이 되기도 했다.

물론 인간이 가족에게 애착을 갖고 헌신하는 것은 자연스러운 일이라 볼 수 있고, 인류 역사 초기부터 나타난 매우 보편적인 현상이다. 과거나 현재의 세계 모든 나라를 살펴보더라도 혈연으로 맺어진 가족은 모든 사회, 모든 국가의 가장 중요하고 기초적인 삶의 사회단위임에 분명하다. 그러나 근대 이후에도 지속되는 오직 가족만 생각하는 행동은 사회와 가족을 분리시키고 폐쇄적 가족, 친족주의에 기초해서 타 집단을 무시, 배제하는 보수적이고 반동적인 기능을 하기도 한다. 특히 한 사회 구성원이 법질서와 공적인 가치를 무시하고서 오직 가족의 복리만 추구하면 사회나 정치공동체는 심각한 질병을 앓게 된다.

에는 '훼이 샤오 통'으로 되어 있으나 이 책에서는 '페이샤오퉁'으로 표기합니다-편집자).
21. Fei Xiaotong, *Peasant Life in China*. London: Routledge, 1939; Fei Xiaotong and Zhang Zhiyi, Earthbound China, Chicago: University of Chicago Press, 1945.
22. 권문상, 「한국 교회 연합과 '가족'신학」, 『성경과 신학』 제57권, 2011, 163-196쪽.

3. 가족주의를 이해해야 할 필요성

인간은 독립적인 개인이기 이전에 누구의 아들이나 딸로 태어난다. 그래서 '가족' 정체성, 혹은 가족관계 내에서의 위치는 인간의 근원적 정체성을 형성한다. 그리고 가족관계는 모든 사회관계의 기반이 된다. 그래서 가족유대, 가족주의의 성격과 양상은 사회 일반의 제도와 문화, 정치와 경제에 직접 영향을 미친다.

근대 이전의 한국사회에 존재하던 강한 가족 유대와 가족 중심주의는 도시화와 산업화, 그리고 시장경제와 자본주의 생산과 소비가 일반화된 현대사회의 가장 중요한 조직인 기업과 각종 사회조직의 작동 원리로 남아 있거나 각종 제도의 형식으로 정착, 강화되었다. 그것은 바로 기업이라는 근대 영리 조직의 승계, 국가라는 근대적 정치공동체의 비공식 의사 결정, 즉 부와 권력이라는 가장 중요한 자원을 자신과 혈연적으로 가장 가깝고 자신의 뜻을 이어갈 수 있는 자식, 특히 맏아들에게 세습하는 관행으로 존재하기도 하고, 위험대비와 복지에서 사회와 국가에 의존하기보다는 가족에 의존하는 관행으로 강화되기도 했다.

겉보기에는 유교문화와 씨족전통, 농경사회의 유산으로 보이는 가족주의가 산업화, 도시화 이후에 이렇게 강고하게 작동하고 있으며 21세기 들어서도 여전히 행동의 주요 동력으로 작용하는 것은 매우 특이한 일이다. 그래서 오늘의 한국사회를 제대로 이해하려면 한국 가족주의의 구체적 성격과 내용, 그 강화의 메커니즘을 천착해야 하며 그것의 어떤 점이 근현대 한국사회를 역동적으로 만들기도 하고 퇴행시키기도 했는지를 살펴볼 필요가 있다. 특히 한국 근대, 즉 식민화와 전쟁 산업화 등의 역사적 조건이 이러한 가족주의 유지 강화와 어떻게 관련되어 있는지 그 메커니즘을 분석해야 한국사회와 가족이 이완 해체되는 앞으로의 세계에서 한국사회가 어떻게 변할지 알 수 있다. 역사를 살펴보아야 신자유주의와 개인화 경향 속에서 장차 가족이나 가족주의가 어떻게 변형될 것인지를 예측할 수 있으며, 만약 가족주의가 이제 약화한다면 가족이나 가족주의를 대신할 수 있는 새로운 삶과 관계 맺음의 방식은 무엇이 되어야 할지 모색할 수 있기 때문이다.

특히 한국과 동아시아 여러 나라는 추격발전과 압축성장의 단계를 거친 1990년대 이후 혹은 '후기 가족주의'로 지칭되는 시대에 들어서서는 복지제도로서 가족주의는 이제 지속불가능(unsustainability)하게 되었다는 지적이 제기되고 있다. 한국과 동아시아 국가는 '초저출산(ultra-low fertility)', 개인주의의 확산 상태에 놓였다.[23] 즉, 가족주의 사회시스템에 기초한 한국과 동아시아에서 청년들의 결혼 기피, 저출산, 높은 이혼율 때문에 오히려 심각한 사회적 위기를 맞고 있다.

가족주의는 근대 100년 동안 한국사회 역동성의 중요한 동력임이 분명하지만, 21세기 한국사회를 질적으로 변화시키는 데는 치명적 걸림돌, 심지어는 원흉으로 작용한다는 비판도 제기된다. 미네르바의 올빼미는 저녁에 되어야 날개를 편다고 한다. 근대 가족이 흔들리고 가족주의가 점차 힘을 잃어가는 지금이야말로 지난 한 세기 동안 한국사회를 움직여 온 가족주의를 보다 객관적으로 살펴볼 수 있는 매우 적절한 시점이다.

---

23. Ochiai, Emiko, "Unsustainable societies: the failure of familialism in East Asia's compressed modernity", *Historical Social Research* 36(2), 219-245, 2011; Joel Kotkin, "How Post-Familialism Will Shape the New Asia", *Forbes*, Nov. 30, 2016; 오치아이 에미코, 「21세기 초 동아시아의 가족과 젠더 변화의 논리」, 조주현 엮음, 『동아시아의 여성과 가족변동』, 계명대학교출판부, 2013. 이것은 오치아이 에미코가 주장하듯이 자유주의적 동아시아 가족주의 복지의 지속불가능한 현상의 일부라 할 수 있다. Emiko Ochiai, "Care Diamonds and Welfare Regimes in East and South-East Asian Societies: Bridging Family and Welfare Sociology", *International Journal of Japanese Sociology*, Number 18, 2009.

Ⅱ. 가족과 가족주의의 개념, 이론 및 접근방법

1. 가족, 가족주의의 개념

(1) 가족이란 무엇인가?

가족이라는 사회단위 혹은 조직은 시간과 공간을 넘어서 존재해온 인류의 가장 오래되고 보편적인 사회적 결합체이자 조직이다. 인간이 살아가고 문명을 건설하려면 우선 노동으로 의식주를 해결하고 위험과 미래에 대비해야 하는데, 그것은 혼자서는 할 수 없다. 공동거주, 친밀성, 성애, 감정적 결속 등을 내용으로 하는 가족관계는 인류문명에 보편적이다. 인간사회가 존속하려면 사람들은 자녀를 낳아 종족을 번식해야 하고 가까운 사람과의 감정적 결속이 필요하기 때문이다. 그래서 문명의 역사, 인간의 역사는 곧 이러한 생존에 필요한 노동과 도구의 개발, 생산물 교환, 부의 축적과 분배 방식에 따라서 구분할 수 있지만, 동시에 관계 형성의 방식, 특히 가족과 친족의 형태와 결합 방식의 변화에 따라서도 구분할 수 있다.

즉, 가족은 "혼인과 혈연으로 연결된 사람들이 동거 집단을 이루고 동재(同財: 재산)를 나누어 갖는 집단을 이루는 것을 말한다."[24] 헤겔은 "가족은 사랑이라는 감정상의 통일을 기초로 성립된다"고 보면서, 가족의 완성에는 가족의 직접적인 개념형태인 결혼, 가족의 외적인 존재인 재산과 재화 그리고 그것에 대한 배려, 자녀 교육의 측면이 있다고 했다.[25] 그는 사랑과 계약이 가족 성립의 조건이라고 보았다. 머독(Murdock)은 가

---

24. 이광규, 「인류학에서의 가족연구」, 『가족학논집』, 제5집, 1993, 111-127쪽. 과거 제주도의 사례처럼 결혼한 자식이 부모와 한 울타리 안에 거주하지만, 취사를 별도로 할 때 이를 한 가족으로 보아야 할지는 논란거리가 될 수 있다.
25. 헤겔, 『법철학』(임석진 옮김), 한길사, 2008, 321-323쪽.

족이란 거주의 공통성, 경제생활의 공통성, 배타적 성관계, 그리고 한 명 이상의 친자녀를 포함한 남녀 부부로 구성된 삶의 단위라고 보았다. 그는 현대사회의 핵가족은 성, 경제, 생식, 교육의 '기능'을 갖는다고 말했다.[26] "가족의 역할 중의 하나는 자식과 죽은 자를 돌보는 것이다"라는 정의도 같은 내용을 말한다.[27] 가족은 정치경제 질서와 하나로 결합되어 있으며, 역사적 시기와 지리적 조건, 경제 상황 등에 따라 매우 다양한 양상을 보이며, 대체로 친족질서의 일부이거나 그것과 동일시되기도 하고,[28] 구성원인 남편과 아내, 자녀들에게 각각 상이한 의미를 부여하고 있으며, 이들이 가진 각각의 의식과 행동에 따라 구성, 이완, 해체되기도 한다. 즉, 가족이라는 단위가 고정적으로 실재한다고 보기 어렵다.

특히 현대사회에 와서 이러한 공동거주, 경제적 공유, 배타적 성관계, 한 명 이상의 친자녀 등을 충족하지 않는 여러 형태의 성애, 결혼 관계가 존재하고 친족과 가족의 경계가 모호하거나 동성애 가족 등이 등장하면서 이러한 가족 개념은 근본적인 도전을 받고 있다. 즉, 공동거주하지 않는 가족, 경제활동을 공유하는 비가족, 가족 밖의 성관계 등의 현상이 매우 일반적이기 때문이다.[29] 스톤(Stone)이 중세 유럽의 가족도 시기와 나라에 따라 여러 유형이 있다고 말했듯이 현대사회도 매우 다양한 가족 유형이 있다. 사실 부부와 자녀로 구성된 단위만을 가족으로

---

26. George Peter Murdock, *The Social Structure*, Free Press, 1949. 머독의 가족 정의는 1950년대에 풍미한 기능주의 사회학의 흐름 속에 있다. 따라서 그의 주장은 가족을 사회질서의 유지라는 관점에서 접근한다.
27. 앙드레 뷔르기에르 외, 『가족의 역사 1: 오래된 세계, 이질적인 선택』(정철웅 옮김), 이학사, 2001, 170쪽.
28. 가족을 친족질서의 일부로 보는 시각은 Bernard Farber(ed.), *Kinship and Family organization*, Wiley, 1966.
29. 다이애너 기틴스, 『가족은 없다: 가족이데올로기의 해부』(안호용·김홍주·배선희 옮김), 일신사, 1997, 93-111쪽.

부르지는 않았으며, 대다수의 인구가 가족을 구성하고 살았는지도 의심스럽다.[30] 즉, 과거나 현재의 서양에서도 매우 다양한 유형의 가족이 존재하고, 아시아의 과거나 현재에도 여전히 다양한 형태의 가족이 존재한다.

현대사회에서 가족은 독립된 인격체인 남녀 개인 간의 사랑과 이들의 자유로운 의사에 따라 결혼으로 성립하지만 계약을 맺어 성립하기 때문에 법적, 사회적으로 공식화된 삶의 단위다. 특히 국가는 가족을 기초로 개인의 지위를 부여하는 경향이 있기 때문에 가족은 단순히 생물학적 단위가 아니라 정치사회적 단위이고 인간의 적극적인 의지로 만들어진 관계다.[31] 바넷(Barnett)과 매킨토시(Mclintoch)가 말했듯이 근대사회에서 가족은 행위자의 지향과 가치가 사회로 확대되면서 법적, 사회적으로 구성·재구성되는 단위이다.[32] 이들이 강조했듯이 근대 이후 형성된

---

30. 스톤은 중세 유럽에서도 열린 출계가족(Open Lineage Family), 제한된 가부장적 핵가족(Restricted Patriarchal Nuclear Family), 닫힌 가정적 핵가족(Closed Domestical Nuclear Family)이 있었다고 보았다. 열린 출계가족은 배우자나 부모 사이의 밀접한 관계보다는 넓은 범위의 친척들 사이의 연대가 중요한 가족이며, 제한된 가부장적 핵가족은 출계집단이나 친척 공동체에 대한 충성보다는 국가나 교회에 대한 충성심이 중시되는 가족이며, 교회나 국가가 남편과 아버지를 가족 우두머리로 강조하는 가족이며, 닫힌 가정적 핵가족은 부모와 자녀의 감정적 연대와 사생활의 관념이 중시되는 가족 유형이라고 보았다.(Lawrence Stone, *The Family, Sex and Marriage in England, 1500-1800*, Weidenfeld & Nicolson, 1977. 기틴스, 앞의 책, pp. 21-22에서 재인용).
31. 1980년대 이후 일본의 가족연구도 가족을 다른 사회현상과의 결합된 것, 특히 정치와 분리한 것으로 보기보다는 국가 혹은 정치와 가족 간의 관계에 주목하기 시작했다. 斉藤史朗, 『昭和日本の家と政治: 日本社会学における家理論の形成と展開』, 弘文堂, 2018; Emiko Ochiai, "Paradigm Shifts in Japanese Family Sociology", *International Journal of Japanese Sociology* 22(1), 2013, pp. 104-127.
32. M. Barrett and M. McIntosh, *The Anti-Social Family*(2nd edition), Verso, 1991, pp. 7-8(강진웅, 「남북한의 국가와 가족: 체제변화와 가족주의의 변형」, 『한국사회학』 44(5), 2010에서 재인용).

핵가족 역시 사회적이고, 가족은 사회가 일방적으로 만드는 것이 아니며 동시에 사회 혹은 국가 역시 이러한 가족을 전제로 구성된다. 그래서 가족은 실체이며 제도임과 동시에 관념이자 의식이기도 하다. 법적으로 가족이 성립해도 당사자들이 더 이상 가족이라는 의식을 갖지 않으면 가족은 사실상 와해된 상태가 된다.

가족은 역사적으로 변화해왔다. 따라서 오늘날 우리가 사용하는 가족 관념, 즉 일부일처에 부부와 그들이 낳은 자녀로 구성된 가족은 인류의 오랜 역사에서 보면 비교적 최근에 발생했다. 로마인에게 'familia'는 부부와 자녀를 지칭하는 것이 아니라 가내 노예(하인)를 의미했고, 한 사람에게 종속된 노예의 총체였다.[33] 프랑스에서 'famille'라는 용어는 linage(종족), maison(집), race(혈족) 등과 동의어로 사용했으며, 17~18세기에는 혈연 유무와 관계없이 한 지붕 밑에서 살고 있는 사람을 모두 가족으로 간주했다고 한다.[34] 지주, 주인, 성직자 등을 대부(代父), 대모(代母)로 삼는 '의사가족'도 매우 일반적이었다. 한국이나 동아시아 국가는 유교적 종법(宗法)질서가 가족 및 가족관계를 특징짓는 기본적인 제도이자 관습으로 알려져 있지만,[35] 조선중기 이전까지 중국의 종법제도는 불교 영향이 매우 강력하게 남아 있던 조선에서는 생소했기 때문에 강

---

33. 프리드리히 엥겔스, 『가족의 기원』(김대웅 옮김), 아침, 1985, 54쪽(Frederick Engels, *The Origin of the Family, Private Property and the State*(Penguin Classics) Reissue Edition, Penguin, 2010)
34. 문옥표, 「일본의 가족, 전통적 제도와 현대적 변용」, 한국정신문화연구원 엮음, 『동아시아 문화전통과 한국사회: 한·중·일 문화 비교를 위한 분석 틀의 모색』, 백산서당, 2000, 62쪽.
35. 종법질서란 조선시대 사대부 가족의 승계와 재산 상속의 기본원리를 지칭하는데, 중국에서 유교 경전이 도입된 삼국시대부터 시행되기 시작했고 조선중기 이후 본격적으로 뿌리를 내렸다. 그 특징은 적장자에게 가족 운영의 모든 권한을 갖게 하고 상속하는 것을 의미한다. 이영춘, 『종법(宗法)의 원리와 한국 사회에서의 전통 사회와 역사』 46(0), 1995, 11-70쪽.

하게 뿌리내리지 못했다. 그 이전까지 조선에서의 가족의 형태나 관념은 중국의 종법제도와는 다른 부모쌍계가 지켜졌다.[36]

인류의 가족제도는 혼인의 형태, 즉 군혼(群婚)이나 난혼(亂婚) 시대를 지나 대우혼에서 일부일처제 가족으로 연결되는 오랜 역사를 갖고 있다. 그리고 일부일처제 가족을 보면 과거 대가족제도에서 오늘의 핵가족에 이르는 여러 형태의 가족이 존재했다. 친족제도를 과거 농경사회와 유교문화와 대응한다면 산업사회와 도시화, 서구화는 형태상으로나 실질적인 관계로서의 핵가족을 보편적으로 만들었다.[37] 산업사회, 개인주의의 확산 이후 우리는 가족을 주로 부부관계를 축으로 형성된 핵가족과 같은 것으로 본다. 물론 핵가족 내에서도 부부관계, 부모와 자식 관계의 성격은 매우 다양하게 나타난다. 즉, 가족관계의 성격과 질도 자본주의 산업화 이전과 이후에 매우 차별적이다. 오늘날 사회관계로서 가족관계는 남녀관계, 부부와 자녀 관계, 부부와 부모의 관계, 자녀 배우자와의 관계로 점차 외부로 확산되지만, 과거에는 씨족관계, 친족관계의 틀 내에서 부부와 부자 관계가 존재했다.

가족은 정치경제적 지배질서와 연동되어 있거나 그 일부이다. 가족은 가족 밖의 인간 간의 지배와 종속 관계, 특히 재산상속, 분가, 신분제도 등

---

36. 한국 최초의 족보로 알려진 『안동 권씨 성화보』 1476년의 서문에서 서거정은 "우리나라는 예부터 종법도 없었고 또한 보첩도 없었다. 비록 거대가족이라도 가승이 전무하여 수대만 겨우 전해져도 고증조고의 명휘를 기록하지 못하는 자가 있다"고 지적하였다. 이수건, 『한국의 성씨와 족보』, 서울대학교출판부, 2003, 54쪽.
37. 근대화론, 구조기능주의 가족론이 강조한 이분법적 도식인 전통 = 확대가족/현대 = 핵가족의 도식은 거의 극복되었다. 전통시대에도 확대가족, 대가족이 아닌 핵가족이 형태상으로는 더 일반적이었다는 것은 거의 정설이 되었다. 즉, 거의 극복되었다. 토드(Emmanuel Todd)는 유럽을 지역적으로 구분하여 절대적 핵가족, 평등적 핵가족, 직계가족, 공동체가족으로 구분하였는데 근대 이전의 종교적 전통, 농업 형태, 재산상속 관행 등의 요소가 이러한 차별화를 가져온 것으로 보았다. 엠마뉘엘 토드, 『유럽의 발견: 인류학적 유럽사』(김경근 옮김), 까치, 1990.

의 질서를 전제로 존속한다.[38] 헤겔도 가족은 국가와 더불어 소유권의 도입과 연관되어 있다는 사실을 언급했고,[39] 엥겔스(Engels)는 일부일처제 가족은 공동소유질서가 사적 소유질서로 변화하면서 발생한 것, 즉 가족 내에서 남편의 지배와 재산을 상속할 자식을 보자는 요구가 결합한 제도가 일부일처제 가족이라 보았다. 이후 마르크스주의는 가족, 특히 현대사회의 핵가족은 자본주의의 상부구조, 유순한 노동력의 재생산을 위한 기구로 보았다. 알튀세르(Althusser)는 가족은 자본주의 지배질서, 특히 부르주아 지배의 재생산을 위한 하나의 이데올로기라 보았다.[40]

마르크스주의에서 가족 개념은 친밀성과 보호, 전인격적인 유대를 추구하는 사회적 존재인 인간의 적극적인 적응의 측면을 무시하는 한계가 있으며 문화, 습속, 사회적 실천의 장기 지속을 간과한다. 그러나 마르크스주의가 강조하듯이 가족, 가족질서가 재산소유권의 유지와 존속, 경제활동과 긴밀히 결합되어 있다는 점과 가족제도가 해당 사회의 지배체제의 일부를 구성한다는 것은 분명하다.

결국 가족은 하나의 실체이자 만들어가는 관계이며 그 관계의 지속은 법과 제도로 뒷받침되고 사회구성원이 의미를 부여하는 관념이자 반복적인 행동이기도 하다. 또한 국가나 사회가 다양한 방식으로 그 개념을 공식화하거나 이용하여 공식 이데올로기로 만들어내기도 하고 계약과 거래, 보호와 복지 등 국가정책, 통치와 동원 이념의 일부로 동원되

---

38. 1970년대 이후 가족사 연구에서 가족 변화에 대한 구조적 설명의 결여, 가족과 정치경제 구조의 관련성에 대한 관점의 결여가 크게 지적되었다고 한다(조은, 「역사적 형태로서의 가족과 계급」, 한국사회사연구회, 『한국사회의 여성과 가족』, 문학과지성사, 1990b).
39. 헤겔, 앞의 책, 336쪽.
40. Louis Althusser, *Lenin and Philosophy and Other Essays*, Monthly Review Press, 1970, pp. 151-185.

는 기본 논리이기도 하다. 과거 일본의 천황제 가족국가나 오늘 북한의 가족국가 체제는 바로 가족개념이 국가개념과 결합한 대표적인 사례다. 즉, 가족은 법과 제도, 사회구성원의 행동과 실천, 그리고 지배집단의 이데올로기에 의해 구성되고 해체되는 매우 유동적인 것이다.

가족의 기능과 형태는 일차적으로 경제활동의 성격과 연관되어 있다. 전근대 농업사회에서 가족은 농업생산을 위한 기초적인 단위로 기능하였는데 생산물의 분배와 재분배 과정에서 가족구성원의 결속, 혼인, 상속 등의 제도가 만들어졌다. 그러나 회사와 노동시장이 생존을 지탱하는 현대 산업사회에서 가정경제는 시장의존적이 되었으며 생산단위로서 가족의 비중은 약화되었다. 공교육이 일반화하면서 가족의 교육 기능도 크게 축소되었다. 그리고 국가가 정치단위에서 최고의 형태를 지니게 되면서 가족은 그 하부단위로 재편성, 재구성되었으며 국가 역시 가족의 개념을 흡수 통합하는 상호작용 속에서 만들어졌다.

이 점에서 근대 이후 가족은 사회, 정치 질서 속에서 살아가는 사람들에게는 동원할 수 있는 하나의 자원(resource) 혹은 '비공식 사회적 자본(informal social capital)'이라고 볼 수 있다.[41] 그래서 페이샤오퉁은 중국에서 가족은 끊임없이 수직적으로 이어지는 '사업 집단'이라고 규정했

---

41. 가족, 혹은 가족 네트워크, 연고 네트워크를 사회적 자본의 일종으로 보는 시각은 부르디외(Bourdieu), 퍼트넘(Putnam), 콜먼(Coleman) 등의 사회학자, 정치학자 들이 제기하였다. 각 나라를 '사회적 자본'의 동원 양식에 따라 분류할 수도 있다. 동유럽과 남유럽의 사회적 자본 동원의 차별성에 대해서는 Florian Pichler and Claire Wallace, "Patterns of Formal and Informal Social Capital in Europe", *European Sociological Review* 23(4), 2007; J. Coleman, "Social Capital and the Creation of Human Capital", *American Journal of Sociology* 94, 1988, pp. 94-120; Pierre Bourdieu, "Forms of Capital", *Handbook of Theory and Research in the Sociology of Education*, in J. Richardson(Ed.), Greenwood Press, 1983.

다.[42] 수도 한국에서 20세기 일제에 의한 식민지 근대화 이후 오늘날까지 가족은 국가의 억압, 시장에서의 경쟁, 사회적 위험과 고통을 겪으며 살아온 한국인에게 가장 중요한 버팀목이며 안식처였고 삶의 근거지이자 자원이었다. 다른 모든 근대사회처럼 가족은 근대 문명이 가져온 위기와 불안에서 벗어나게 해주는 안식처이자 자본주의 시장경제를 지탱해주는 일종의 도덕경제(moral economy)의 영역이었다. 가족은 사적소유 질서 속의 섬과 같은 공동체이기도 하다. 반대로 현대의 가족은 그 자체가 자본주의 질서 속에서 일종의 축적 근거지이자 소유 대상으로 실용적 차원에서 새롭게 의미부여되기도 한다.[43]

그래서 서구의 근대화 과정에서도 그러했지만 한국에서도 가족은 근대 이후 새롭게 탄생하고, 또 성격을 규정하며 의미를 부여하였으며, 그것이 가진 사회적 중요성 또한 강화되는 양상도 나타났다.[44] 일상적인 사회생활이 생존경쟁의 지배를 받는 세상에서 가족적 결속, 그리고 가족구성원의 사회적 성공은 구성원 모두의 성공과 행복을 얻는 데 가장 중요한 지렛대이자 발판이 되기 때문이다.

근대 이후 정치경제적 변화 속에서 가족의 범위, 개념, 기능은 새롭게 만들어진다. 누구를, 어디까지를 가족구성원으로 보는지 그리고 부부, 부모 등 가족구성원 간 관계의 성격은 계속 변하며 시대는 물론 신분, 계층, 계급에 따라 차별적이다.

---

42. 페이샤오퉁, 앞의 책, 50-57쪽.
43. 김형효, 「한국인의 사회적 불행과 가정의 존재론적 가치」, 『형성과 창조 2-3』, 「가정의 정신문화적 의미와 가족주의 문제」, 한국정신문화연구원, 1997, 25쪽.
44. 신수진, 「한국의 가족주의 전통과 그 변화」, 이화여자대학교 박사학위논문, 1998.

(2) 가족주의란 무엇인가?

모든 현대국가에서 가족에 대한 강한 애착, 즉 가족중심, 가족 이익을 위한 행동은 일반적으로 나타나는 현상이다. 예를 들어 중요한 공직을 포기하고 가족과 같은 시간을 보내고 싶다는 미국이나 유럽의 정치가나 기업가의 행동을 보면 그들이 오히려 한국사람들보다 더 가족중심적인 태도를 갖고 있지 않나 생각하게 된다. 그러나 가족에 대한 애착과 헌신, 가족을 삶의 일차적 목표로 두는 태도나 행동을 모두 가족주의라 부를 수 있을지는 의문이다.[45]

가족주의(familism)라는 용어를 처음으로 사용한 사람은 인류학자이자 사회학자인 칼프(Kulp)이다. 그는 중국 광동지방의 가족을 연구한 결과 "일체의 가치가 가족집단의 유지와 지속과 기능과 관련을 맺어 결정되는 사회의 조직형태다(A Form of Social Organization in Which All Values are Determined by Reference to the Maintenance, Continuity and Functions of the Family Group)"라고 정의했다.[46] 그는 다양한 사회집단이나 조직이 나타난 현대사회에서도 전통적인 가족관계가 다른 모든 사회관계 위에 존재하고(family relationships take precedence over all other societal relationships) 가족 간에 적용되는 가치나 규범이 다른 사회관계에도 그대로 적용되는 현상을 '가족주의'라 지칭했다. 사회 전반이 가족이나 가족관계를 원형 혹은 모델로 해서 운영될 때 그런 사회의 운영원리를 가

---

45. 이명호는 한국의 가족주의는 가족애착주의, 가족지향주의, 가족중심주의 등 가족주의를 여러 차원으로 분석적으로 구분하였다. 이명호, 「가족 관련 분석적 개념의 재구성 : 가족주의에서 가족중심주의로」, 『사회사상과 문화』 28집, 2013a.
46. Daniel Harrison Kulp, *Country Life in South China: The Sociology of Familism*, Ch'eng-Wen Publishing Company, 1966. http://onlinelibrary.wiley.com/doi/10.1525/aa.1926.28.3.02a00100/pdf(검색일: 2019. 11. 25).

족주의라 부른 것이다. 그런데 칼프 이후 모든 학자가 20세기 이후 가족주의는 전통사회, 농촌사회에서 나타나는 현상이라기보다는 산업화 이후 농촌인구가 도시로 이주한 이후 사람들이 보이는 행위양식이나 태도라고 보는 점에 주목할 필요가 있다.47

1940년대 중반 미국 도시사회학자인 버제스(Burgess)는 가족주의는 ① 모든 구성원이 가족집단에 속해 있다는 느낌을 특별히 갖고서 다른 모든 사람을 외부자로 보는 것, ② 가족 목표의 성취에 개인 활동을 완전히 통합하는 것, ③ 토지와 돈과 물질적인 것을 가족재산이라 보고 개인구성원 지원을 의무로 여김과 동시에 그들이 필요할 때 돕는 것, ④ 한 사람이 외부의 공격을 받을 때 모든 구성원이 함께 맞서 싸우는 것, ⑤ 가족의 지속에 관심을 갖고서 성인 자녀가 경제활동을 시작하거나 분가할 때 지원하는 것과 같은 특징이 있다고 보았으며, 그가 말하는 '제도적 가족(institutional family)'은 바로 이 가족주의와 연결되어 있는데, 도시화와 산업화는 이러한 가족주의를 파괴하고 그 대신 '개인주의'에 기초한 우정 가족(companionship family)을 보편적인 것으로 만든다고 보았다.48

가족주의의 성격과 내용도 생산체계, 가족관계나 관념의 변화에 따라 달라질 수밖에 없다. 가족주의는 가족구성원에 대한 권리와 의무 수행, 가족으로서 역할 수행과 그러한 기대, 가족 및 친족집단에 대한 헌신을 가장 중요시하며 가족질서에 순응하거나 애착을 갖는 인간의 일상화되

---

47. 홍콩 가족주의에 대한 Lau, Siu-Kai의 연구도 그 예이다. 그의 "Chinese Familism in an Urban-Industrial Setting: The Case of Hong Kong", *Journal of Marriage and Family* 43(4) (Nov. 1981), pp. 977-992, 1981 참조.
48. Ernest W. Burgess and Harvey S. Locke, *The Family: From Institution to Companionship*, American Book Company, 1945.

고 반복적이고 구조화된 행위라 볼 수 있는데,[49] 그 구체적인 양상은 시대와 나라의 조건에 따라 상이하지만 이동성이 매우 드물었고 농업이 생산의 주요 기반이던 근대, 도시화 이전의 사회에서는 일반적으로 나타나는 현상이다.

그래서 짐머만(Zimmerman)과 프램프턴(Frampton)은 모든 사회조직은 가족, 종교, 재산 3자의 '불멸의 제도'로부터 필연적으로 연역해낼 수 있는데, "모든 완성된 사회조직에서 가족주의는 재산의 필요보다 더 필수적인 것"이라 했다. 그들은 가부장적 가족이야말로 가장 가족주의적이라고 보았다.[50] 이 가부장주의 가족 형태에서 종교적 공동체성과 재산의 가부장에 대한 신탁이 이루어지는데, 그들은 이런 전형적 가부장주의는 러시아 농촌지역에서 전형적으로 나타난다고 했다. 그러나 가부장주의는 근대화하면서 직계가족, 그리고 불안정한 가족으로 변해갈 수밖에 없다고 보았다. 그들은 가족주의를 근대 이전의 '동양(orient)' 가족에서 전형적으로 나타나는 현상이라 보았다. 그러나 이들은 전통의 족쇄로부터 해방된 현대사회, 경제·사회 환경이 안정된 가족생활을 뒤흔드는 조건에서 왜 가족/친족 응집력이 여전히 강하게 남았거나 심지어 더 강화되는 이유를 설명하지 못한다.

한국의 대표적인 가족사회학 연구자 최재석은 "개인은 가족에서 독립하지 못하고, 가족 내의 관계가 여타의 사회관계를 지배할 때, 우리는 그 사회가 가족주의의 논리에 기초해 있다고 말할 수 있다"[51]고 지적했다. 그에 따르면 가족주의는 국가나 사회를 가족이 확대된 형태로 보

---

49. Peter L. Heller and Gustavo M. Quesada, "Rural Familism: An Inter-regional Analysis", *Rural Sociology* 42(2), Summer 1997.
50. Carle C. Zimmerman and Merle E. Frampton, "Theories of Le Play", Bernard Farber(ed.), *op. cit.*, 1966, p. 14.
51. 최재석, 앞의 책, 1994, 27쪽.

는 태도인데, "사회의 모든 집단을 '집'으로 의식하며 그 집단성원의 행동양식이 집[家]에 있어서의 인간관계와 동일하게 파악된다."[52] 그는 한국인의 언어생활에서 나타나는 여러 자료를 분석하여 가족주의가 관료의 권위주의, 신분계층질서의 존중, 파벌의 형성, 공동체로부터 개인의 미분화 등을 낳게 되는 구체적인 실례를 보여주었다. 사회학자 박영신도 "우리 사회의 조직 원리는 가족주의다"라고 말하면서 가족 내 인간관계를 사회적으로 반복 재생하면 가족주의가 가족이기주의,[53] 집단이기주의, 연고주의와 정실주의와 같은 양상으로 나타난다고 지적했다. 인류학자 조한혜정도 가족주의 현상을 현재의 가족과 후일의 자손을 위해서 사회 일반의 요구 혹은 공익을 무시하거나 희생할 수 있다는 가족이기주의 사고방식이라고 정의했다.[54] 송재룡은 가족주의를 혈족적, 씨족적 근친관계에 두드러진 가족중심주의와 논리를 집단이나 조직의 통합과 질서를 유지하기 위한 제1의 준거기준으로 삼고 이것의 정당화를 강화해나가는 집합적인 행태나 현상[55]이라고 정의했다.

확대된 가족인 친족이나 연고집단에 집착하여 사회를 가족의 확대 형태로 간주하여 그렇게 조직하고 행동하는 사고와 실천도 가족주의의 일종이라 볼 수 있다. 페이샤오퉁은 출생에 따라 좌우되는 혈연은 안정

---

52. 최재석, 『韓國人의 社會的 性格』, 民潮社, 1965, 39쪽.
53. 박영신, 『현대사회의 이론과 구조』, 일지사, 1978; 『역사와 사회변동』, 한국사회학연구소, 민영사, 1987; 「한국사회발전론 서설」, 『한국사회 어디로 가고 있나』, 현대사회연구소, 1983; 『우리 사회의 성찰적 인식』, 현상과 인식, 1995. 이와 비슷한 관점의 연구로는 Kim, Dong-No, "The Transformation of Familism in Modern Korean Society: from Cooperation to Competition", *International Sociology* 5, 1990.
54. 조혜정, 「가족윤리: 공리적 가족집단주의와 도덕적 개인주의」, 아산사회복지사업재단, 『현대사회와 가족』, 1986b.
55. 송재룡, 「가족주의와 한국사회의 삶의 유형: 두 언어의 게임 사이에서」, 『현상과 인식』 2002 봄/여름호.

을 지향하는 힘이며, 지연은 혈연의 투영에 불과하며 분리되지 않는다고 보았다.[56] 그래서 혈연주의나 연고주의(nepotism)는 '출생에 따른 연대'에 기초한다는 점에서 가족주의의 확대판으로 볼 수 있다. 연고는 혈연, 지연(地緣), 학연(學緣)이라는 사회관계의 복합적인 그물망을 의미하는데, 한국은 이 모든 연고 중에서 친족/씨족 연고, 즉 혈연을 가장 중시하는 경향이 있다. 지연은 혈연이 확대된 형태로 볼 수 있는데 왜냐하면 지연은 혈연에서 파생한 혼인관계가 기초이기 때문이다.[57] 혈연은 현대에 들어와서 지연과 관계가 없게 되었다. 혈연조직은 재지(在地)사회에 기반하지 않고 그 네트워크만이 도시화된 현대사회 속에 떠다니고 있다. 결국 혈연 네트워크는 지연과 분리되었기 때문에 거대도시화된 오늘날에도 생명력을 유지하고 있다.[58] 연고주의는 모든 인간이 본능적으로 갖는 혈연, 지연, 정서 친소관계에서 출발하지만 그 친소관계를 자원화하여 권력, 부, 사회적 자원의 배분 과정에서 유리한 위치를 점하려는 활동에 주로 활용한다는 점이 특징이다.

가족주의 혹은 확대가족주의는 가족, 혈연, 지연에 기초한 인간적 유대를 공(公)적인 목표나 대의에 우선하는 태도이다. 이 경우 가족주의는 개인주의, 가족 혹은 공동체보다는 개인의 인격과 자유 혹은 독립성을 가장 중시하는 태도와는 대척점에 있거나 법적인 중립성, 공정성, 합리성과 대비되는 태도로 볼 수 있다. 이처럼 자기 가족이나 연고집단이 저지르는 잘못이나 범죄를 가족의 이름으로 감싸주는 태도를 '무도덕적인

---

56. 페이샤오퉁, 앞의 책, 98쪽.
57. 기무라 간, 『조선/한국의 내셔널리즘과 소국의식』, 산처럼, 2007, 97쪽(木村幹, 『朝鮮/韓國ナショナリズムと'小國'意識: 朝貢國から國民國家へ』, ミネルヴァ書房, 2000).
58. 같은 책, 105-107쪽.

가족주의(amoral familism)'라 부르기도 한다.[59] 즉, 가족적 유대와 친소 관계가 도덕적인 판단 기준이 되는 현상, 연고집단에 속한 사람이 범죄를 저질러도 옹호해주고, 자신이 다니는 교회 목회자가 범죄를 저질러도 그 교회에 속한 신도들이 감싸주는 것도 무도덕적 가족주의의 예이다.

그래서 헬러(Heller)는 가족주의가 강한 나라 혹은 지역에서는 대체로 다음과 같은 정치사회문화적 특징이 나타난다고 보았다.[60]

1) 보편적 기준에 근거한 선악 관념이 매우 약하다.[61] 시민의식이나 시민정신이 취약하고 민주주의적 가치에 대한 관념이 매우 약하다. 시민의 정치참여 경험과 의지가 약하다.[62] 세상에 대해 판단하고 행동할 때 특수주의, 지역주의, 후원주의, 운명론, 제도에 대한 회의론을 수반하는 경우가 많다.
2) 사람들이 주로 국가나 정부를 심각하게 불신한다. 지배층은 대체로 부패를 연상시키는 경향이 있다. 공공적인 것에 대한 회의감이 높고, 사람들이 행동할 때 공과 사를 엄격하게 구분하지 않는다.
3) 사람들은 지도층이 타락했으므로 자신이 타락해도 문제가 되지 않는다고 생각하고 법을 어겨도 부끄러움을 느끼지 않는 경향이 있다. 그래서 국가나 사회에 큰 잘못을 범한 지도자도 책임을 느끼지 않고, 문제가 생겨도 남 탓으로만 돌리는 경향이 있다.[63] 즉, 공공도덕

---

59. 이탈리아의 가족주의와 그 무도덕성에 대해서는 E. Banfield, *The Moral Basis of a Backward Society*, Free Press, 1958.
60. Peter L. Heller, "Familism Scale: A Measure of Family Solidarity", *Journal of Marriage and the Family* 32, 1970.
61. 이만갑, 「한일양국의 민족성과 그 사회적 성격」, 서울대학교 동아문화연구소, 『동아문화』 제5호, 1966, 208쪽.
62. Lau, Siu-Kai, *op. cit.*, pp. 977-992.
63. Cavalli, Alessandro and Fabio Luca Cavazza, "Reflections on Political

을 희생시키고서라도 가족을 유지, 발전시켜야 한다는 태도를 갖고 있기 때문이다.
4) 가부장주의 전통이 강하고 여성 차별과 비하의 관습과 문화가 강하게 남아 있다. 가부장주의는 경제적 필요, 종교적·문화적 전통의 산물인데 그것이 근대 이후에도 여전히 작동한다. 가족주의가 강한 나라에서 상대적으로 여성의 지위가 대체로 낮다.
5) 사람들이 생계나 지위획득, 위기에 처했을 때 후원자에게 의존하거나 청원하는 방식으로 해결하는 경향이 있다. 법과 질서에 대한 정당성이 거의 없고 자조적인 생각을 한다. 취업이나 승진 등 여러 가지 장에서 구성원 간에 경쟁적인 게임이 작동하지 않는다고 생각하거나 게임의 룰을 권력정치가 왜곡한다고 생각하고 정치적 후원세력과 연줄을 잡으면 문제를 해결할 수 있다고 믿는다.

기존 논의를 종합하면 가족주의란 혈연과 출생으로 정해진 가족적 결속이나 응집이 다른 어떤 사회집단, 사회적 가치와 비교할 수 없을 정도로 중시되어 개인의 일상 정신세계와 사회관계에 압도적인 비중을 차지하는 현상이다. 가족주의는 대체로 다음과 같이 세 측면으로 구분할 수 있다.

1) 개인보다 가족, 친족을 사회의 기본단위로 보는 태도로 개인을 독자적인 판단력과 행동의 결정권을 가진 주체로 보기보다는 가족이라는 유기적 운명공동체에 속한 존재로 보고 개인의 운명, 복지, 성공은 가족과 일체화된 것으로 보는 태도나 지향이다.

---

culture and the 'Italian National Character'", *Daedalus* 130(3), 2001.

2) 가족을 가족 밖의 사회와 분리된 자족적 세계로 상정하여 다른 가족 혹은 사회를 희생하고서라도 자기 가족의 이익을 최우선시하여 가족에 대한 헌신과 책임을 국가나 사회 혹은 공공적 가치에 우선한다.
3) 가족관계를 가족 밖의 사회로 확대해 적용하는 태도, 즉 민족, 사회, 기업, 국가 등 '2차 집단'을 가족과 같은 공동체로 전제하거나 가족 친족에게 적용되는 의무와 책임의 체계를 이들 조직에 적용하기도 하고 그러한 2차 집단 내부의 유사가족 연고, 분파 결성을 통해 집단 전체의 운영을 좌우하려는 행동이다.

가족주의란 통상 사람들의 가족헌신적인 반복 행동과 그 행동의 기반이 되는 가치관, 태도, 문화를 지칭한다. 그런데 가족주의가 반복 실천되면 하나의 관행, 정책, 법, 제도, 지배이데올로기로 고착된다. 특히 현대 국가에서 가족주의는 하나의 제도로 존재하는데,

4) 보육, 노인 돌봄, 복지 등을 국가나 사회가 담당하기보다는 가족이 우선 담당해야 한다고 생각하거나 그러한 생각과 관행이 만든 복지, 돌봄 등의 가족의존적 법과 제도를 지칭한다.

앞의 쿨프나 최재석의 가족주의 정의는 주로 1), 2)를 지칭한다. 3)은 대체로 1), 2)의 태도가 연장된 것으로 볼 수 있다. 영어권에서는 1), 2), 3)의 가족주의를 familism으로 4)의 가족주의를 familialism으로 부르기도 한다. 특히 복지국가의 비교 모델을 제시한 에스핑 앤더슨(Esping-Andersen)은 가족의 사회정책적 기능이라는 잣대로 복지체제의 한 유형으로 가족주의(familialism)를 거론하였다. 그는 가족주의 체제란 공공정책에서 가정과 친족이 구성원의 복지를 일차적으로 책임져야 한

다는 전제 위에 서 있는 일련의 제도(institutions)를 말하며, 이러한 제도나 시스템으로서 가족주의와 대비되는 개념으로 탈가족주의란 개인의 친족과 가족에 대한 복지 의존을 줄이거나 완화한 체제를 지칭한다고 말한다.[64]

앞의 1)의 가족주의와 2)의 가족주의는 대체로 동시에 나타나지만 논리적으로는 별개이다. 1)은 근대 이전 사회 혹은 근대화에서 뒤처진 비서구 지역에서 강하게 나타나는 특징이 있다. 필자는 이것을 씨족 가족주의라 부른다. 그런데 2)의 가족주의는 근대 이후에도 전통적 가족관념과 근현대 자본주의 사회경제적 조건, 즉 경제위기나 전쟁 등의 조건에서 나타나거나 강화될 수 있다. 필자는 이것을 핵가족 가족주의라고 부를 것이다. 근대 이후 각종 연고주의, 민족주의, 집단주의, 각종 패거리주의나 분파주의는 3)의 가족주의가 외연적으로 확대된 것이다. 4)의 가족주의는 근대 국가형성, 자본주의적 생산과 재생산의 조건 속에서 1), 2)의 가족주의가 복지, 돌봄의 제도적 형태로 구축된 것이다. 그래서 이것은 제도적 가족주의라 부르기도 하는데, 부양·보호·교육·주택·노후복지

---

64. 앤더슨이 진행한 복지체제 유형화 작업은 탈상품화(de-commodification)를 기준으로 복지국가의 수준과 정도를 측정하는 작업을 통해 우리에게 가장 많이 알려졌다. 그는 지금 세계의 대표적인 나라를 사회민주주의형, 보수주의형, 자유주의형으로 구분하였다. 이 각 유형은 그 나라의 가족, 친족 체계 등 유대의 유형, 즉 사회문화적인 전통과 관련되어 있으며, 각 나라의 계급적 연대의 조건 등 사회세력의 힘을 매개로 해서 그러한 유형으로 나타난 것이다. Gøsta Esping-Andersen, *Social Foundations of Postindustrial Economies*, Oxford University Press, 1990. Sigrid Leitner, "Varieties of Familialism: The Caring Function of the Family in Comparative Perspective", *European Societies* 5(4), 2003, pp. 353-375. 제도로서의 가족주의 역시 단일하지 않다. 오치아이 에미코는 동아시아 국가들 사이에서도 가족주의는 상이한 양상을 보인다고 강조했다. 시장의존도가 높은 나라를 자유주의적 가족주의로 그리고 국가가 양육에서 중요한 역할을 하는 중국, 싱가포르 등을 사회주의적 가족주의로 분류했다. 오치아이 에미코, 2013, 앞의 책 참조.

등의 활동까지 가족이 제도의 중심적 역할을 한다.[65]

앞에서 언급한 국내외 여러 가족주의 연구자들은 물론 가족주의를 근현대적 현상이라고는 보기는 하지만 근대 이전, 즉 농촌사회의 씨족/친족단위의 가족주의와 근현대 핵가족단위의 가족주의를 명확하게 구분하지 않는 경향이 있다. 그래서 우리는 친족주의의 일종으로 씨족 가족주의 혹은 혈족 가족주의와 이것과는 분명히 구분되는 핵가족 가족주의를 구분할 필요가 있고, 과거의 친족주의가 현대사회에 와서 변형되어 혈연과는 무관하게 형성된 연고주의 혹은 확대된 가족주의로 나타나는 현상을 구분할 필요가 있다. 산업화 이후에 나타난 이러한 모든 현대 가족주의를 신가족주의(neofamilism)로 부르기도 한다. 그리고 근현대 핵가족 가족주의도 각 나라가 처한 근대 이전의 경제적 문화적 조건이나 근대화의 특성에 따라 다양한 양상을 보이고 있다. 그리고 한 나라 내에서도 특정 집단, 신분, 계층, 계급에 따라 그 양상과 강도는 매우 다양한 방식으로 나타날 수 있다.

혈연적 유대, 가부장주의에 기초한 한국 전통시대의 가족주의는 앞의 1)의 반개인주의, 권위주의, 공동체주의 가족주의가 강하게 나타나는 경향이 있는데, 이는 통상 공동체 전통이 강한 종족과 민족, 혹은 협동노동이 필요한 곳에서 유사하게 나타난다. 가족을 친족의 일부로 정의하고, 가부장주의에 기초한 혈연 공동체로 보는 사고는 주로 동아시아

---

65. 장경섭 등은 가족주의를 이념적 차원에서 접근하기보다는 정책, 관행, 사회조직 등이 배태한 원칙으로 접근하자고 주장한다. 그것은 벡과 벡(2002)이 주장하는 제도적 개인주의에 대비되는 개념으로 제도적 가족주의를 설정하는 것이다. 장경섭 외, 「한국사회 제도적 가족주의의 진단과 함의: 소득보장, 교육, 돌봄 영역을 중심으로」, 『가족과 문화』 27(3), 2015, 1-38쪽; U. Beck, and E. Beck-Gernsheim, *Individualization: Institutionalized Individualism and Its Social and Political Consequences*, Sage, 2002.

에서 많이 나타나는데 근대 서구에서의 가족 관념이나 근대 서구인의 일반적인 행동과의 차별성이 가장 뚜렷하게 드러난다.

그런데 2)의 가족주의는 도시 중간계급에서 전형적으로 나타나는데 서구나 동아시아권의 모든 나라에서 다양한 방식으로 나타난다. 3)의 가족주의는 일본의 기업 조직, 한국의 재벌체제, 과거 파시즘이나 천황제의 일본, 오늘의 북한이 여기에 해당할 것이다. 그리고 공식조직 내의 각종 분파 등 소집단을 만들어 이들 준혈연적 소집단, 연고가 있는 집단에 대한 충성을 전체 조직에 대한 책임과 충성보다 우선하는 태도도 여기에 포함된다. 4)의 가족주의는 후발국가 혹은 동아시아 여러 나라에서 전형적으로 나타나는 복지, 보호, 돌봄의 양식이다. 이것을 가족주의 복지 혹은 유교적 복지체제라고 부르기도 하지만[66] 사실 이러한 복지체제가 만들어지고 지속되는 이유는 전통적 유산이 현대의 다양한 조건과 결합되었기 때문이다.[67]

우리가 한국사회가 가진 역동성의 원천으로서 가족주의의 에너지를 강조할 경우는 주로 1)의 가족주의가 해당할 것이며, 가족주의의 부정적 측면, 즉 이기적, 폐쇄적, 반사회적 가족중심주의를 거론할 때는 2)의 경우가 해당할 것이다. 그러나 전근대적 습속과 문화가 도시화-산업화 이후 자본주의 시장경제와 대체로 결합한다는 사실을 전제하면, 앞의 2), 3)의 가족주의는 대체로 동시에 나타나는 경우가 많다. 그리고 벡(Beck)이 말한 '2차 근대(second modern)', '후기 근대(late modern)'[68] 혹

---

66. 홍경준, 「복지국가의 유형에 관한 질적 비교분석: 개입주의, 자유주의 그리고 유교적 복지국가」, 김연명 편, 『한국 복지국가성격논쟁 1』 인간과복지, 2002.
67. 김동춘, 「유교와 한국의 가족주의」, 『경제와 사회』 제55권, 2002, 93-118쪽.
68. Ulrich Beck, *World Risk Society,* Polity, 1999; Beck Ulrich and Edgar Grande, "Varieties of Second Modernity: The Cosmopolitan Turn in Social and Political Theory and Research", *British Journal of Sociology* 61(3), 2010,

은 후기자본주의의 맥락에서 1)의 가족주의의 이완, 점진적 해체가 2)의 의미의 가족주의까지 사라지게 하지 않을 수도 있으며 오히려 1)의 약화, 해체에도 불구하고 2)는 유지, 강화되기도 한다. 즉, 가족주의는 개인주의와 공존할 수 있다. '개인주의 없는 개인화' 논의[69] 혹은 도시 중산층의 자유주의적 가족주의가 그 전형적인 예에 속할 것이다.[70] 제도적 가족주의는 1), 2)의 가족주의의 바탕 위에서 형성되며 산업화 이후 정치경제적 재생산 조건과 맞물려 구조화한 것이고 1), 2)의 가족주의가 약화되거나 사라져도 제도의 지속성 때문에 건재할 수 있다.

장경섭은 한국의 가족, 가족주의는 이념적 측면과 더불어 상황적, 제도적 성격도 있어 다차원적인 특징이 있으며, 근대사회의 보편적 성격과 한국의 특수적인 요소를 함께 갖고 있다고 주장한다.[71] 그는 '압축 근대화'를 겪은 한국에서는 세대, 학력, 성 등에 따라 매우 다양한 가족 관념인 유교적 가족, 도구적 가족, 정서적 가족, 개인주의 가족의 개념이 현대 한국인에게 복합적으로 공존한다고 본다.[72] 하용출은 식민지 유산, 국가 주도의 후발자본주의, 성장의 압박 등이 신가족주의를 가져왔다

---

pp. 409-443.
69. 홍찬숙, 『개인화: 해방과 위험의 양면성』, 서울대학교출판문화원, 2015a 참조.
70. 이 점에서 장경섭은 서구의 개인주의적 자유주의와 달리 한국은 사회적 재생산을 국가나 공공영역에서 책임지지 않고 가족에게 떠넘기는 점을 강조하여 가족자유주의(familial liberalism)라고 부른다(장경섭, 『내일의 종언(終焉)?: 가족자유주의와 사회재생산 위기』, 집문당, 2018). 일찍이 미쉬라(Mishra)는 미국에서는 사적복지가 공공복지의 보조역할을 하지만, 일본에서는 그 반대로 공공복지가 사적복지의 보조물이라고 주장했다. 즉, 일본에서의 직업복지 혹은 기업복지는 사용자와 고용자 간의 전통적인 가족주의의 일부를 형성한다고 보았다. Ramesh Mishra, *Society and Social Policy*, Macmillan, 1977.
71. 장경섭, 『가족, 생애, 정치경제: 압축적 근대성의 미시적 기초』, 창비, 2009.
72. 장경섭, 「가족이념의 우발적 다원성: 압축적 근대성과 한국가족」, 『정신문화연구』 24(2), 83호, 2001 여름.

고 주장한다.[73] 유교적 가족주의는 가부장적인 질서와 혈통적인 유대를 중시하는 태도를 말하며, 도구적 가족주의는 가족의 복리와 번영을 가장 중시하며 그것을 위해 시간과 에너지를 집중하며,[74] 정서적 가족주의는 가족 간의 유대와 화합을 가치의 우선에 두는 태도를 말한다.

결국 우리는 지난 한 세기 내에서도 각 시기에 따라, 그리고 각 계층과 계급, 성에 따라 다양한 형태의 가족주의가 복합적으로 존재했을 것으로 추정한다.

---

73. Ha, Yong Chool, "Late Industrialization, the State, and Social Changes: The Emergence of Neofamilism in South Korea", *Comparative Political Studies* 40(4), 2007, pp. 363-382,.
74. 여기서 도구주의는 앞의 라우 쉬카이가 말하는 공리주의(utilitarianism), 실리주의(interest-orientation)와 같은 개념이다(Lau, Siu-Kai, 1981).

2. 가족주의 강화의 메커니즘[75]

사회적 행동 혹은 그 기초로서 가족주의란 가족 유대 '감정(sentiments)', 가족 소속 정체성(identity) 혹은 '의식(consciousness)', 가족 지향(orientation), 가족 헌신(devotion), 사회적 응집(social cohesion) 등을 통칭하는데[76] 역사학자, 사회학자, 문화연구자는 가족주의를 어떤 국가나 사회 구성원이 공통으로 가진 이러한 특징을 문화, 성격(social character), 기질, 가치관 혹은 민족성 등으로 정의해왔다.[77] 그러나 인류학자나 사회학자는 문화적 습속을 규정하는 원천, 사회적 성격, 삶의 유형(form of life)을 따라가는 양상으로 게임의 룰(rule),[78] 심층 문화의 측면에서 역사적으로 전승된 의미의 패턴, 에토스(Ethos),[79] 심성(mentality), 상징 의미,

---

75. 여기서 가족주의의 재구성과 강화를 인과관계가 아닌 '메커니즘'이라는 개념으로 연관시키는 이유는 조건의 변화와 행동 간에는 상당한 시차가 작용할 수 있고, 반복적인 행위로서 가족주의는 일종의 문화현상이기 때문에 과거 관행의 반복과 새 조건에 적응이라는 상이한 정치경제 질서에서 만들어진 행동이 유사하게 나타날 수 있기 때문이다.
76. 겔너(E. Gellner)는 근대화, 산업화는 유동적이고 균등한 인간집단을 만들어내게 되고 여기서 전통사회와는 다른 새로운 소통 양식과 응집의 필요성을 제기한다고 말한다. 그는 산업사회가 수반하는 새로운 문화적 욕구, 안정감과 소속감 추구의 결과가 민족주의라는 응집의 양식을 만들어냈다고 보았다. 그의 논리대로 가족, 가족주의도 현대적 응집의 방식으로 볼 수 있다. Ernest Gellner, *Nation and Nationalism*, Basil Blackwell, 1983(어네스트 겔너, 『민족과 민족주의』(이재석 옮김), 예하, 1988).
77. 그 동안의 여러 '한국인론'은 주로 심리학의 방법에 기초한 것이다. 대표적인 것으로는 윤태림, 『한국의 가족과 친족』, 민음사, 1990; 윤태림, 「韓國社會에 照明된 韓國人의 心理」, 世界平和教授協議會, 『廣場』 92, 1981.
78. 송재룡은 "한국사회는 룰의 이중적 근거가 작동한다. 형식적인 공적인 룰과 가족주의적인 룰이다"라고 주장했다. 송재룡, 앞의 글.
79. 밴필드(E. Banfield)는 가족주의를 에토스로 보았다. 에토스는 성격과 거의 같은 개념인데, 특정 공동체나 민족을 지도하는 신념이나 이상을 지칭한다. https://en.wikipedia.org/wiki/Ethos(검색일: 2019. 10. 29).

무드, 가치 지향, 동기 등 의식과 행위의 질적인 차원, 혹은 문화연구자인 클리퍼드 거츠(Clifford Geertz)의 이론에 따라 습속, 혹은 삶의 유형 등으로 정의했다.[80]

그런데 서구 제국주의는 아시아 후발국 주민의 특징을 묘사할 때 문명론, 인종주의, 인종우생학을 주로 사용하였다. 아서 스미스(Arthur Smith)는 중국인을 부정적으로 묘사하는 중국인론을 처음으로 제기하였다. 서구에 의해 개항된 일본은 이웃 대만이나 조선, 그리고 다른 동아시아 국가들을 침략할 때 이러한 담론을 그대로 차용하여 중국과 한국을 열등시하였다.[81] 일제강점기인 1920년대 이후 활발해진 다카하시 도루(高橋亨) 등의 조선인론, 조선민족성론, 민족개조론도 모두 이러한 서구 지식인들의 동아시아 타자화 흐름의 영향을 받아, 조선인에게 불변의 문화적 특질이 있다고 보았다.

이러한 민족성 담론은 민족적인 기질이나 태도, 가치관, 행동의 공통성을 고정불변의 것으로 보고 정치경제적 조건과의 연관성 속에서 살펴보지 않을뿐더러 제국주의 지배를 정당화하거나, 또 침략을 당한 민족 구성원들이 그 논리 구조를 그대로 차용한 상태에서 그것에 대한 반사적 비판으로 제기되었다는 점에서 방법론적으로도 한계가 있거니와 논리적인 결점도 안고 있다. 예를 들어 이광수와 최남선이 일제 말 친일의 길로 간 것은 그들이 이러한 제국주의 억압이라는 현실을 도외시하고 일본과 서구가 설파한 진화론, 인종주의 시각을 받아들여 민족개조, 인종개조, 개인의 인격 수양, 국민의 자각을 설파하게 되었기 때문이다. 이

---

80. 송재룡, 앞의 글.
81. 조선인의 민족성에 대해서는 『독립신문』 등에서 조선인들이 먼저 제기하기는 했으나 본격적으로 거론된 것은 1920년대부터라고 한다. 이선이, 「근대 초 조선민족성 담론의 형성배경과 논의방식」, 이선이 외, 『동아시아 근대 한국인론의 지형』, 소명출판, 2011.

광수와 최남선은 조선인의 사회윤리 부재, 사회적 결속의 취약성을 강조하면서도 그것의 역사성, 정치사회적 배경에 대해서는 묻지 않았다. 다카하시 도루 역시 공사(公私)를 구분하지 못하는 조선인의 특징은 과거 일본에도 있던 것이라고 어느 정도 인정하였으며, 그것은 동아시아의 대가족제도와 연관되어 있다고 보았다.[82]

인간의 의식과 행위는 습관적인 측면, 의식적이고 합목적적인 요소를 갖고 있으며, 무의식적인 요소도 있다. 가족주의는 무의식의 측면을 포함하며 상황 속에서의 의도성, 합리적 고려(rationalization)와 성찰적 조정(reflexive monitoring)의 과정을 포함한다.[83] 부르디외(Bourdieu)가 말했듯이 인간의 행동은 일정한 '사회적 공간' 내에서 진행되고, 그 공간의 존재에 대한 주관적 판단, 감각을 전제로 하는 의식과 반복적 실천이다. 따라서 의식과 행동, 그리고 그러한 행동을 유인하는 정치경제, 지배질

---

82. 다카하시 도루는 조선인의 특질로 사상의 종속성, 사상의 고착성, 형식주의, 문약함, 심미관념의 결핍, 당파심 등을 들었는데 특히 공사(公私)의 구분을 하지 못하는 점을 질타하였다. 그는 중국의 고대신화인 『산해경(山海經)』의 동이족 기록까지 거론하면서 한국인의 심성, 풍속의 배경과 기원을 설명하려 했다. 그의 주장을 받아들이면 고대 이래 이 땅에 살아온 한국인의 심성은 변하지 않았다는 말이 된다. 그는 조선인의 심성을 사물과 같은 것으로 전제하고 개조할 수 있다고 생각했다. 그는 서구 진화론과 실증주의 사회학의 방법론을 동원해서 일본 민족성의 우수성과 조선 민족성의 열등성을 부각하려 했다. 사실 그가 비교하는 일본과 한국의 차이는 다분히 변형된 오리엔탈리즘, 즉 일본을 서구의 일원으로 보고 한국을 대상화하는 측면이 있다. 이렇게 보면 서구의 시선을 채택한 그 자신도 일본을 제대로 모른다고 볼 수도 있다. 그가 일제강점기 총독부의 관변학자로서 차지한 위상을 고려한다면 그의 영향권에 있던 이광수의 '조선민족개조론', 박정희의 '한국인론'도 그의 영향을 크게 받았을 것이다. 그는 자신이 마치 서양 사람인 것처럼 보면서 조선인론을 전개한다(다카하시 도루, 『식민지 조선인을 논하다』(구인모 옮김). 동국대학교출판부. 2010; 조선총독부, 『조선인의 사상과 성격』(김문학 옮김), 북타임, 2010).
83. Anthony Giddens, *Central Problems in Social Theory : Action, Structure and Contradiction in Social Analysis*, 1979, p. 56. Florian Pichler and Claire Wallace, *op. cit.*, pp. 423-435.

서, 법과 제도 등 객관적 조건에 대한 적응이다.

인간은 선택하려는 길이 '차단'되었을 때 일종의 '보충(complementarity)' '대체(substitution)'의 길을 선택하기도 한다. 즉, 인간은 특정한 경험을 한 뒤 성찰적 조정을 거쳐 다른 선택의 길로 갈 수 있다. 길을 선택할 때 공식 자본이 동원되지 않으면 비공식 사회적 자본 등 다른 가용 자원을 동원할 수 있다.[84] 특히 허시먼(Hirshman)의 탈출-저항-충성(exit-voice-loyalty) 모델을 적용할 수도 있다.[85] 허시먼은 인간에게는 세 가지의 선택지가 있다고 보는데, 현실에 불만이 있으면 현실에서 도피(탈출)하거나 저항하는 길이 있고, 저항에 대한 탄압이 너무 심해서 그 비용이 너무 크다면 그냥 현실을 수용하는 길(충성)도 있다. 즉, 저항이 엄격하게 차단된다면 성찰적 조정을 거쳐 충성과 탈출의 길로 갈 수 있다. 연대 혹은 사회참여를 그가 말하는 '저항'으로 분류하면 개인화, 가족집착은 탈출, 충성의 표현일 것이다.

즉, 가족주의를 부르디외가 말한 아비투스(habitus)의 일종으로 정의한다면,[86] 가족주의는 이념일 뿐만 아니라 제도, 즉 위로부터 주어진 가족

---

84. 기능주의 사회학자인 머튼(Merton)이 말하는 대안적 구조(alternative structures) 혹은 그의 일탈행위론에 나오는 4가지 행위도식, 즉 적응(conformity), 혁신(innovation), 수용(acceptance), 퇴진(retreatism), 반항(rebellion)도 이러한 문제의식에 기초한다. 집합적 연대를 통한 현실타개의 방법이 차단되면 사적 자원이 동원될 것이다. Robert Merton, "Social Structure and Anomie", *American Sociological Review* 3(5), 1938, pp. 672-682.
85. Albert O. Hirshman, *Exit, Voice and Loyalty*, Harvard University Press, 1970.
86. Pierre Bourdieu, *Distinction a Social Critique of the Judgement of Taste*, Richard Nice trans., Harvard University Press, 1984(피에르 부르디외, 『구별짓기: 문화와 취향의 사회학』(최종철 옮김), 새물결, 2005); Patrick Champagne, *Pierre Bourdieu*, Les Esstiels Milan, 2008; 피에르 부르디외, 『자본주의의 아비투스: 알제리의 모순』(최종철 옮김), 동문선, 1998.

관계 법과 정책, 즉 '객관적으로 분류 가능한 판단의 발생적인 원칙' 그리고 이들 '실천의 분류체계'이기도 하다. 즉, 인간이 가족주의적 아비투스를 갖는다는 말은 이미 행위를 직접 실행하기 이전에 가족과 가족 아닌 사람(외부자)을 나름대로 분류한 다음 가족에 대한 태도나 행동이 '가족 밖'의 사람에 대한 태도나 행동과 어떻게 달라야 하는지에 대한 기준과 원칙이 있다는 말이고, 그러한 행동을 하는 과정에서 그리고 행동을 가능케 하는 의식과 무의식이 가족과 가족 밖의 사람에 대한 분류 체계가 나름대로 내면화되어 있으며, 또 일상적인 실천을 통해 표현되고 제도화되어 영속된다는 말이다. 가족주의는 기존 사회질서에 대한 가정, 즉 사회는 가족을 단위로 해서 움직이며, 가족 외에는 의존할 수 있는 사회적 지지 세력이 없다는 가정 위에 서 있다. 이렇게 보면 아비투스로서 근현대 가족주의는 가족/비가족 구분의 (객관적, 주관적) 체계이자 그러한 구분이 실재한다는 주관적인 믿음, 그에 기초한 반복적인 행동, 구조화된 행동 실천이자 제도임과 동시에, 가족 밖 국가, 공식 조직, 계급 조직에의 참여가 차단, 억제되거나 그것을 통해 목표를 실현하지 못한 것을 개인, 가족이란 자원, 자본을 동원해서 실현하려는 행동일 것이다.[87]

가족이 인간의 경제적 생존과 생물학적 필요에서 출발한 것처럼 혈연집단에 대한 애착으로서 가족주의 역시 일차적으로는 경제적 필요, 특히 상속과 지위 유지의 필요, 본능과 감정에 기초한다. 인간 같은 고등동물은 물론 하등동물도 가족에 대한 보호 본능이 있다. 그러나 인류 역사의 모든 단계, 모든 문명, 모든 사회에서 가족이나 자녀에 대한 집착이 동일하게 나타난 것은 아니다. 가족/씨족에 대한 집착이나 유대

---

87. 앞의 Pichler and Wallace(2007)에 의하면 가족과 친족에 의존하는 것은 공식적인 사회적 자본의 동원이 어려울 때에 나타나게 된다. 그러나 가족/친족동원과 다른 사회적 자본의 동원은 언제나 결합되어 있다.

의 정도와 양상은 가족 밖의 생존 조건, 즉 정치경제 질서와의 접촉, 그리고 그것들과의 관계 속에서 만들어진 것이다. 그래서 상속의 필요, 자녀, 가족에 대한 의미부여, 가족헌신 행동 등은 모두 사회와의 접촉과 그러한 조건 속에 진행되는 사회를 '지향한(oriented)' 행동이다. 가족주의가 가족과 사회의 상호관계, 정치·경제·사회적 조건의 변화 속에서 구축, 강화된 것처럼 확대된 가족주의로서 연고주의 역시 사회 변화 속의 적응적, 목표추구적 행동이다. 즉, 가족주의는 진공에서 발생하는 것이 아니라 사회 '속에서' 사회를 '지향'하는 '사회적', '정치적', '경제적' 행동이며,[88] 가족 밖의 모든 정치·경제·사회 조직이나 정치·경제·사회 질서의 허용/제한의 틀 속에서 나타나는 행동이며, 그러한 정치사회 질서에 영향을 미치는 행동이다.[89]

가족주의는 특정 경제/정치사회적 조건에서 인간이 사회적 존재로서 특권과 힘을 유지하기 위한 기획이며, 가족은 바로 그것의 육화된 실체다.[90] 그렇기 때문에 가족주의는 전통사회 혹은 향촌사회에서 만들어진 사회의식과 관계망의 지층 위에서 자기 권리와 이익을 자각하기 시작한 인간이 새로운 정치사회 환경, 특히 자기보존의 위기에 대한 방어, '보호'를 위한 적응행동이며 열린 기회 속에서 추진되는 '지위 추구'를 위한 적극적인 기회 활용의 행동이 함께 포함되어 있다. 가족주의에는 전근대의 잔재와 근대의 새로운 기회가 공존하는 거대한 과도기 정치경제 질서

---

88. 사회적 행위에 대한 오랜 방법론적 논쟁이 있다. 여기서는 사회적 의미 충족성, 후설의 지향성(intentional), 대상과의 관계속에서 체험의 반성과 반복성을 특히 강조한다. 에도 피브체비치, 『훗설에서 싸르트르에로』(이영호 옮김), 지학사, 1989.
89. 기회의 확대, 열망의 실현 욕구가 맞물려서 특정한 행위와 전략이 나타난다. 물론 열망이 기회를 만들 수도 있다. 근대사회라는 현장은 기회 자체가 크게 확대된 시점이다. John Elster, *Explaining Social Behavior : More Nuts and Bolts for the Social Sciences*, Cambridge University Press, 2007, pp. 167-177.
90. Pierre Bourdieu, *Practical Reason*, Stanford University Press, 1998, p. 19.

속에서, 가족의 생존과 보호를 위한 '수동적' 대응이자 열린 기회를 활용하기 위한 '적극적인' 전략이다.[91] 필자는 전자를 '보호적 가족주의'로, 후자를 지위 확보와 존재 '인정'을 요구하는 '지위유지(상승) 가족주의'라 부른다.[92] 인간의 삶이 자연의 제약과 한계에서 벗어나기 시작한 근대 이후의 가족주의는 자본주의 시장경제, 정치, 전쟁 등 사회정치적 조건과 더욱 긴밀하게 결합되어 있다.[93]

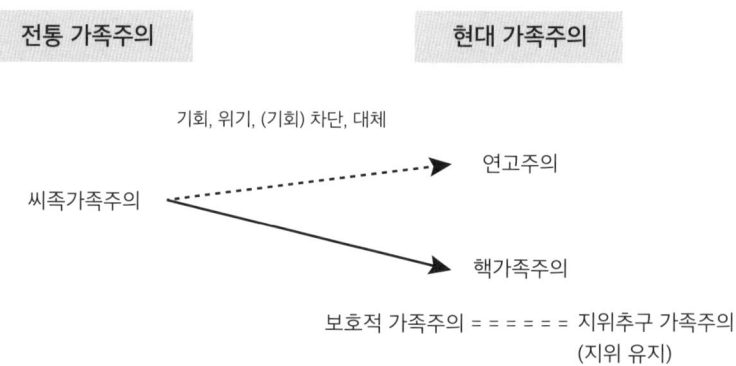

그렇다면 우리는 근대 시장자본주의, 도시화 등과 관련된 직업집단, 노동조합, 이익단체 등 2차 집단의 형성과 확대라는 사회적 맥락 속에서 1차 집단인 가족, 친족 관계, 혈연적 유대가 지속 강화된 메커니즘을

---

91. 그래서 도시사회, 노동사회를 이해하기 위해서는 농촌사회, 향촌사회에 대한 이해가 필수적이다. 종교, 습속, 문화는 매우 장기 지속적이기 때문이다.
92. 장경섭이 말한 사회투자 가족(social investment family)은 지위 유지 혹은 상승을 위한 가족전략의 전형으로 볼 수 있다. Chang, Kyung-sup, *South Korea under Compressed Modernity*, Routledge, 2010b.
93. 가족과 정치를 분리할 수 없다는 전제 속에서 근대 일본 가족의 형성을 접근한 것으로는 藤史朗. 2018. 『昭和日本の家と 政治: 日本社会学における家理論の形成と展開』. 弘文堂.

주목해야 할 것이다. 앞에서 언급한 것처럼 과거 전통사회의 가족주의는 친족/씨족/혈족주의로 볼 수 있는데, 대체로 신분차별, 가부장주의를 전제로 한 것이고, 중국과 한국에서는 유교문화에서 양반, 신사층의 과거시험을 통한 관료 지위 획득, 소농 체제와 맞물려 있다. 한편 근대국가의 수립, 자본주의 시장경제의 확산, 개인화와 도시화 등 거대한 사회변화를 거친 후의 가족주의는 친족주의와는 거리가 먼 원자화된 핵가족 단위의 가족주의의 양상을 지니며, 그것은 기본적으로 권리와 이익을 자각하기 시작한 근대적 개인의 탄생, 산업화와 도시화, 자본주의 자본-임노동관계, 평등한 부부관계, 국민국가, 재산의 사적소유 체계 등과 연관되어 있다. 여기에는 이주, 전쟁, 혁명 등 정치사회적 격변도 중요한 계기 혹은 조건으로 작용한다.

즉, 가족 내 관계의 성격, 특히 부부관계와 부모 자식 관계의 결속력, 가족 구성원에 대한 헌신, 재산의 상속 등으로 가족주의의 정도와 강도를 측정할 수 있는 데, 이미 많은 기존 가족연구가 그렇게 작업을 해왔다. 박혜인의 조사에 따르면 가족주의 척도 중에서 가장 강력하게 나타나는 행동은 바로 자녀교육(가족의 미래와 영속성을 보장하는 자녀) 혹은 이웃, 친구보다 친척을 중시하는 행동(친척 우선의 부조)이다.[94] 희소재인 가족이 보유한 재산과 지위를 어떻게 지속하는지가 가족주의의 정도와 강도를 볼 수 있는 가장 중요한 지표이다. 그래서 이 책에서도 가족주의의 외적 표출이자 가족의 유지 재생산을 위해 가장 중요한 전략인 자녀 교육, 재산의 상속 혹은 세습, 그리고 제사나 의례 등을 통한 가족의 전통 유지하기 혹은 가족의 복리를 위한 기복신앙을 대상으로 살펴볼 예정이다.

즉, 근현대 가족주의의 강화 메커니즘을 밝히려면 재산 소유, 도시화-

---

94. 박혜인, 「한국여성의 가족주의 가치 분석: 대구·경북지역의 도시 농촌 비교」, 『여성문제연구』 17(0), 1989, 75-78쪽.

산업화-자본주의, 경제성장 등으로 집약되는 근현대의 경제질서, 정치사회적 조건뿐만 아니라 큰 위기가 전통사회의 가족주의 문화와 습속, 그리고 행위와 관계 양식을 복원하고 강화하는 데 작용하였는지와 어떤 과정을 거쳐서 그렇게 되는지를 살펴봐야 한다. 수량적으로 측정하기는 쉽지 않지만, 사회 구성원이 자신의 문제를 해결하려고 자주 만나거나 연락하는 사람, 그리고 재난이나 경제적 어려움이 발생할 때 가족/친족과 연고 집단에 도움을 청하는 정도나 지위의 보장과 상승을 위해 어떤 일에 가장 헌신적인지를 보면 가족주의의 '강도'를 가늠할 수 있다.

과거 근대화론은 가족, 친족 단위의 유대 관계가 자신의 협소한 이익만을 우선시하면서 그것을 넘어서는 공동의 행동을 조직하지 못한다고 보았고[95] 공과 사를 혼동하는 가족주의의 태도는 대체로 그 사회의 전근대성, 유교적 가족윤리의 유산, 사회적 미분화의 산물로 보았다. 현대사회에서 가족주의가 유지, 강화되는 곳은 주로 농촌사회의 문화가 강하게 남아 있거나 자본주의 발전에서 뒤떨어진 나라들이다. 가족단위 협업이 필요한 농촌의 생산방식은 강한 가족 유대가 필요하고[96] 가부장적인 가족주의가 형성될 수 있는 토양이 된다. 대체로 이런 농촌사회의 전통이 잔존하는 후발자본주의 국가에서 가족주의 경향이 발견되는 것은 사실이다.[97]

산업화와 도시화 이후의 가족주의 강화 양상과 근대 이전의 가족주의 전통을 단절적으로만 보기는 어렵지만 우선 근대화론자가 주장하듯이 가족주의가 반드시 후진성의 산물인지는 논란의 여지가 있는데 동

---

95. Banfield, *op. cit.*, p. 10.
96. 빌헬름 라이히, 『파시즘의 대중심리』(오세철·문형구 옮김), 현상과인식, 1986, 81쪽.
97. 미국 농촌의 가족주의는 확대된 친족 지향의 가족주의(extended kin-oriented familism), 일차적인 친족 지향의 가족주의(primary kin-oriented familism)라 부르기도 한다. Peter L. Heller and Guatavo M. Quesada, *op. cit.*.

아시아에서 비교적 발전한 일본과 한국 등 자본주의 국가에서 이러한 현상은 지속, 강화되었기 때문이다. 특히 1960년대 이후 국가 주도의 개발전략이 가족주의를 강화한 측면이 있는데, 이 경우 가족은 단지 국가의 경제개발 정책의 적극적인 하부구조일 뿐 아니라 단위 가족 자체가 개발주의 투자 마인드로 뭉친 조직처럼 움직이기도 했다.[98] 그리고 유교적 가족주의 전통은 없지만 가톨릭 전통이 매우 강해서 후원-피후원 관계(patron-client)의 문화적 특징이 있는 곳도 가족주의가 두드러진 경우가 있다.[99]

유교문화, 농경사회가 필요로 한 친족/씨족 단위의 가족주의는 해체되어도, 산업사회의 경제적 재생산과 재산축적을 위해 핵가족 단위의 유대와 결속을 요청하는 사례도 많다. 시장경제가 반드시 가족주의를 해체하는 것은 아니다. 특히 근대 이후에도 시장경제의 합리적 작동이나 국가권력의 신뢰나 중립성이 부재한 상황, 즉 법의 지배와 행정이 공정 투명하게 집행되지 않거나, 법과 행정이 사회적 약자를 보호할 수 없을 때 '방어적' 차원에서 가족유대와 가족애착이 강화될 수 있다. 정치적 위기가 가족 결속을 부추기고, 국가의 공공적 기능이 취약하거나 경제 정책이 가족단위의 보호와 지원, 가족 단위 상승의 전략을 유도할 경우 그러한 양상은 강화될 것이다. 근대 이후 모든 국가의 정치경제 체제, 특히 사회권(social citizenship)의 취약성 혹은 저발전은 가족적 유대, 가족주의의 확대 강화를 유도하는 경향이 있다.[100] 이것은 후쿠야마

---

98. 뒤에서 언급하겠지만, 가족의 동반자살, 노인 자살 등의 현상은 바로 가족에게 과부화된 부양과 돌봄의 기능이 가족의 해체 상태에 들어갈 때, 남은 가족의 생존이 국가나 사회가 담보할 수 없다고 판단하는 상황에서 내린 선택이다.
99. Banfield, *op. cit.*
100. 개발주의 정부는 사회정책, 아예 사회권을 가족성원들 사이의 상호 보호와 지원의 사적인 의무로 재설정해왔다(장경섭, 앞의 책, 2018, 5쪽). 즉, 사회권의 부재 혹은

(Fukuyama)의 '신뢰(trust)'의 결여, 즉 법과 권력의 낮은 신뢰는 하나의 신호(signs)가 되어 각자도생(各自圖生)의 생존 방식, 즉 공식 조직 대신에 가족이나 친구 등 비공식 네트워크에 호소하거나 이런 관계에 대한 집착도와 상관성을 갖는다는 이론으로 연결된다.[101] 이 점에서 일제 관변 학자 무라야마 지준(村山智順)도 한국의 가족주의를 신뢰구조의 취약성의 결과라 보기도 했다.[102]

일찍이 애덤 스미스(A. Smith)는 "법의 권위가 그 국가 내에서 가장 지위가 낮은 사람까지도 완전하게 보호해줄 수 있는 상업국가에서는 동일 가계의 후손도 함께 살아야 할 동기가 없기 때문에 이해관계와 성향에 따라 자연히 뿔뿔이 흩어지게 된다. 서로에 대한 관심도 없고, 공통의 혈통이나 선조들 상호 간에 있던 관계에 대한 기억까지 망각하게 된다"[103]고 말했다. 그는 '법의 지배의 결여'가 가족, 친족주의 발생의 조건이 된다는 점을 강조했다.[104] 즉, 가족/친족주의는 앞에서 말한 보완과 대체, 즉 허시먼이 말한 목표를 얻기 위한 저항, 탈출 등 제도화된 방법이 억제, 차단된 결과이자 사회적 계급적 연대가 차단된 상태에서 대체

사회권의 취약성과 가족책임구조, 가족주의의 강화는 긴밀히 연결되어 있다.
101. Francis Fukuyama, *Trust: The Social Virtues and The Creation of Prosperity*, Free Press, 1995; John Elster, *op. cit.*, pp. 344-352.
102. 그는 "조상의 유해를 길지(吉地)에 매장함으로써 그 목적을 이루려는 열렬함은 다른 나라에서는 유래를 찾아볼 수 없는 특징이다"라고 지적하면서 "이것은 본디 자기 혈족 이외의 사람을 신뢰할 수 없었던 조선 사회성의 특질에서 유래하는 것이며, 생활의 보증은 오직 부모 내지 가장의 지위에 있는 존속에 의해서만 이루어진 조선 가족제도의 특성이 귀결된 것이다"라고 진단하였다. 村山智順, 『朝鮮の風水』, 朝鮮總督府, 1931, 4-5쪽(윤해동 외, 『식민지 공공성, 실제와 은유의 거리』. 책과 함께, 2013, 320쪽에서 재인용).
103. 아담 스미스, 『도덕감정론』(박세일·민경국 옮김), 비봉, 2009, 423쪽.
104. 같은 책, 424쪽.

의 길을 가도록 유도한 정치사회적 유인구조의 결과일 수 있다.[105]

전쟁, 대재난, 경제위기, 이주 등도 가족주의를 강화할 수 있다. 사회가 큰 위기에 처했을 때, 그리고 사람들이 생존과 생계유지가 극히 어려울 때 가족, 친족, 그리고 연고 집단과 협력, 연대하고 그들에게 도움을 청하는 일은 필수불가결한 선택이다. 래시(Lasch)가 강조한 것처럼 가족은 자본주의 성장과 지배질서의 횡포에 대항하는 보호막이자 안식처의 기능을 한다.[106] 그런데 근대 이후 시장질서와 임노동의 전면화는 실업, 빈곤 등의 문제에 대한 공적 사회적 부조가 없거나 약할 때 가족이나 친족에게 그 부담을 전가하여, 결국 동아시아 국가에서 나타나는 제도적 가족주의를 강화하는 메커니즘으로 작용한다.[107] 제도적 가족주의를 공공적 책임 혹은 국가 책임과 대척점에 있는 태도나 지향으로 정의하면 복지 후진국에서는 대체로 가부장주의나 가족 부양책임, 모성을 강조하는 방식으로 복지체제가 구축된다.[108] 이러한 제도적 가족주의는 문화

---

105. 필자는 해방, 한국전쟁 후 한국의 교육열이 해방정국에서 나타난 격렬한 사회운동의 실패, 즉 저항, 연대, 계급정치를 통한 사회변화의 가능성이 차단된 결과로 나타난 것이라는 점을 강조한 적이 있다. 김동춘, 「한국의 근대성과 과잉 교육열」, 『근대의 그늘』, 당대, 2000 참조.
106. Lasch와 Kim, Dong-Choon은 1950년대 한국 가족주의를 이러한 맥락에서 설정했다. Christopher Lasch, *Haven in a Heartless World: The Family Besieged*, Basic Books Inc., 1978; Kim, Dong-Choon, "A Permitted Haven in a Heartless World: Colleges and Churches in South Korea in the 1950s", *Journal of American-East Asian Relations* 24, 2017.
107. 16세기 이후 영국에서는 자본주의화 과정에서 발생한 빈곤과 실업, 친족공동체가 붕괴함에 따라 과거에는 지역사회나 공동체에서 부양하던 과부, 버림받은 아내들, 독신여성 등이 공유지 사용권을 박탈당하면서 사회에서 가장 빈곤한 집단으로 전락한다. 이 경우 가족제도 밖의 사람을 혼란을 야기하는 사람들, 사회질서에 저항하는 사람으로 여겨 이들을 가부장적 가족으로 편입시키는 압력으로 작용하기도 했다. 1834년 영국의 구빈법은 가족부양을 강제하는 제도로 작용했다.
108. 한국의 가족수당 제도는 가부장적 가족주의를 강화하는 보상의 기제로 볼 수 있다. 이에 대해서는 뒷부분에서 서술한다.

나 의식의 산물이기보다는 전쟁 공황 등 큰 위기, 공권력 신뢰 부재, 약육강식의 시장질서 등이 강요, 조장, 유도한 것일 수도 있다.

즉, 근대사회에서 인간의 행동은 기본적으로 공리적 성격을 띠며 자본주의 질서 내에서의 재생산의 필요, 가족 밖 정치나 사회 일반이 초래한 위기와 불안, 즉 돌봄과 부양 등 복지 요구에 의해 강화된다. 역사적으로 가족이라는 단위나 관계 자체가 정치경제적 상황과 가족 밖의 사회적 관계와 연결되어 있고, 근대사회에서 인간 간의 관계가 근린공동체의 범위를 넘어서기 시작하면서 가족, 가족관계는 이익집단, 정당, 친교 관계 등 다른 사회관계, 다른 사회보호/복지 체계와 결합/대체 관계에 놓인다. 여기서 앞서 말한 제도적 가족주의는 계급적 연대나 공공복지의 길이 '차단'되거나 제한적인 조건이 유도한 것이자, 위험 상황에 처한 개인이 생존을 도모하거나 적극적으로는 지배질서에 편승하고자 하는 기획인데, 그것은 시장에서의 경쟁과 생존, 전쟁, 군사독재 등 정치경제적 질서와 연동되어 있다.[109]

근대 한국사회의 역동성은 분명히 지위 상승을 향한 한국인의 적극적 기획의 산물일 것이고, 그 중심에 가족주의가 있을 것이다. 이러한 지위 추구적 가족주의는 기득권을 유지하려는 지배층의 전략이기도 하지만 전통사회에서 차별을 받거나 사회적 인정을 받지 못한 사람들의 '인정투쟁' 혹은 적극적 기획이라고 봐도 좋다. 전통사회에서 차별받던 여성이 가정 내에서 남성과 동등한 인간으로 대접받으려는 '인정투쟁'도 지위 추구의 일환이며, 자녀의 출세를 통해 가족의 계급적 지위를 높이려

---

109. 미국 사회학의 근대화론을 받아들인 1980년대 이전의 학자들은 대체로 동양/서양, 전근대/근대 이분법의 틀로 가족주의의 전근대성을 강조하였다. 배용광·변시민, 『한국사회의 규범문화』, 한국정신문화연구원, 1984, 22-25쪽. 이에 대한 비판으로는 김동춘, 앞의 글, 2002 참조.

는 욕망 역시 지배질서를 지향하는 행동으로 볼 수 있다. 즉, 전통 신분사회에서 온전한 가족을 형성하지 못하고 차별받던 사람들이 근대 이후 하나의 (핵)가족을 이루려고 했을 때, 자녀교육 등의 방법으로 가족에 헌신하고 가족 재산을 상속하려고 했을 때 가족에 의존하는 그들의 행동이 곧 가족주의다.

국가 정책이 가족연대 혹은 가족주의를 강화하거나 파괴할 수 있다. 일제의 총독부 지배 이후의 군사정권이 전통사회 윤리인 효도와 충성을 강조해 복종을 유도하면서, 호주(戶主)를 정점으로 하는 가족에 대한 헌신을 국가에 대한 충성, 상급자에 대한 복종의 논리와 한 묶음으로 유도한 경우도 그렇다. 그러나 앞의 제도적 가족주의처럼 사회 구성원 일반의 가족주의적 의식과 행동이 거꾸로 국가의 정책과 제도를 구조화할 수 있다. 결국 통치방식이나 이념으로서 가족은 제도로서의 가족주의를 강화하고, 이 제도로 정착된 가족주의는 또다시 사회구성원의 행동을 더 가족 지향적으로 유도 혹은 강제하는 기능을 할 수 있다.

지위상승의 기획으로서 가족주의는 근대 초입에서는 하층 출신에게서, 그리고 일정한 단계를 거친 이후에는 중간계급에서 전형적으로 나타난다. 현대 자본주의 사회의 중간계급은 가족 단위의 지위 상승, 가부장적 가장과 전업주부로 구성되는 핵가족을 이상적인 것으로 상정한다.[110] 이 경우 식민지 혹은 후발국가가 권위주의 방식으로 가부장주의를 활용해서 경제개발을 추진하고 국민적인 동원전략을 구사한다면 여성은 가부장주의의 유산을 거부하기보다는 핵가족 내 아내와 주부로서의 자신의 지위에 집착할 수 있다. 이 경우 핵가족의 가족주의, 가부장

---

110. 중간계급은 하층에 비해 경제결정론에서 비교적 자유롭다. 즉, 미래를 가능성의 장으로 표상할 수 있다(피에르 부르디외, 1998, 23쪽). 그래서 가족주의는 이들 계층에서 전형적으로 나타난다.

주의는 자본주의 질서를 지탱하는 이데올로기로 작동한다. 산업화가 본격화해도 가족 밖의 노동시장에서는 성차별이 매우 강하게 유지되고, 여성의 사회참여 기회가 '차단'되어 있을 때 가족주의는 강화된다.[111] 그래서 권위주의, 가부장주의적 자본주의는 가족 내 '인정 투쟁', 사회참여의 '대체' 가족주의와 공존한다.

이 연구의 대상 시기는 주로 1880년대 이후 1980년 초중반까지의 한국인데 이 시기는 벡(Beck)이 말한 '1차 근대'의 시기에 해당한다. '2차 근대' 혹은 '후기 근대'와 대비하여 정의된 이 시기는 국가단위의 사회 형성, 개인주의, 자연과 사회의 분리, 완전고용, 합리성 등의 특징이 있다. 물론 한반도에서는 이 시기가 식민지적 근대, 분단국가라는 특수성이 결합되어 있으며, 권위주의 정권과 개발독재 시점에는 장경섭이 말한 '압축근대(compressed modernity)'의 양상도 띠고 있다.[112]

이 연구의 대상이 되는 시기는 지나간 100여 년의 과거이므로 과거 문헌과 조사 자료에 의존할 수밖에 없다. 한국에서 사회조사는 한국 사회과학자들이 서구의 조사기법을 도입하고 학습해서 실천했던 1950년대 이후 본격화되었다. 특히 정교한 통계분석 작업은 1970년대 이후 주로 이루어졌기 때문에 1960년대부터 80년대까지의 가족주의, 연고주의와 한국사회의 역동성 간의 관계를 밝히는 데는 1950년대 이후의 농촌

---

111. 일본에서는 이런 경향이 전형적으로 나타난다. 야마다 마사히로는 일본 가족의 건전성은 일본 전통문화에서 기인하는 것이 아니라 전후 일본의 고도성장 체제가 가능하게 했다고 주장한다. 고도성장기에는 두 가지 의미에서 가족의 계층상승이 가능했는데, 가난한 시대에 성장한 두 사람이 결혼으로 부부가 되어 힘을 합쳐서 생활을 시작하면 남편의 연공으로 해가 갈수록 풍요해질 수 있었다는 것이다(야마다 마사히로, 2010, 214쪽).
112. Chang, Kyung-Sup, "The second modern condition? Compressed modernity as internalized reflexive cosmopolitization", *The British Journal of Sociology* 61(3), 2010.

과 도시지역 조사통계를 활용할 수 있다. 대학연구소, 사회학자, 정부 차원에서 진행한 농촌사회조사, 가족생활조사, 국민의식조사, 가치관조사 등은 매우 소중한 자료이므로 전반적인 의식의 분포나 추세를 가늠하는 데는 매우 요긴한 자료이다. 이 조사통계 결과 중에서 본 연구와 관련된 의미 있는 내용을 추출할 예정이다.

그러나 기존의 조사자료, 통계자료만으로는 가족주의를 통해 본 한국사회의 역동성을 보여주는 데 한계가 있다. 의식의 심층 혹은 드러난 행동을 파악하는 데는 설문조사 방법은 유용하지 않으며 한국인의 구술기록, 그리고 행동을 파악하는 수밖에 없다. 이 시리즈의 제1권에서 밝힌 것처럼 한국인의 역동성이 가장 두드러지게 드러난 역사적 계기는 조선 말기 일제강점기의 기독교 부흥, 교육 열풍, 3.1 운동 이후 사회운동 참여 등이고, 해방 후에는 해방 직후의 학교설립과 정당 운동, 그리고 6.25 전쟁 전후의 월남이며 1960년대 이후에는 교육열, 도시 이주, 산업화 과정에서의 헌신과 열정 등이다. 그래서 조선 말기 이후 역동성이 매우 두드러진 몇 국면에서 드러난 한국인의 행동을 주로 살펴본 다음, 가족지향성 혹은 가족주의가 어떻게 그 역동성의 동력이 되었는지를 살펴본다. 그것을 위해 이 시기를 겪은 사람들이 자신의 경험을 정리하거나 관찰한 여러 텍스트를 분석하려 한다.

개인의 자서전이나 개인 구술 등도 참고할 것이다. 수많은 자서전과 수기 중에서 기독교 개종, 기업 설립, 해외 유학, 도시로의 이주, 사회운동 참가 등 기존 가족질서와 긴장관계였던 경력이 있는 사람들을 집중적으로 살펴보며, 이들 한국인의 삶과 생존 이력을 통해서 가족주의가 어떻게 그들의 행동 내면에서 거부, 작동하는지 살펴본다. 특히 기업가, 입시·고시합격생, 유학생의 수기도 관심 있게 살펴볼 작정이다. 특히 가족은 여성의 전유물은 아니나, 시공간적으로 여성의 주요 활동 영역이기 때문에 가족과 관련된 제도, 관습, 행동은 주로 여성의 지위, 처지, 적응 행동을 중심으로 살펴보는 것이 매우 중요하다. 가족주의 역시 여성의 의식과 행동을 좀 더 무게를 두고 살펴볼 필요가 있다.

 이처럼 기존 조사통계 자료 활용, 각종 수기 등 사적인 기록 분석, 사건 분석 등에 기초하여 가족주의가 현대 한국인의 다이내믹을 어떻게 잘 보여줄 수 있는지 부각시킬 것이고, 동시에 그것이 불러온 주요 사회현상을 살펴본 다음에 이웃 중국, 일본 등과 비교하여 한국 현대 가족주의의 특징과 그것의 강화 과정을 주로 살펴보되 1990년대 이후 변화의 경향을 살펴볼 예정이다.

Ⅲ. 한국 근대 가족과 가족주의의 형성

1. '근대 가족'의 탄생

(1) 한국 '전통사회'의 가족과 가족관계

근현대 한국에서 가족주의가 강화되는 메커니즘, 가족주의와 한국사회의 역동성 간의 상관관계를 살펴보려면 먼저 한국의 근대 가족과 변화에 대한 이해가 전제되어야 한다. 가족 자체가 실체이자 관념이기도 하기 때문에 가족과 가족주의는 긴밀히 결합되어 있다.

가족은 결혼과 혈연관계로 맺어진 두 명 이상의 사람이 모여 형성되지만 사회, 특히 씨족, 친족질서의 일부이기도 하고, 마을 내 공동 노동 조직 등 다른 사회조직과 긴밀하게 연결되어 있다. 근대 산업화 이후 경제활동이 가족 밖에서 이루어지고 거주 공간의 지리적인 팽창, 공교육 기관의 일반화, 복지 개념의 변화 등에 따라 가족이 구성원에게 갖는 비중과 의미는 과거 전통시대에 비해 크게 축소되었다. 그러나 근대 이전은 물론 최근까지도 세상 대부분의 사람들은 여전히 가족과 친족 범위보다 더 큰 사회집단의 성원이 되지 않은 채 살다 죽어갔다.[113]

동서양의 각 문명권과 지역의 조건에 따라 차이가 있지만 전통사회는 대체로 가족과 혈연에 기초한 왕이나 세습 귀족이 지배하였고, 근대사회는 영토의 경계를 가진 국민주권국가, 그리고 그 구성원인 개인의 탄생이라는 특징이 있다. 이 근대화는 바로 자본주의 시장경제, 자본과 노동의 형성과 대립, 시장의 세계적 확산 등에 의해 추동되었다. 근대 부르주아 혁명은 18세기부터 유럽에서 시작되었지만 왕조국가와 신분제, 혈연적 가족의 세습체제가 완전히 무너진 것은 제1차 세계대전과 러시아

---

113. Banfield, *op. cit.*, p. 7.

혁명, 독일 혁명 등을 거친 이후였다. 이 시점부터 혈연으로 얽힌 유럽의 여러 왕가는 이제 국가 지배집단의 일원이 되었으며 가족과 권력 간의 고리는 끊어졌다. 20세기 중반까지 거대 자본의 가족 지배는 유지되었으나 자본주의 질서 역시 세습적 질서와 절연되었으며, 이때부터 가족, 가족관계는 사적인 영역으로 자리 잡았다.

한국과 중국의 근대 이전 생산방식과 지배체제는 유럽과는 달랐다. 조선시대를 소농/과거시험 체제로 본 미야지마 히로시(宮嶋博士)는 "한국에는 세습 신분제가 존재한 적이 없다. 능력을 본위로 한 개방적인 인재 등용책으로서의 과거제의 본질은 중국과 마찬가지로 조선에 있어서도 지켜졌다"고 강조한다.[114] 그는 세습 토지귀족이 존재하지 않고, 토지 소유권이 부의 원천이 되지 않았다는 점에서 조선사회는 유럽과 달랐다고 본다. 소농체제는 가족/씨족 노동 동원이 필요한데 그래서 중국과 한국에서 친족/씨족 간의 유대는 매우 강고하게 되었다는 것이다. 서구는 물론 동아시아 여러 나라도 공식 이데올로기, 경제활동의 양식이나 가족제도는 긴밀하게 결합되어 있는데, 유교적 가치에 기초한 국가와 가족의 사실상 일치, 즉 중앙집권적 왕조국가가 수립되고, 관직에 등용된 사람과 그 가족과 친족이 지배집단이 되어 신분질서가 정착된 이후, 경제적으로는 사유재산과 논농사가 일반화된 시점부터 혈연에 기초한 가부장주의 가족이 본격적으로 정착했을 것이고 논농사 위주의 자영농이 가족 유대의 자연적, 물질적 기초가 되었을 것이다. 특히 다른 모든 문명권에서 그러했듯이 토지의 소유와 상속은 가족 결속의 기반이 되었다.[115]

---

114. 미야지마 히로시, 『나의 한국사 공부: 한국사의 새로운 이해를 찾아서』, 너머북스, 2013, 161쪽.
115. 라이히(W. Reich)는 가족 뭉침(family encapsulation)과 '땅에 대한 사랑'은 같은

한국 특정 성씨의 왕의 권력이 본격적으로 세습된 신라 중기 이후 고려, 조선 시대를 거치면서 가부장주의 가족제도가 정착되었고, 조선 중기 이후 소농 중심의 농업 체계가 그것과 결합되어 있었을 것이다. 과거시험이 도입된 이후 고려와 조선의 지배층은 능력 본위로 관직을 갖고 토지를 경영하는 지주이기도 했으나 원칙적으로 세습성이 비교적 약하고 토지를 사유할 수 있었으나 모든 토지는 국가, 즉 왕의 것이라는 의식이 있었기 때문에 토지나 노비가 보다 확실하게 세습된 시기는 17세기 이후였다.[116] 조선 중기 이전까지 부모 쌍계의 전통이 있었으나 성리학이 정착되면서 종법제, 즉 부계 중심으로 재편되었다는 것이 통설이다.[117]

사실 '가족'은 번역된 용어다. 과거에는 가(家), 집 등의 용어를 사용했는데, 그것은 오늘날 우리가 사용하는 일부일처제, 자유로운 존재로서의 남편과 아내, 그리고 부모와 자녀 간의 법적, 신분적 평등을 전제로 하는 가족이 아니라[118] 친족/씨족/가구와 혼용되었다. 산업화 이전까지 한국사회에서 가족의 의미는 오늘날과 크게 달랐는데, 부부와 자녀 중심의 가족은 근대 이후 형성된 관념이다.[119] 달레(Dallet)는 『조선교회사』

현상이라고 보았다. 그는 히틀러 등장기의 독일과 러시아의 예를 들면서 농촌과 도시의 하층 중산층, 즉 가족 노동에 의존하는 중소 규모의 재산소유자의 정서와 문화가 굳게 결속된(close-knit) 가족구조를 만든다고 보았다. 빌헬름 라이히, 앞의 책, 81쪽.

116. 한국에서 유럽, 일본식의 봉건적 영주와 농노의 관계가 없었다는 사실은 이미 확인되었지만, 한국 전통사회의 경제구조를 비트포겔(Karl August Wittfogel)식의 아시아적 전제주의 개념으로 접근하는 것도 적절치는 않다.

117. 이에 대해서는 Martina Deuchle, *The Confucian Transformation of Korea: A Study of Society and Ideology*, Harvard University Press, 1992.

118. 이만갑, 「가족제도연구의 몇 가지 문제점」, 한림대학교 아시아문화연구소, 『아시아문화』 제5호, 1989 참조.

119. 흥미로운 점은 1970, 80년대 한국 학생운동권의 비합법 소조직 구성원들은 그 조직을 집(family)이라고 불렀다. 서울과 지방의 몇 대학에서는 몇 개의 패밀리가 있었고, 이들 패밀리가 학생시위 주동자를 배출했다. 스스로 군사정권의 폭압에 대처하는 운명공동체, 동지적 관계를 강조하기 위해 집단을 패밀리라고 부른 것 같다.

에서 당시 한국 가족에 대해, "동일한 성을 가진 사람은 모두 하나의 사회(Gemainshaft)를 이룬다. 가족은 대부분 재산 공동체 속에서 살고 부가 이 공동체의 장이며 그가 죽고 나면 장자가 그를 잇는다. 그리하여 완전히 가족재산의 오랜 체계를 이루고 있다"고 서술하였다.[120] 즉, 조선 말 한국에서 부계 씨족/친족 집단이나 혹은 씨족으로 구성된 공동체가 '집'과 혼용되어 사용되었다.

가족을 중심으로 하는 모든 사회는 '집'의 관념을 기초로 해서 보다 확대된 조직이나 사회를 '집'의 동심원상 외곽에 존재하는 것으로 파악하고, 집에서의 행동을 연장해서 대처하고 적응하였다. 유교를 최고 이념으로 삼았던 조선시대에 국가 혹은 부계혈족 가문은 일종의 종교적 성격도 있었다. 국가는 국왕을 나라의 어버이로 혹은 억조창생(億兆蒼生)의 어버이로 보는 관념도 여기서 나온다.[121] 최봉영은 전통사회에서 가족은 단순히 가문만을 의미하는 것이 아니라 구성원으로서의 가장과 가족, 생업으로서의 가업과 가산(家産), 행위의 규범으로서 가례(家禮), 종교로서의 가통(家統)과 가묘(家廟)를 포함하는 하나의 전체적이고 완결된 구조를 갖추었다고 보았다. 가족은 개인 이전에 존재하며 하나의 독자적인 조직, 관념적 공동체로서 구성원을 규율하고 생업을 영위하고 종교적 의례를 행한다.

이러한 가족/친족/씨족 질서는 주로 양반 지배층, 지주층에게 해당하였다.[122] 성리학의 영향, 집약적 수도작(水稻作), 양반 사족집단의 위기 등

---

120. 샤를 달레, 『벽안에 비친 조선국의 모든 것: 조선교회사 서론』(정기수 옮김), 탐구당, 2015(Charles Dallet, *Histoire de l'église de Corée: Précédée D'une Introduction Sur L'histoire, Les Institutions, La Langue, Les Moeurs Et Coutumes Coréennes*, Palmé, 1874).
121. 최재석, 앞의 책, 1965, 39쪽.
122. 그래서 이만갑은 "우리는 일반 서민의 사회적 성격에 대해 많은 것을 모르고 있

의 이유로 17세기 이후 부계 직계가족, 친족 중심의 동성(同姓)부락의 확산이 일반화한 것으로 알려져 있다. 족계(族契)는 문중 조직 내 공동의 이해관계와 유대를 위해 따로 만든 조직이었고 문중의 서원, 재실 등의 건립과 선조의 문집 간행사업을 담당하면서[123] 씨족 문중의 지위와 위세를 높이려 하였다. 다카하시 도루는 "조선의 사회단위는 개인이 아니라 가문이다. 한 사람의 남편과 한 사람의 아내로 조직되는 각각의 가족이 아니라 하나의 부부를 중심으로 생겨난 몇 개, 몇십 개의 작은 가족으로 분화 전개한 모두를 포함하여 일가(一家)라고 일컫는 대가문이다"[124]라고 지적했는데, 조선시대 양반층에게 가 혹은 집이란 근린지역의 친족과 씨족 혹은 가문을 지칭하는 경우가 많았다.

그래서 한국인에게 '집'이란 오늘날의 핵가족과는 다른 포괄적인 의미가 있는 추상적인 단위였다. '집'은 생활공간의 의미와 더불어 분가한 형제나 사촌, 친족, 근린의 씨족 전체를 포괄하기도 했다. 출가한 딸은 조선 중기 이후 점차 가족의 범위에서 배제되기 시작했으나 여전히 친밀성을 강조하기 위해 가족의 범위에 포함되기도 했다.[125] 그리피스가 서

다"고 단정한다. 이만갑, 앞의 글, 1966 참조.
123. 최재석, 앞의 책, 1965.
124. 다카하시 도루, 앞의 책, 44쪽.
125. 이광규, 『한국가족의 구조분석』, 일지사, 1975, 29쪽. 다산 정약용은 『거가사본』에서 자신의 가족관을 정리하였다. 그는 당시의 모든 지배층 지식인이 그러했듯이 부계친족 중심의 가족관을 갖고 있었으며 제가, 치가, 기가, 그리고 보가의 순서로 논리를 폈다. 그의 가(家) 의식은 첫째, 가 의식은 부계친족 중심의 혈족의식이다. 제가에 관련 있는 가속은 부계 사촌형제와 조카, 비첩과 서얼, 노비까지도 포함하는 대가족이었으나, 그의 실제적인 가족은 부인과 아들들이었다. 그는 부계친족 중심의 가 의식과 방계, 처가, 외가까지 의식하는 넓은 의미의 가족 관념을 함께 갖고 있었다. 박미해, 「다산 정약용의 가(家)와 가(家)의식: 『거가사본(居家四本)』을 중심으로」, 『사회와 역사』 103(0), 2014, 119-152쪽. 조선 중기 가의 범위에 대해서는 박미해의 다른 연구 「조선 중기 수령의 가족부양으로 본 장자(長子)의 역할과 가(家)의 범위: 오희문가의 평강생활(1596~1600년)을 중심으로」, 『사회와 역사』 75권, 2007,

술한 것처럼 조선 말기 조선인들, 특히 지배층은 혈족을 강조하여 15촌, 20촌까지도 모든 혈족 구성원은 같은 문벌, 즉 생계를 책임지거나 세금을 대납하는 방식으로 경제적, 도덕적으로 하나의 가족이라는 생각을 하고 있었다.[126] 가족이 씨족의 거대한 단위의 한 분절을 이루는 점에서 근대 이전의 동서양은 비슷한 점이 있으나, "중국과 조선은 특히 혈연 중심적이었고 유럽에서 혈족중심이 매우 강한 아일랜드보다 더 강했다"[127]고 지적했다.

논농사가 필요했기 때문에 한곳에 정주해서 살아온 중국, 일본, 한국 등 동아시아 지역은 유럽이나 서아시아에 비해서도 정착성이 훨씬 컸고 소농체제하에서 가족 노동력 동원, 마을 지역의 이웃과 긴밀한 유대와 접촉이 불가피했다. 이 시점부터 엄격한 가부장주의에 기초하여 남녀균분상속제도가 후퇴하고 적장자(嫡長子) 상속이 일반화하면서 부계혈연집단인 동성부락이 형성된다. 이 시점부터 '양반'은 관직을 지칭하는 개념이라기보다는 신분 개념으로 변했다. 그리고 이후 19세기 들어서 부계친족의 가족 형태는 양반층에서 평민층으로 점차 확산, 일반화된 것으로 보인다.[128] 이것은 일본에서도 이에(家)의 개념이 사무라이에서 평민층으로 확대된 것과 매우 유사하다.

그러나 논농사 중심의 일본과 비교해봐도 조선 중기 이후의 조선은 성리학의 교조화와 더불어 부계친족 중심의 질서가 훨씬 강고하게 뿌리내려, 남성 직계의 같은 성씨의 혈연집단과의 유대나 접촉이 훨씬 강했

187-218쪽.
126. 그리피스, 『은자의 나라 한국』(신복룡 역주), 한말 외국인 기록 3, 집문당, 1999, 338-340쪽(William Elliot Griffis, *Corea: The Hermit Nation*, Allen, 1882).
127. 같은 책, 340쪽.
128. 권내현, 「조선후기 부계 가족·친족의 확산과 몇 가지 문제」, 『한국사학보』 62, 2016. 247-268쪽.

다. 하나의 촌락에 거주하는 경우에도 촌락사회와 기능적으로 연결되거나 공동체적 관계를 형성하기보다는 가족 친족 내의 관계에 훨씬 비중을 두었다.[129] 원래 고대 한국에는 여자가 주도해서 가정을 운영하는 모계사회의 특징이 있었다. '암수', '어미아비' 등의 말에 나타난 것처럼 여자의 우위를 인정하고 모계 중심의 가족 관념이 있었다. 그러나 조선시대 중기 이후 성리학과 중국식 종법제도가 정착하면서 여성은 공적으로 아무런 지위도 갖지 못했다.

과거 한국에서 가 혹은 '집'의 범위와 성격이 호(戶), 가구 또는 호구와 일치하지는 않은 이유는[130] 과거 유럽이나 일본에서 비혈족 구성원을 포함한 가구라는 단위가 부부와 자녀라는 혈연관계 이상의 중요한 가족으로 간주되는 것과 매우 유사하다.[131] 유럽에서 도제들이 사실상 가구 구성원이 되어 가족으로 간주되었듯이 조선에서도 노비, 일꾼 등이 한 가구에 상주하면서 사실상 가족 구성원으로 간주되기도 했다. 부계혈족제도가 정착하기 이전에 사위를 가족, 즉 가구 구성원에 포함하는 서옥(婿屋)제도도 있었고,[132] 여러 세대의 부부가 별개 가구를 구성하지 않은 채 하나의 가족이 되는 경우도 있고, 첩과 서얼(庶孽)이 한 가족에 포함되나 실제로는 별개 가구를 구성하는 경우도 있었다. 그리고 사실상 결혼관계에 들어가지 못한 사람들이 매우 많았을 것으로 추정된다.[133] 이

---

129. 이만갑, 앞의 글, 1966.
130. 가족 혹은 집은 가구, 식구(食口) 등, 즉 사회인류학에서 지칭하는 household의 개념이다. 이광규, 앞의 책, 1975, 94쪽.
131. 나카네 지에, 『일본사회의 역학』(김난영 옮김), 소화, 1997.
132. 허흥식, 「고려시대의 부처제도와 그 변천」, 역사학회, 『한국친족제도연구』, 일조각, 1992.
133. 산업화 이전 유럽에서는 전체의 20% 정도가 결혼하지 않았다고 한다. 그리고 결혼을 하더라도 짧은 기간에 결혼을 끝내는 경우가 많았다고 한다. 기틴스, 앞의 책, 39쪽.

렇게 보면 조선시대에도 4, 5인으로 구성된 가구, 즉 오늘날의 핵가족과 유사한 형태의 가족이 더 일반적이었으며 대가족이나 확대가족은 권력층, 부농이나 양반귀족의 경우에만 해당하는 일이었다.[134]

조선시대 이래 한국에서 조상은 사실상 후손들에게는 신(神)이며 제사는 가장 중요한 가족단위 행사였다. 죽은 자의 영혼은 항상 가족 주위를 배회하면서 보이지 않은 가족의 일부를 형성한다고 생각했는데, 조상의 영혼은 산 사람에게 복수하거나 해를 입힐 수도 있기 때문에 더 큰 배려와 관심을 기울여야 할 존재였다. 한국 사람이 조상에게 정성스럽게 제사를 올리고 조상의 무덤을 비싼 돈 들여서 경쟁적으로 가꾸는 이유도 여기에 있다.[135] 즉, 조상은 살아 있는 가족을 관장하는 가족의 한 구성원에 가깝다. 봉제사 접빈객(奉祭祀 接賓客)이라고 살아 있는 가족 구성원 간의 관계보다는 조상을 잘 모시는 것이 더 중요한 일로 간주되었다. 기독교가 전통인 서양에서 '신'에 해당하는 존재가 한국에서는 조상이다. 실제 과거의 한국인에게 조상을 섬기고 대를 잇는 것은 거의 종교적 성격이었다.

유교문화권 전통사회에서 가족 내부의 개인 독립성은 거의 인정되지 않았다. 서양에서 근대 인간을 가리키는 '개인'은 말 그대로 불분할(不分割, individual)의 존재다. 그러나 나카네 지에(中根千枝)가 말했듯이 이것은 개체 인식의 한 방법이나 보편성을 갖기는 어렵다.[136] 구성원이 공동운명체이며, 재산을 개인단위로 나눌 수 없다고 생각한다면 개인의 관념은 자리 잡기 어렵다. 유교 혹은 동아시아에서 개체는 개체로서 존재

---

134. 김두헌, 『한국가족제도연구』, 서울대학교출판부, 1968, 349쪽.
135. 바츨라프 세로셰프스키, 『코레야 1903년 가을, 러시아 학자 세로셰프스키의 대한제국 견문록』, 개마고원, 2006, 210쪽.
136. 나카네 지에, 앞의 책, 12쪽.

할 수 없고 인간은 어디까지나 '사람과 사람 사이(人間)'에 존재한다는 개념이 강하게 자리 잡고 있다. 그리고 군신(君臣)·부자(父子)·부부(夫婦) 등 이분법적 기초에는 음양 조직원리가 작용하고 있다. 음(陰)은 음의 역할을 다할 때 상보적 관계를 이룬다고 보는 것이다. 윗사람은 윗사람으로, 아랫사람은 아랫사람으로 책임을 다해야 한다. 개인의 사회적 지위는 연속적인 음양 관계에 놓여 있다.[137]

가부장주의 전통사회에서는 부자관계를 중시했고, 부부관계 비중은 상대적으로 약했다. 가족이란, 아들은 아버지에게 순응하고 복종하며 안녕과 질서를 제일로 여기며 생활하는 집단이었다. 부(父)는 조부(祖父)에 대하여 아들[子]의 위치에 있고, 또 이 아들[子]은 손자(孫子)에 대하여 아버지[父]로 존재한다. 따라서 한 개인은 각자가 상대하는 대상이 누구냐에 따라 아버지가 될 수도, 아들이 될 수도 있다. 가족은 분명히 각 사람으로 구성되지만 여기서 각 사람을 넘어서 부자 간의 종적인 관계를 기본으로 하는 유기적인 단위로 간주되었다.[138] 그래서 부자관계의 윤리, 즉 효도는 최고의 윤리도덕이었고, 부모를 때린 사람에게는 가장 가혹한 형벌을 가했으며, 부모가 죽으면 생업을 팽개치고 매일 곡을 하고 제사를 지냈다.

반면 부부 사이의 관계는 애정보다 자식의 생산을 위해서 중시되었다. "한국 남성들은 무슨 일이 있어도 결코 아내를 찾지 않았고 아내와 상세한 대화를 피하고… 여자에게 사랑을 고백하는 일은 가장 경망스러운 일이라 생각하고, 아내의 무덤가에서 논문을 흘리는 것은 우스꽝스

---

137. 「가족주의와 어른」, 『한국민속대관』, 한국예술정보, 누리미디어, 2000.
138. 일본 가족의 종적 질서에 대해서는 나카네 지에가 『日本社會의 性格: 농촌의 친족과 경제조직』(1979)에서 자세히 언급했지만, 한국과 중국에도 어느 정도 적용할 수 있을 것이다.

럽고 수치스러운 일로 여겼다".[139] 즉, 부와 자, 특히 장남으로 연결되는 수직적인 종법질서가 가족관계의 축이었으며, 시집갈 딸과의 관계는 부차적이었다. 오직 남성 가장으로 내려오는 수직적 질서가 가족의 핵심이었고, 아동이나 여성은 독립된 인격체로 존중받지 못했다. 영아사망률이 매우 높았기 때문에 자녀에 대한 특별한 애정을 쏟는 것도 어려웠지만 딸은 남의 집에 출가할 사람으로 간주해 그 존재가 더 미미했고, 아들 역시 '훈육'의 대상일지언정 사랑과 보살핌의 대상은 되지 못했다. 어린이, 아동기라는 성장단계는 근대에 와서 부각되었다.[140]

조선 가부장주의 가족에서 여성의 지위는 매우 낮았다. 조선 중기 이전까지 딸도 아들과 같이 재산을 상속할 수 있었으며, 외손도 제사를 지내기도 하고, 아들이 없더라도 양자를 들이지 않았다. 조선의 여성은 한 남성과 결혼하는 것이 아니라 남편의 집안에 들어가서 시부모에게 봉사하고 남편의 가를 계승하는 존재라는 관념이 강했다. 비숍 여사는 "여자는 남자의 반려가 아니라 노예에 불과하고, 쾌락이나 노동의 연장에 불과하며, 법률과 관습은 여자에게 아무런 권리도 부여하지 않고, 말하자면 아무런 정신적 존재로 인정하지 않는다"고 강조했다.[141] 여성은 하나의 인격체로 존중받지 않고 오직 자녀 출산의 도구로 인식되었다.

조선시대 지배층에게는 관습적으로 일부다처제가 용인되었으며, 첩

---

139. 바츨라프 세로셰프스키, 앞의 책, 210쪽.
140. 아동기의 시대(Centries of Childhood)라는 개념을 제기한 사람은 아동 연구의 선구자인 아리에스(Aries)인데 그는 봉건사회에서는 어린이에 대한 특별한 관념이 형성되지 않았다고 주장한다. 그런데 근대 이전에도 부모는 자녀에 대해 시간과 애정을 투자했다는 반론도 있다. 김혜경(2006: 66) 참조.
141. 이사벨라 버드 비숍,『한국과 그 이웃 나라들: 백년전 한국의 모든 것』, 도서출판 살림, 1994, 143쪽(Isabella Lucy Bird, *Korea and Her Neighbors: A Narrative of Travel, with an Account of the Recent Vicissitudes and Position of the Country*, J. Murray, 1905).

을 들이는 것은 '국민적 관습'이라고까지 불릴 정도로 양반 지배층에게는 일반적이었다.[142] 조강지처(糟糠之妻)라는 말도 사실상 축첩을 전제로 나온 용어라는 지적도 있다. 로마시대에 "남자는 하나의 아내에 만족하고, 여자는 정조의 울타리 안에서 산다"고 했지만, 귀족과 족장은 여전히 일부다처제를 누린 것과 유사한 현상이었다.[143] 일부다처제는 엥겔스가 말했듯이 사실상 노예제의 산물로서 특수한 지위를 차지한 개인만이 취할 수 있는 제도였다. 즉, 재력이 없으면 여럿의 처를 둘 수 없기 때문에, 이 경우 다처와 그 자녀는 한 사람의 가장에 사실상 예속된 존재였다.[144] 그러나 평민 남자는 한 사람의 아내에 만족하거나, 사실상 아내와 자녀를 거느릴 수 없었다. 보통의 남성도 아내의 불임으로 자녀를 둘 수 없을 때 공공연하게 둘째 부인을 들일 수 있었다.

물론 일생을 통해 보면 한국 여성은 결혼으로 지위를 획득하고 남아 출산 여부에 따라 한 사회질서 안에서 성인으로서 인정받았다. 여성은 자식을 통해 자신이 원하는 바를 성취할 수 있고, 행실 범절을 통하거나 집안 살림을 일구어놓음으로써 사회적 인정을 받을 수 있었다.[145] 즉, 여성의 지위는 생애 전반에 걸쳐 계속 변해갈 수 있었는데, 자신이 낳은 핏줄을 통해 자신의 지위를 축적해간다는 점에서 울프는 이것을 자궁가족(ulterine family)이라 불렀다. 유교적 가부장주의하에서 남성은 혼외 성관계, 이혼, 축첩 등이 허용되었으나, 여성에게는 그것이 엄격히 금지

---

142. 새비지-랜도어, 『고요한 아침의 나라 조선』(신복룡·장우영 역주), 한말 외국인 기록 19, 집문당, 1999.
143. 엥겔스, 앞의 책, 76쪽.
144. 같은 책, 68쪽. 고대 메소포타미아에서도 가장 부유하고 사회적으로 고귀한 신분의 남자들이 많은 여자를 거느리는 것은 일반적이었다. 앙드레 뷔르기에르 외, 앞의 책, 176쪽.
145. 조혜정, 「가부장제의 변형과 극복」, 한국여성학회, 『한국여성학』 2권, 1986a.

되어 있었을 뿐만 아니라 설사 남편이 사망해도 재가하기 어려웠다. 그래서 상대적으로 조선시대 가족은 여성에게 훨씬 더 억압적이었다. 남성도 그렇지만 여성은 자유의사로 결혼할 수 없었다. 그래서 남편과 함께 죽거나 남편이 죽어도 수절하는 여성을 크게 칭찬하였다. 이러한 가족제도에 절대복종하는 것을 여성의 미덕이라고 가르쳤다.

물론 여성을 심각하게 차별, 구속하는 정도를 넘어 심지어 거의 노예로 취급하는 가혹한 가부장주의는 유럽, 이슬람이나 힌두 문명에도 존재했으며, 지금도 세계 곳곳에 남아 있다.[146] 여성에 대한 차별의 정도와 양상은, 조선말기 이후 기독교를 비롯한 서양 문화의 수입에 따라 전통적 가부장주의가 도전을 받았을 때 여성들 중 일부가 어떻게 그러한 가부장주의 가족에서 탈주하려고 했으며, 이러한 조건에도 불구하고 실제로 대다수 여성은 현실의 제약 속에서 가족주의 이데올로기를 받아들이며 살아갈 수 밖에 없었는가를 설명하는데 매우 중요한 배경 조건으로 작용한다.

결국 한국 전통사회에서 '가족'은 조상부터 현재에 이르기까지 가부장적인 '혈연'관계로 맺어진 실제적이자 상상적 공동체였으며 일종의 종교적 단위였다. 그러한 가족/친족 질서는 신분질서를 전제로 했으며, 맏아들에게 재산과 지위를 상속하는 핵심적인 경제 단위였다. 양반층 가족과 친족 내에서 장자 중심의 서열화와 서자에 대한 차별 등이 존재했기 때문에 차별과 기회의 불평등에 대한 불만이 형성되어 적자와 서자 간의 갈등(嫡庶 갈등)이 표출되기도 하였고, 다른 한편으로는 양반과 평민 간의 신분 차별로 평민 가족은 양반 가족을 선망함과 동시에 신분상승의 열망을 품었다. 그래서 조선 후기에 와서 전통적인 신분제도가 흔

---

146. 앙드레 뷔르기에르, 앞의 책 참조.

들리자 다양한 방식으로 신분상승을 꾀하는 경우가 늘어나기 시작했는데, 신분제도가 철폐되면서 이전에 양반이 아닌 이들 중 재력이 있는 사람은 '양반 되기' 열풍에 빨려 들어갔다. 이것은 근대화 과정에서 확산된 평등주의 의식이 전통적으로 내려온 가족 단위의 결속과 지위 상승의 열망으로 표출된 것이라고 할 수 있는데, 자신의 가족도 다른 가족과 동등한 지위를 누려야 한다는 경쟁의식을 바탕에 깔고 있는 것이었다.

유교적 규범에 기초한 전통적 가족윤리인 가부장적 권위주의는 양반층의 물적 기반의 와해, 신분질서의 와해와 함께 18세기 이후 큰 도전을 받았다. 조선 후기에 전국 각지에서 일어난 민란, 그리고 실학사상과 천주교의 영향이 그것이다. 신분차별 극복과 평등주의를 중요한 내용으로 포함하는 서구의 기독교 사상, 개인주의와 자유주의, 평등주의 의식의 확산은 전통적 가족을 부분적으로는 해체함과 동시에 가족에게 새로운 의미를 부여했다. 지배층의 관념과 가족, 사회관계가 근대화 과정에서 붕괴할 때에 과거 피지배층인 사람들이 과거의 지배층 문화를 곧 자신의 것으로 만들기 위한 시도를 하고, 근대 이후에는 그것이 일반화되는 경향이 있다. 조선말의 평등 의식은 평민의 신분상승 욕구라는 거대한 역동성으로 분출되었고, 평민들은 유교적 범절과 관련된 가족 내 질서, 제사, 상속 등 양반 문화를 따라 하려 했다.[147]

이광규는 전통사회 이래로 한국 가족은 종족이념(lineage ideology)이 지배했다고 보면서 이러한 한국 가족관계의 특성을 통해 오늘의 한국사회를 설명할 수 있다고 보았다. 이 종족 이념, 즉 혈연에 기초한 가족과 친족 관계, 그리고 조상 숭배가 종교적 성격을 띠었고, 혈통 유지를 가장

---

147. 동학을 근대사상이라기보다는 대중 유교라고 본 김상준의 지적을 참고할 필요가 있다. 김상준, 「대중유교로서의 동학: 유교적 근대성의 관점에서」, 『사회와 역사』, 통권 68호, 2005.

중시한 것이 조선시대 양반의 가족주의였는데, 일제 식민지 근대와 8.15 해방 이후 모든 사람이 그러한 가족주의를 자신의 것으로 만들었다.

(2) 한국 가족의 변화, '전통'의 '현대'적 변형과 재탄생

가. 일제 강점기의 가족

제국주의의 식민지 지배는 침략, 억압, 착취의 측면도 있지만 자본축적의 필요 때문에 식민지 지역을 근대화하는 측면도 함께 갖고 있다. 그래서 식민화 혹은 식민지주의는 근대 이전의 사회관계, 법과 질서 중 일부는 필요에 따라 유지하고 불필요한 부분은 제거한다. 그러나 어느 경우에도 제국주의 본국의 이해관계를 우선으로 식민지 정치, 경제, 사회 질서를 재편한다는 점에서는 변함이 없다.

개항과 러일전쟁 전후 일본이 조선을 침략하기 이전에 이미 조선왕조는 내적으로 완전히 붕괴하였다. 왕을 비롯한 국가를 운영한 양반 관료 집단, 지배층의 물적 기간과 권위가 모두 무너졌다. 조선왕조는 내부의 민란, 즉 반봉건 항쟁은 제압하였으나, 일본 등 외세가 침략을 하지 않았다고 하더라도 500여 년을 지속해온 지배적인 가치인 유교 이념이나 신분질서, 정치경제 질서를 지탱할 수는 없었을 것이다. 일본의 조선 강점과 총독부의 전제적 통치는 정치·사회·경제·질서, 인간관계를 규율하는 최고의 근대적 지배질서였다. 그것은 자본주의적 재산권 보장, 상품화폐경제에 기반을 두고 있었으며 헌병 경찰이 통치의 전면에 선 군사폭력 체제였다.[148]

---

148. 메이지 민법은 당시 독일의 사법 이론을 받아들여 자본주의 재산활동의 법적 기초를 제공하는 데 역점을 두었다. 법인에 관한 규정을 대폭 보강하여 자본주의 법인

일제의 강점으로 신분제가 붕괴하고 자본주의 시장경제의 도입 등의 변화가 한국의 기존 가족에 미친 영향은 매우 심대했다. 조선 말기의 종법질서는 중국의 경우와 마찬가지로 가족 구성원의 자유, 개성, 권리를 부인했다. 일부 양반 지주층의 권력이 강화되기는 했으나 대다수층은 몰락했다. 조선시대 이래의 종법질서가 결정적으로 붕괴하였다. 일제가 통치의 필요성 때문에 소작인의 관습적 권한을 제한하고, 지주들과 재산 소유자·채권자의 권리를 강화하여 토지를 갖지 못한 많은 양반층은 몰락하지 않을 수 없었고, 반대로 평민 중에서 경제적 부를 축적한 사람들이 상승할 수 있는 기회를 갖게 되었다. 즉, 양반 관료들이 지위를 상실하게 됨에 따라 그것과 맞물린 종법질서, 부계혈연 친족제도도 흔들릴 수밖에 없었다.

일본은 메이지 유신(明治維新) 이후 가족을 국가의 직접 통제 아래 두었듯이[149] 조선총독부는 식민지 지배체제 유지의 필요성 때문에 일본의 가족 모형을 따라 한국의 전통적 친족, 가족질서를 재편성, 재구조화하였다. 식민지의 신민(臣民)으로서 법적으로는 모든 한국인을 '개인'으로 호명함과 동시에, 가족을 가장인 호주의 통솔하에 놓인 폐쇄적 원자로 자리매김하였다. 민적(民籍)법, 즉 호적제도와 호주제도에 일제의 가족정

에 의한 경제활동을 증진하려 하였다. 문준영·이승일, 「한국 민법전의 탄생, 그 혁신의 논리 속의 의용 민법」, 정근식·이병천 엮음, 『식민지 유산, 국가형성, 한국 민주주의 1』, 책세상, 2018, 416-417쪽.

149. 한국과 마찬가지로 일본에서도 메이지 이전의 가족 질서와 가족 승계는 주로 지배층에게 해당되는 것이었다. 1898년 일본에서 민사법을 도입하고 일본인은 황제의 통솔하에 놓이게 되었으며, 체제는 지배층뿐안 아니라 모든 사람에게 적용되었다. 전통적인 일본 가족은 단순히 생산, 소비를 위한 조직이 아니라 지배자와 피해자로 구분되는 수직적 위계적 조직의 성격을 갖게 되었다. Kumagai, Fumie, "Families in Japan : Beliefs and Realities", *Journal of Comparative Studies*, Spring 1995, Vol. 26, No. 1.

책이 집약되어 있었다. 일제는 호주제도를 제도화하여 한국 관습상의 씨족, 친족 질서를 호주를 정점으로 하는 원자화된 '가족'으로 재편하였다. 즉, 한국인을 호주와 그의 구성원인 '가족'의 구성원으로 편입함으로써 '국가'의 성원 혹은 개인으로서 보호를 받음과 동시에 이들을 국가의 경제적 동원정책에 복속시켰다.

즉, 일제가 도입한 새로운 민적법과 호주제도는 여전히 신분제 습관을 몸에 지닌 한국인을 개인 혹은 '평등한 신민'으로 변화시킨 계기였다.[150] 이 점에서 호적제도는 근대적인 성격을 띠었으나, 호주의 통솔 아래 모든 가족구성원을 편재한다는 점에서 조선시대의 가부장주의를 계승하였다. 그리고 호적 사무는 경찰이 일차적으로 담당하고, 사법당국인 재판소가 개인의 신원변동을 최종적으로 감독하게 함으로써 가족관계를 사법, 즉 국가의 그물망 아래 놓았다.[151]

일제 식민지 지배체제가 재구성한 한국의 가족, 가족제도, 가족관계는 전통사회 지배층의 전형적인 종법적인 친족, 혈연에 기초한 확대가족을 해체한 것이지만 동시에 장남인 호주의 통솔 아래 직계 존·비속 등 모든 구성원을 두는 반(半)봉건적인 가부장 가족의 제도화였다. 이전까지 친족, 씨족 질서의 느슨한 구성원이던 개인은 이제 개별화된 가족의 법적 구성원이 되었고, 가족은 국가와의 수직적인 관계에 놓인 단위가 되었으며, 다른 호주로부터 침범당하지 않은 배타적인 단위가 되었다.[152] 호주제를 통해 조선시대 지배층에서 일반화한 확대 가족, 직계가족은 점차 부부나 자녀로 구성되는 근대적 핵가족으로 변하기 시작했고, 조

---

150. 홍양희, 「식민지 시기 호적제도와 가족제도의 변용」, 『사학연구』 제79호, 2005, 168쪽.
151. 일제가 호주제도를 도입한 목적은 가족의 결속을 강화하고, 자연적이며 혈연적 공동체가 아닌 법적 공동체로 만들기 위한 작업이었다. 같은 글, 180-182쪽.
152. 같은 글, 168쪽.

선시대에는 온전한 가족을 구성하기 어려웠던 노비나 천민 출신도 전부 가족을 구성할 수 있게 되었으나 핵가족 내에서 자녀와 부인의 지위는 개인이 아니라 호주에 종속된 존재였다. 그리고 가족 구성원이 아닌 개인은 법적 보호를 받을 수 없게 되었다.

일제 강점기인 1920년대 우리나라 평균 가구원 수는 5.30명이고, 1940년에는 5.42명으로 매우 점진적으로 증가했다.[153] 즉, 당시에도 한국인 대다수는 5명 정도의 소규모 가구에서 생활했다. 당시부터 각종 센서스는 가구를 친족가구와 비친족가구, 즉 1인 가구 혹은 혈연관계가 아닌 사람들이 공동으로 거주하는 경우를 구분하는데, 당시 이후 한국인의 95% 이상은 혈연, 즉 친족가구였다. 즉, 가족은 보편적인 삶의 단위였고, 가족 밖에서 거주하는 사람은 배우자가 노령으로 사망했거나 독신자인 극소수를 제외하고는 모두가 가족관계 안에 있다고 볼 수 있다.

호주제도는 전통의 친족제도를 타파한 것이기는 하나, 근대적인 것이라 보기 어려웠다. 양현아는 "일제가 호주제를 들여와 호주상속을 제사상속의 원리에 따르게 한 결과, 호주의 지위가 제사 계승자와 착종·일체화됨으로써 종가뿐만 아니라 모든 핵가족이 아들을 필요로 하게 되었다"고 보았다. 이는 "일본 가(家)제도와도 일치하지 않으며 조선시대 가부장제도와도 상이한 '제3의 가부장제도'"이며, "일본 가제도의 일부를 떼어와 그 안에서 규모가 훨씬 큰 조선의 가족, 특히 문중이라는 동족 단위를 사고하는 제도"로 보았다. 그래서 일제하 한국 가족법에 법제화된 '가족'은 "부부, 자녀를 중심으로 한 소가족도 아니고 그렇다고 문중이나 친족만도 아니어서, 여러 수준의 '가족들'이 혼재하는 가족 공간"

---

153. 권태환·박영진, 「가구 및 가족 유형」, 권태환·김태헌·최진호 엮음, 『한국의 인구와 가족』, 일신사, 1995, 253쪽.

이기 때문에 '친/가족'이라 볼 수 있다.[154]

한편 1922년 12월 7일 일제는 제령 제13호로 조선민사령을 개정하여 혼인을 종래의 사실주의에서 신고주의로 전환하였다. 그래서 1923년 7월 1일부터 법적으로는 일부 일처만이 허용되었다. 즉, 제도적으로 일부일처의 핵가족이 표준 가족이 된 것이다.[155] 그래서 사실혼의 관행은 부정되었고, 일본 민법이 규정하는 이혼 사유를 적용하는 등 결혼과 이혼을 둘러싼 세부 조항이 마련되었다. 이로써 근대법의 정신이 결혼과 가족에 제도적으로 적용되었다고 볼 수 있으나 관습상의 축첩이 사라진 것은 아니었고, 관습법과 근대 법은 긴장 상태에서 지속되었다. 그리고 관습상 여전히 여성이 이혼을 요구하기에는 힘들었으나 점차 여성도 남성과 동등한 위치에서 이혼을 제기할 수 있게 됨으로써 남녀 간의 관계도 과거에 비해 평등해졌다. 그래서 핵가족이라는 말은 사용되지 않았지만 소가정, 부자각거(父子各居) 단식(單式) 가족제도, '맏아들이 따로 사는 것' 등의 용어가 사용되었다.[156]

호주제에서는 실제 생활공동체와는 무관할 수도 있는 '가'라는 '관념적 공동체' 안에서 호주를 이 가의 상속자 지위를 갖게 하여, 남계 혈통 아들에게 그 지위를 상속했다. 호주 지휘 아래 '가' 내에서 개인들 간의 관계는 오직 호주와의 관계 속에서 설정되고 호주와 수직, 종속적인 상

---

154. 양현아, 『한국 가족법 읽기: 전통, 식민지성, 젠더의 교차로에서』, 창비, 2011. 양현아, 「한국의 호주제도: 식민지 유산 속에 숨쉬는 가족제도」, 『여성과 사회』 10호, 1999.
155. 김영덕·서광선 외, 『한국여성사: 개화기~1945』, 이화여자대학교출판부, 1972, 152쪽.
156. 정진성·김혜경, 「핵가족 논의와 식민지 근대성: 식민지 시기 새로운 가족개념의 도입과 변형」, 『한국사회학』 35(4), 2001, 220쪽. 양현아, 김혜경 등 대다수 가족 연구자들은 일제강점기의 가족이 단순히 봉건적인 것도 근대적인 것도 아니라고 보았다. 김혜경, 「일제하 '어린이기'의 형성과 가족변화에 관한 연구」, 이화여자대학교 박사학위 논문, 1998.

태가 유지되었다.[157] 일제는 통치의 필요성 때문에 전통적인 효 개념, 그리고 확대가족, 특히 부계친족의 관념을 적극적으로 강조하고 교육하였다. 그리고 국가를 가족의 확대 형태로 보는 유교적인 가치관도 그대로 지속시켰다.[158] 부부 중심의 새로운 핵가족 형태가 일반화하면서 일본에서 '양처현모'(良妻賢母)로 시작된 '현모양처'의 담론도 본격적으로 등장하였다.[159] 여성은 며느리가 아니라 어머니, 아내로서의 지위가 점점 중요해졌다.

즉, 일제 강점기 이후 한국에서는 부부와 자녀로 구성되는 핵가족이 일반화되었으나 여성을 호주의 통제하에 두는 가부장주의는 유지되었다. 특히 호주제도를 시행함으로써 자유연애나 결혼, 즉 개인적인 선호에 기초해서 배우자를 선택할 수 있는 여성의 권리나 독자성을 부인하는 전통적 가족의 틀과 관념을 유지하였다.[160] 한편 조선시대의 유교적 논리 하에서 가족은 곧 국가나 사회의 동심원 위의 축소판이었고, 가족 내에

---

157. 이효재, 「한국 가부장제의 확립과 변형」, 여성한국사회연구회, 『한국가족론』, 까치, 1990, 24쪽.
158. 최재석, 『현대가족연구』, 일지사, 1982, 237-246쪽. 일제는 조상숭배도 강조하였으며, 친족은 집의 확대된 형태이고, 여자는 남편에게 따라야 하며, 부자관계는 효에 기초해야 한다는 전통적·유교적 가치를 강조하는 내용의 교과서를 사용했다.
159. 현모양처 논리는 일본의 메이지 정부가 무사관료층의 가족 유형을 기본으로 했는데, 그것은 남성은 생계를 위해 밖에 나가서 노동을 하고 여성은 가족 공동의 이익을 위해 그를 돕는다는 내용을 갖고 있었다. 당시 조선은 아직 공업화가 별로 진척되지 않았고, 일본에 비해 혈통이 중시되었기 때문에 현모양처라는 용어가 사용되었다(조혜정, 『한국의 여성과 남성』, 문학과지성사, 1999, 114쪽. 가와모토 아야, 「한국과 일본의 현모양처 사상: 개화기로부터 1940년대 전반까지」, 심영희·정진성·윤정로 엮음, 『모성의 담론과 현실: 어머니의 성·삶·정체성』, 나남출판, 1999). 그러나 이것은 유교 전통과 무관하고, 유럽 여성관의 영향을 받았으며, 제1차 세계대전 이후 더욱 확산되었는데, '근대성의 전통화'의 전형적 사례라는 지적도 있다. 오치아이 에미코, 앞의 글, 120-122쪽.
160. 김경일, 『근대의 가족, 근대의 결혼』, 푸른역사, 2012, 37쪽

서의 윤리와 행동을 곧 사회적 윤리와 행동의 원형으로 보았는데, 일제 총독부 지배체제에서도 전통적 충효의 윤리가 강조되었고 가족은 총독부의 통제 단위가 되었다.[161] 피식민지 신민인 한국인의 입장에서 보면 외세의 황제에게 충성할 수 없었으므로, 가족은 제국주의 지배질서로부터 도피하거나 체제와 타협할 수 있는 공간으로 기능할 수 있었다. 일본이 조선에 호주제도를 도입하고, 조선총독부가 충효의 논리하에 항일독립운동가들을 탄압할 때 공식적으로 폐지된 전근대적 통제체제인 연좌제를 부활시켜 가족연대책임제를 강조한 것은 바로 통치의 필요성 때문이었다. 식민지 체제는 한일합방 이후 효자와 열녀에게 은사금을 주기도 했다. 김창숙은 많은 양반이 뛸 듯이 기뻐했다고 당시 상황을 비판했다.[162] 즉, 일제는 양반 지배층에게 가족 전통을 지켜주는 대가로 공적인 사안, 즉 식민지 병합을 정당화하려 했다. 그는 일제의 지배질서에 적응한 양반층 한국인을 '개, 돼지'라고까지 부르면서 나라가 망하기 전에 양반이 먼저 망해서(亡國先亡士大夫)라고 울분을 토했다. 유교적 가부장주의와 가족주의가 식민지 지배의 도구로 활용되었기 때문이다.

일본의 식민정책, 조선인 정체성 부인, 그리고 헌병경찰 제도의 가혹한 탄압에 저항하는 과정에서 조선인은 '민족' 의식을 갖게 되었고, 민족주의는 새로운 사회적 응집성의 중요한 자원이 되었다. 동네, 학교, 공장에서 작동했던 식민지적 규율권력은 모든 사회 구성원을 새로운 마을과 가족단위로 묶인 존재에서 고립되고, 개인화되고, 스스로를 규율하고, 합리적으로 자신의 행동을 조정하는 주체로 만들었다.[163] 즉, 일본이 강

---

161. 가족을 사회와 분리된 배태적 단위로 만드는 것이 근대 가족 형성의 가장 중요한 특징이기도 하다. 일제 식민지 지배의 근대적 성격을 드러내는 점이기도 하다.
162. 심산사상연구회, 『김창숙 문존』, 성균관대학교 대동문화연구원, 1986, 267쪽.
163. Timothy Mitchell, *Colonising Egypt: With a New Preface*, Berkeley: University of California Press, 1991.

제한 조선의 식민지화는 특이한 정치적 지배 양식을 만들어냈고, 모든 한국인을 '변형된 근대 주체'가 되었다.[164] 여기서 근대성, 근대 주체란 가족이 이제 신분질서가 아닌 '재산소유질서'와 결합하기에 이르렀으며, 가족관계는 친족/씨족질서, 유교적 상하관계가 아닌 자본주의 논리에 점차 지배되기에 이르렀다. 한국에서 소유의 주체로서 가족, 그리고 '가족 개인'이 만들어지는 계기였다.

나. 해방 후 1960년대까지의 가족과 가족관계

일제는 경제적으로는 자본주의 시장경제에 기초했으나 지주제를 오히려 강화하였고, 전근대적 군부독재체제인 총독부가 전제 왕권을 계승하면서 개인을 종법질서에서 해방시키되 호주의 통제하에 두어 그들의 인격과 개성을 인정하지 않았다. 그리고 유교적 가족관념, 즉 호주인 남성 가장의 절대적 권위, 유기적 단위로서 가족 관념을 부여하여 자녀의 자유와 개성을 제한하였다. 그래서 반봉건질서와 전제적 지배, 그리고 상품 화폐경제와 구성원의 법적 평등성을 전제로 한 가족의 일반화라는 모순된 근대화는 8.15 해방과 더불어 급격한 전기를 마련했다.

8.15 해방으로 맞이한 자유화와 급격한 인구이동으로 가족 형태도 크게 변했다. 특히 한국전쟁과 농지개혁은 양반층의 씨족/친족질서를 결정적으로 뒤흔들었다. 한국전쟁을 거친 이후 가장 뚜렷한 변화는 3대 이상이 거주하는 직계가족보다 2대가 거주하는 가족의 비중이 커졌다.

---

164. 식민지는 특이한 정치체(polity)이고 식민지 지배는 특이한 정치적 지배방식이다. Jürgen Osterhammel, *Colonialism: A Theoretical Overview*. Shelley Frisch(trans.), Princeton: Markus Weiner Publishers, 2005, p. 16. 식민지 지배는 시장경제와 형식적 평등을 전제로 하는 점에서 근대적 요소를 갖고 있으나 전제적 지배하에 식민지 주민을 예속시킨다는 점에서 봉건적 요소를 갖고 있다.

1955년 제1회 간이국세조사에 따르면 <표 1>에서 볼 수 있듯이 3대 이상의 가족 비율은 매우 낮다.

<표 1> 3대 이상 가족의 비율

	1대	2대	3대	4대	5대	3대 이상(비율)	합계
서울특별시	45	193	39	4	-	43(15.3%)	281
전국 도시	118	650	162	8	-	170(18.1%)	938
전국 군비	228	1,760	829	44	2	875(30.5%)	2,863
전국	346	2,410	991	52	2	1,045(27.4%)	3,801

주: 모두 단위 1,000, 1인 가족 포함
출처: 정종면, 『韓國農村社會學原理』, 富民文化社, 1964, 29쪽.

당시 전국 가구 중에서 3대 이상이 함께 거주하는 가족은 27.4%에 불과하고 그중에서도 4대 이상이 거주하는 경우는 거의 없다. 도시 지역에서 그 비율은 더욱 낮다. 그러나 농촌지역인 군 단위에서도 3대 이상이 거주하는 가족은 30.5%에 지나지 않고 4대 이상 가족은 더욱 적다. 이것으로 알 수 있는 사실은 직계가족의 원칙이 실질적으로 견지되었다고 하더라도 1950년대 이후 한국 대다수 가구는 2대 이하, 특히 부모와 자식으로 구성된 전형적인 핵가족에 가까웠다는 점이다. 가족 수에서도 4, 5인 가족이 가장 많고 그다음이 6인 가족, 3인 가족이다. 도시에서는 4인 가족이 가장 많고 농촌에서는 5인 이상의 다인 가족이 많지만, 10인 이상의 대가족은 거의 없다.[165]

---

165. 김여수의 조사에 의하면 1961년 당시 공주군 우성면의 한 마을에서는 가구원 6명이 가장 많았고, 그다음이 5명과 7명이었다. 김여수, 「농촌의 가족과 상속: 공주군 우성면의 실태」, 경희대학교, 『경희법학』 제3집, 1961.

이효재의 서울지역 가족 조사를 보면 이런 경향이 더욱 뚜렷하다. 1960년 당시 도시와 농촌의 2세대 가족 비율은 각각 72.1%, 56.8%였다.[166] 1958년 서울 300가구를 대상으로 한 그의 조사에 의하면 부부와 자녀로 이루어진 2세대 가족은 66.2%를 차지하였다. 친부모 혹은 시부모를 모시고 사는 사람의 비중은 12%에 불과했다. 그리고 세대당 평균 식구 수는 5.65명이었다.[167] 1950년대 말 60년대 초 서울 등 대도시에서는 형태상 핵가족이 보편화되었음을 확인할 수 있다. 그러나 조사대상자의 62%가 결혼 당시 부모가 배우자 선택을 결정했다고 답하고 있고, 부모가 선택해서 자녀의 의사를 물었다고 답한 사람은 26%에 불과해 당시에도 부부의 결합은 개인의 선택이 아니었다. 물론 이들 중 55%는 자녀 결혼에 부모가 선택해서 자녀의 의사를 물어보겠다고 답하고 있어서 전통가족 관념에서 개인주의로 의식의 변화를 보여주고 있다.[168]

한편 1955년에서 1975년까지 20년 동안 가족구조의 변화를 연구한 이광규는 이 기간 동안 3대 가족과 4대 가족의 비중이 현저히 감소하였으며, 2대 가족의 비중이 크게 늘어났다는 사실을 실증적으로 보여주었다. 이것은 서울을 비롯한 도시뿐 아니라 농촌에서도 나타난 현상이었다.[169] 이 기간 가족의 구성원은 가구주와 배우자, 자녀로 구성된 핵가족이 지배적이었고, 직계가족원이 가구구성원의 90% 이상을 차지하였다. 최재석 역시 1960년대 조사에서 현대 한국의 가족 중에서 85% 정도는

---

166. 이효재, 『도시인의 친족관계』, 한국연구원, 1971, 30쪽.
167. 이효재, 「서울시 가족의 사회학적 고찰」, 이화여대, 『한국문화연구원논총』, 제1집, 1959, 9-63쪽, 20-21쪽.
168. 자녀가 선택해서 부모의 승낙을 받게 한다. 자녀가 선택하면 부모가 충고한다는 응답은 각각 22.6%, 7.3%에 불과해서 결혼을 개인의 선택으로 보는 사고와는 먼 거리가 있었다는 사실을 확인할 수 있다. 같은 글, 61쪽.
169. 이광규, 앞의 책, 1975, 28-29쪽.

가구주의 직계친족과 장차 가계를 계승할 직계비속으로 구성되어 있다고 보았으며, 그중에서도 가구주 부부와 자녀로 구성된 유형이 가장 많은 비율을 차지한다고 보았다.[170]

가족의 형태 변화는 가족 구성원 간의 관계변화를 수반하지 않을 수 없다. 3대 가족의 감소는 남성 가구주의 가족 내 행동을 부모에 대한 효도보다는 아내, 자녀와의 관계를 중시하는 쪽으로 변화시킬 것이다. 여성의 경우 며느리 입장보다는 아내와 어머니의 위치가 더 중요해졌다. 가족관계는 점차 부부 중심으로 무게가 이동하였다. 특히 부부관계도 더 수평적이 되고 부모와 자식 간의 관계도 일방적으로 종속적이지 않게 되었다. 물론 이러한 가족관계의 변화가 부모와 자녀의 관계가 수평적 개인 대 개인의 관계로 되는 것을 의미하지는 않았다.

즉, 호주제도에 기초한 식민지 근대 가족제도하에서 여성과 자녀들은 적어도 1950년대까지는 가족 내의 개인으로 인정받지 못했다. 형식적으로 모든 가족 구성원은 서로 간에는 평등했지만 실제로는 전통적 가부장주의, 그리고 남성 호주의 권한 아래 모든 구성원의 행동이 종속되었기 때문이다. 남성은 분가하는 순간 모두가 호주가 되었으나 여성은 그렇지 않았다. 그래서 구성원의 평등성이 보장되는 가족, 즉 혼인에서 당사자의 의견이 존중되는 근대 핵가족은 적어도 1970년대 중반 이후 나타날 수 있었으며, 부계친족제도에서 배제되거나 소외된 여성은 이 과정에서 가부장주의, 친족 가족을 부수고 부부와 자녀로 이루어진 실질적인 핵가족을 만들기 위해 가족/친족 내에서 '인정 투쟁'을 했다.

정부 수립 후 가족정책이나 가족법에는 일제의 잔재가 남아 있었다. 1970, 80년대 군부정권에서까지 과거 식민지 시기 일제가 만들어놓은

---

170. 최재석, 『한국가족연구』, 민중서관, 1966, 166쪽.

호주제도, 동성불혼 등 가족정책은 그대로 유지되었다. 그것은 가족을 개인의 신원파악과 국가 동원에 필요한 하나의 기초단위로 전제하고 가족을 여전히 국가의 수직적 통제 아래에 두는 제도였다. 즉, 가족은 안보와 경제성장에 필요한 말단 동원조직에 가까웠다. 일제의 호적제도가 모든 한국인을 가족 단위로 하는 법적 관리 체계에 편입하면서, 헌병 경찰이 전면적으로 개별 가족을 통제, 감시하는 상급기관의 역할을 하도록 하였듯이, 8.15 이후 한국의 가족법 역시 이러한 사고 위에서 가족을 바라보았다.

그래서 8.15 이후에도 호주제도와 함께 개인의 비독립성, 부인과 자녀의 호주 종속성, 그리고 가족의 폐쇄성과 배타성은 그대로 유지되었다. 일제강점기의 민적(民籍) 사무에 경찰이 동원되었듯이, 해방 후에도 모든 국민의 신원파악 작업은 주로 경찰의 업무였다. 일제강점기의 가족이 국가의 세포와 같은 존재였듯이 해방 후 분단과 전쟁, 남한의 반공주의 체제에서 가족은 일제강점기보다 더욱 강력하게 국가의 세포로 자리매김되었다. 제주 4.3 사건, 여순사건 이후 유숙계(留宿計) 도입,[171] 1960년대 이후 주민등록제도 도입 등은 모두 국민을 일차적으로는 가족 구성원으로 확실하게 편입하고, 가족 구성원의 이동과 변화를 통제하여 국가의 전제적 지배를 강화하기 위한 것이었다. 특히 여순사건, 제주 4.3 사건 이후 한국전쟁기 주민통제와 좌익활동 관련 혐의자와 그 가족에 대한 대량 학살은 공식적으로는 폐지한 연좌제에 근거한 것이었다.[172] 부

---

171. 1949년 이승만 정권은 가구 구성원 외에 다른 사람이 집에 머물면 경찰에 반드시 신고해야 하는 유숙계(留宿屆) 제도를 도입했고, 그것이 이후 주민등록제도의 모태가 되었다.
172. 연좌제는 조선시대의 정치범에게 적용한 전근대적인 처벌규정이다. 유교적 이념과 가족주의가 함께 작동했으며 근대 형사책임개별화의 원칙이 적용되지 않았다. '가인범법 죄급가주'(家人犯法 罪及家主)라는 논리 아래 책임의 조건 없이 형사상의

모나 아내, 자녀를 남성 대신에 체포 학살한 대살(代殺)이야말로 가장 극악한 형태의 가족연대책임제였으며, 한국인을 강압적으로 가족에 결속시킨 대표적인 사례였다. 그래서 모든 사회 구성원은 오직 가족의 일원으로서만 국가 혹은 사회 일반과 연결되는 일제강점기의 논리가 더욱 강화되었다.[173]

  8.15 후 구 양반층은 일제의 가족 정책에서 억압되거나 무시되었던 씨족주의, 즉 문중의식과 가문의식을 부분적으로 되찾으려 몸부림쳤지만, 그들의 물적 기반은 농지개혁으로 거의 와해되었다. 해방 후 대다수 한국인은 평등한 가족 구성원으로서 재탄생했기 때문에, 이들은 오직 국가의 통제 아래 '혈연'을 공유한 가족 구성원으로서 존재하게 되었다. 국가와 가족을 매개하는 사회적 단위나 관계망 형성도 억제되었다. 호주제가 존속했기 때문에 법적으로는 호주 통제를 떠난 개인은 존재할 수 없었다.

다. 도시화, 산업화 이후의 가족

  1960년대 중반 이후 자본주의 시장경제, 도시화와 인구의 이동, 그리고 산업화는 한국의 가족 형태를 핵가족에 더욱 가까운 것으로, 가족 내 관계를 보다 부부중심으로, 아버지와 자녀의 관계를 덜 일방적인 것으로, 즉 자녀의 독립성을 점차 인정하는 쪽으로 변하였다. 한국의 가

  처벌을 받는 것이며 모반, 대역, 모반, 살일가비사죄삼인(殺一家非死罪三人) 등 중죄를 범한 죄인에게 적용되었다. 범죄의 정(情)을 모르는 가족이나 일정한 범위의 친속에 대해서도 형벌을 과하는 것이었다. 윤재수, 「연좌와 연좌제」, 『석당논총』 제3집, 1983, 89-105쪽.
173. 野村調太郎, 『朝鮮戸籍令義解』, 巖松堂書店. 1935, 1-2쪽; 홍양희, 앞의 글, 183쪽에서 재인용.

족은 외형적으로나 실질적으로 핵가족 형태를 지니게 되었고, 관념상 혹은 실질적 관계의 모든 면에서 보더라도 조선시대나 일제 강점기 양반 지배층이 주로 생각한 친족과 문중 개념은 거의 점차 사라졌다. 그것은 한국이 자족적인 농촌사회, 즉 단순재생산과 생산-소비가 결합한 지주-소작, 자영농 중심의 사회에서 이제 시장경제가 사회구성원의 생산과 재생산을 지배하고 도시의 생활이 점차 지배적이 된 현대사회로 이행했기 때문이다.

그러나 1970년대 중반 이전까지 농촌 가족은 형태상으로는 핵가족이었으나 관계의 측면에서는 친족, 씨족, 마을 공동체와 여전히 긴밀히 연결되어 있었다. 전남지역의 마을을 조사한 최재율의 연구를 살펴보면 전남 농촌지역은 친족관계와 더불어 의형제를 맺은 경우도 많고, 계를 여전히 조직해 활동하고 있었다.[174] 즉, 고립된 핵가족이 아닌 친족집단의 일원, 그리고 친족 간의 혈연관계를 보완할 수 있는 공동체적 관계가 농촌사회에서는 1970년대까지 유지되었다. 도시에서도 분가한 자녀와 부모의 관계는 여전히 긴밀하게 유지되었으며,[175] 이농하여 도시에 거주하는 농촌 출신들 사이에서는 형태상으로는 2세대 가족, 핵가족이 보편화되었다고 해도 실제 관념적인 '집'의 범위는 여전히 가구, 즉 형태상의 가족과 일치하지는 않는 친족/씨족집단에 가까운 것이었다. 즉, 결혼해서 분가한 자녀와 형제는 형식상 독립 가구였으나 관념적으로는 부모, 남자 형제들과 하나의 가족이라는 의식이 있었고 경제적으로도 어느 정도의 공동체적 관계를 유지하였다.[176]

---

174. 최재율, 『농촌 후진성의 사회학적 해석』, 도서출판 청진, 1990, 341-351쪽.
175. 이효재, 앞의 글, 1959, 68쪽. 서울 거주자의 경우 분가한 가족의 며느리나 자식이 (시)부모에게 대단히 자주 방문한다는 사람이 66.6%를 차지한다. 형제들 간에도 대단히 자주 만난다는 사람이 44%에 달한다.
176. 차남이나 3남이 결혼할 때 논밭을 떼어주지만, 경제적으로 '큰집'에서 완전히 독

그러나 도시는 물론 농촌에서도 친족, 씨족 관념은 약화, 해체되지 않을 수 없었다. 그래서 1970년대 이후 한국의 가족은 부모-자식으로 결합한 서구적인 핵가족 정도는 아니라고 하더라도, 관념상의 가족 범위가 이제 형제자매, 확대하더라도 조부모와 본가, 외가, 처가의 4촌 범위를 넘지 않게 되었다. 그리고 아내와 자녀가 아버지의 의사에 전적으로 의존하던 상태에서 탈피하기 시작했고, 자녀의 독자성은 한층 강화되었다. 산업화나 도시화가 더욱 고도화된 1980년대 중반 이후에는 가족의 관념이나 실질적인 관계의 범위가 핵가족에 더욱 근접했고, 결혼은 가족 간의 결합이기보다는 개인 간의 선택 문제로 점차 변화했다.

결국 한국에서 형태 및 내용적 측면의 근대 가족은 대체로 1920년대에 시작되어 1980년대 중반에 거의 완성되었다고 볼 수 있다. 그러나 호주제가 존속한 2008년까지 일제가 구축한 '호주제하의 가족' 개념은 법적으로 유지되었다. 민법 제799조에서 가족의 범위는 "호주의 배우자, 혈족과 그 배우자 기타 본법의 규정에 의거하여 그 가에 입적한 자는 가족이 된다"고 규정한다. 가족은 '추상적인 친족 집단'이기 때문에 생활공동체로서 그리고 거주단위로서 '집', 즉 가구, 핵가족과는 거리가 있었다. 아버지의 양육권 포기, 재혼 등으로 아버지와 자녀 간의 관계가 단절되어도, 자녀가 아버지의 가를 떠나 어머니의 가에 입적하기를 원해도, 여전히 자녀는 아버지의 가에 속했다. 자녀가 어머니와 같이 살아도 어머니는 주민등록상의 동거인에 불과하기 때문에 법률상으로 가족을 형성하지 못하였고, 비정상 가족으로 취급되었다. 차남이나 딸은 혼

립하지 못한 경우가 많았다. 농사일을 거들거나 제사 부담을 함께 지기도 했다(윤형숙, 「가족사를 통해 본 지방사」, 『한국문화인류학』 제33집 2호, 2000, 173-200쪽.) 물론 형제들이 조카의 학비를 보조하는 경우도 많았고 여러 사정으로 제수와 조카를 돌봐주기도 한다. 경제적 의존은 도덕적 의존과 공존한다. 도시에서도 이런 현상은 적어도 1980년대 초까지는 존재했다고 볼 수 있다.

인 후에 부모를 모시고 살아도 같은 가에 속한 가족이 될 수 없었다. 장남은 혼인해서 따로 살아도 부의 가에 남았다.[177] 그리고 이혼한 후 어머니가 자녀를 양육해도 자녀는 어머니의 가족이 될 수 없었다. 즉, 자녀는 부가입적의 원칙에 따라 아버지의 가에 남아 있어야 했다.[178] 이러한 법적인 제약 때문에 2000년대에 들어서도 '개인주의'에 기초한 실질적 핵가족은 전면화될 수 없었다.

식민지 근대화, 한국전쟁, 그리고 산업화 과정을 겪은 한국은 농촌사회가 산업사회로 자연스럽게 이행한 유럽과 달리 전통 가족/씨족 질서의 파괴와 '재산소유' 단위로서 근대 핵가족의 형성도 대단히 폭력적으로 진행되었다. 박영은은 이것을 '강요된 핵가족화'라 말한다.[179] 즉, 농촌의 자족적 경제가 파괴되면서 그것과 일체화되었던 전통적 가족/씨족이 자연스럽게 핵가족으로 변화된 것이 아니라 시장경제가 외생적으로 주입되었고, 식민지 국가가 호주제라는 변형된 전통가족과 제한적 근대 가족을 강요했으며, 한국전쟁과 국가 주도의 산업화가 핵가족화를 강요하였다. 강요된 근대화의 결과로 만들어진 형태상의 핵가족은 과거 유럽과 같은 개인주의를 수반하지 않았다.

이 점에서 1960년대 후반 이후 1980년대 초반까지의 한국 가족은 전통적인 것도 아닌 그렇다고 해서 완전히 서구적인 것도 아니었다. 형식상으로 핵가족이 제도화되었으나 가족관계에서 부자중심의 관계가 부부중심 가족으로 변하지 않았다. 즉, 부부 간 애정의 중요성이 점점 커지기도 했으나, 가족 내 부인의 역할은 가사와 자녀의 출산이라는 도구적 역할에

---

177. 민법 제789조 본문 및 826조 3항 및 단서 조항.
178. 김상용, 「호주제는 우리 민족의 전통가족제도인가?」, 『법조』 53(7), 통권 574, 2004, 193-238쪽.
179. 박영은, 「산업화와 가족주의」, 한국정신문화연구원, 『정신문화연구』, 1985, 6쪽.

서 여전히 벗어나지 못했고, 딸과 더불어 여성의 지위는 종속적이었다. 그리고 법적으로는 일부일처 제도가 유지되었으나 실제로는 일부다처, 즉 축첩도 남아 있었다. 권력층과 부유층 일부가 첩을 두었지만, 부유층이 아니더라도 부인이 출산을 하지 못하면 공공연하게 첩을 두는 경우가 많았다. 심지어 처와 첩이 같은 공간에서 살기도 했다.[180]

헤겔은 "결혼은 본질적으로 일부일처제라야 한다. 결혼관계에 몸을 맡기는 것은 육체를 지닌 타자를 배제하는 개별적인 인격이며 혼연일체를 이루는 인격 상호 간의 헌신에 의해 성립된다"고 말했다.[181] 그러나 한국에서 1970년대까지 남녀는 그러한 개별적인 인격적 존재로서 만나지 못했다. 해방 후 여성단체에서 축첩 문제를 가장 먼저 제기한 이유도 정상적 핵가족 구성, 여성의 인격이 보장되는 가족을 원했기 때문이다. 1950년대에 간통 쌍벌죄를 제정한 것은 법적으로 '가족 내 남녀평등'을 실현한 대표적인 변화다. 즉, 간통 쌍벌죄가 제정된 이후 축첩은 용납되어도 여성의 탈선은 용납하지 않는다는 전통적 가부장주의 가족질서가 본격적으로 흔들리기 시작했다. 그리고 일제강점기의 신여성론, 1950년대의 자유부인 논쟁, 자유연애 논쟁을 통해서 남녀 간의 사랑과 결혼은 당사자의 개인적인 문제라는 생각이 점점 세를 얻기 시작했다. 그리고 부자(父子)중심의 가족관계가 부부중심으로 점차 옮겨가게 되었으며, 여성의 가족 내 지위, 사회적 지위도 점차 높아졌다. 아직 본격적인 산업화가 시작되지 않았고, 여성교육도 전면화되지는 않았으며, 여성의 사회활동에 대한 시선도 아직 그다지 긍정적이지는 않았지만, 전쟁으로 가족의 생계를 책임지는 남성이 많이 사라진 당시 사회에서 여성을 경제활

---

180. 이광규, 앞의 책, 1975, 113-115쪽.
181. 헤겔, 앞의 책, 336쪽.

동의 주체로 인정하게 되었다.[182]

한국에서는 상류층이나 일반인들 사이의 축첩 관행이 거의 사라진 1970년대 후반 이후 일부일처제를 중심으로 형식과 내용상의 핵가족이 구축되었다. 이때부터 부부관계의 변화와 더불어 부모와 자식 간의 관계도 변했다. 의료기술의 발달에 따른 사망률의 저하와 자녀 수의 감소가 매우 중요한 요인이었다. 일제의 식민지 근대화 과정에서 탄생한 '어린이'는 이제 가장의 가장 중요한 보살핌 대상이자, 가족의 미래로 자리매김되었다. 자녀에 대한 부모의 애정은 과거와 비할 수 없을 정도로 강화되었다.

전근대 시절은 물론 근대로의 과도기에도 죽음은 태어나는 순간부터 일생 동안 사람의 삶을 지배하는 악몽이었다. 사람들이 태어나서 성인까지 생존할 확률은 매우 낮았다. 이런 조건에서 가족과 가족관계도 매우 유동적이었고, 부모와 자식의 관계도 그다지 공고하지 않았다. 빈곤층일수록 가족원은 더 쉽게 병들고, 더 빨리 죽는 경향이 있기 때문에 가족 간의 관계도 매우 느슨하고 불안했다.[183] 가족이 매우 유동적이고, 자녀수가 매우 많던 시기의 부모와 자녀의 관계는 적은 수의 자녀를 둔 핵가족이 안정화된 시기와 비교하면 훨씬 옅을 수밖에 없었다. 물론 여러 자녀에 대한 부모의 사랑이 약했다고 말할 수는 없으나, 자녀에 대한 부모의 애착은 자녀가 한두 명이 된 핵가족 시대와는 분명히 달랐다. 이 과도기에 부부관계의 유동성과 더불어 부모와 자식 간의 관계의 유동성은 친족, 근린공동체 구성원과의 긴밀한 관계에 의해 보충되었다.

그래서 한국의 가부장주의 핵가족은 일제강점기 이후 필요에 따라 전통을 재구성하는 과정을 거쳐 만들어진 '근대 가족'임에 주목해야 한

---

182. 이임하, 『(한국전쟁과 젠더) 여성, 전쟁을 넘어 일어서다』, 서해문집, 2004.
183. 기틴스, 앞의 책, 23쪽.

다.[184] 그것은 가족이 개인들의 결합은 아니라는 점에서 조선시대 이후 부계 혈족집단인 가족의 성격을 어느 정도 띠고 있지만, 호주제 이후 국가와 가족을 직접 연결하여 가족[F] 구성원이 됨으로써 국민이 될 자격을 부여했다는 점에서 국가주의의 성격을 띠며, 호주의 권한을 강화하고, 남성 호주의 지배 아래 모든 가족 구성원을 둔 점에서 가부장주의 성격도 있으며, 시장경제하에서 소유와 축적 등 경제적 생존의 단위가 되었기 때문에 분명히 근대 가족이었다.

특히 가부장주의적인 성격은 일제의 총독부 국가, 이후 이승만과 박정희의 권위주의 국가에서 강화되었다. 일제의 조선총독부와 이승만과 박정희로 이어지는 권위주의 정권은 권력 유지를 위해 가족 내 질서가 권위주의적인 방식으로 유지되기를 요구했다. "권위주의적인 가족은 아버지의 상을 통해서 모든 가족 속에 자신의 대리인을 만든다."[185] 그래서 전통적 확대가족은 핵가족으로 재편되었어도, 가족 내 인간관계는 국가와 짝을 이루어 강한 권위주의가 유지되었다. 특히 1960년대까지 농촌사회의 관습이 지배적이었기 때문에 권위주의적인 가족질서는 생산방식에 의해 그대로 유지되었다. 이러한 권위주의적인 가족은 거꾸로 국가주의나 민족주의를 유지하는 기둥이 되기도 했다. 이런 가족에서 자란 한국인들이 독재정권을 지지하였다.

이러한 근현대 한국의 가족은 과거 전통시대의 보수적이며 혈연주의적인 요소를 그대로 간직한 가운데 가족 밖의 시민사회와 고리를 거의 갖지 못한 '방어적'이고 '폐쇄적' 공동체의 성격을 띠고 있다. 2005년 제정된 '건강가정기본법'에서는 가족을 '혼인, 혈연, 입양으로 이루어진 사회의 기본단위'라고 정의한다. 혼인과 입양이 아닌 다양한 가족의 존재

---

184. 정진성·김혜경, 앞의 글, 213-244쪽.
185. 빌헬름 라이히, 앞의 책, 85쪽.

자체를 부정하면서 이것은 많은 비판을 받았다. 즉, 가족 결합은 매우 유연화되고 탈표분화되고 있으나 정상가족의 관념과 법은 '2차 근대' 혹은 후기 근대인 21세기에 들어선 이후에도 매우 강고하게 유지되고 있다.[186]

 결국 앞에서 정리한 한국식 근대 핵가족은 시장경제와 산업화의 산물이지만, 동시에 근대의 위기, 즉 일제의 식민지 지배, 한국전쟁, 가족이주, 및 이후 급격한 도시화 등 불안정한 상황에서 생존을 도모하기 위해 선택한 자기 보호를 위한 본능적 결속 혹은 응집의 결과다. 그리고 근현대 한국의 가족주의는 이러한 혈연적 가족 개념, 한국식 정상가족의 관념을 전제로 해야 제대로 이해할 수 있다.

---

186. 이재경, 「가부장제 이후의 한국가족」, 『한국문화연구』 29권, 2015.

2. 가족주의 강화(1): 식민지 근대, 분단, 전쟁과 보호적 가족주의

(1) (씨족/친족) '가족' 거부와 탈출(exit)

흔히 근대 이전에는 '공동체'가 존재했고, 공동체적 사회관계가 유지되었다는 통설이 있지만, 한국은 물론 전 세계 모든 지역에서 전근대 사회는 모든 구성원이 동등한 인격적 존재로 인정받는 '공동체(community)'와는 거리가 멀었으며, 오히려 특권과 억압으로 천민과 여성을 극도로 비인간화하고, 가족 내에서는 자녀의 일방적 복종을 요구하는 억압의 굴레가 지배적이었다. 조선시대에 친족, 가족 질서 내에서 구성원은 물론 동거하는 노비까지도 어느 정도 보호해주었다는 공동체의 측면이 없었다고는 할 수 없으나 그 질서는 기본적으로 사람이 사람을 권력으로 '소유'하는 비인간적인 질서였고, 따라서 공동체와는 거리가 멀었다.

가족, 친족 질서는 인위적 공동체의 가장 중요한 모델일 것이다. 물론 조선시대에도 가족 구성원 간의 애정과 보살핌이 있었고 큰 안식처임은 분명했지만, 누구에게 그것은 억압과 두려움의 '공동체'였다. 그래서 이 인신적 예속을 기본으로 하는 신분, 가족 질서를 거부하는 움직임은 조선 말기부터 점차 싹트기 시작하였다. 그런데 독립된 인격, 개성과 개인의 자유와 선택을 중시하는 태도는 조선사회 내부에서 자생적으로 형성된 것이라기보다는 외부의 충격으로 생겨났다. 서구 근대사상과 천주교가 전파되면서 이러한 새 사상에 눈을 뜬 사람들은 씨족, 가족 질서에서 벗어나 사회적 교류를 하거나 아예 가족/친족 질서에서 벗어나려 하였다. 당시 소외된 지식인과 변화에 민감한 청년들이 전통적 신분질서와 가족의 굴레에서 벗어날 것을 꿈꾸었다. 특히 가부장주의 가족질서가 연애, 결혼, 직업선택에서 여성의 자기결정권, 운신의 폭을 심하게 제약했기 때문에 여성은 이러한 전통가족의 질서에서 벗어나려 하였으며, 청년은 전통의 한국 가족, 친족이 강요하는 위계질서와 안온함보다는 변화와 발전을 추구하고, 새로운 질서를 희구하였다.

전통적 가부장주의 가족, 친족 질서의 모순은 새로운 사상의 도입과 신교육제도에 의해 첨예하게 드러났다. 천주교와 동학사상이 여성과 청년의 눈을 뜨게 했다. 동학의 인내천(人乃天), 즉 인간존중의 사상, 최시형의 사인여천(使人如天), 즉 사람을 하늘처럼 대하라는 언명은 여성을 남성과 동등한 존재, 천민이나 하층민을 양반과 동등한 존재로 설정하였고, 동학농민전쟁 당시 집강소에서는 부녀재가(婦女再嫁)를 폐정개혁안의 하나로 설정했다. 과부의 재가를 금지한 조선사회에서 경제적 능력이 없는 과부는 최하층으로 전락할 수밖에 없었기 때문이다. 즉, 동학은 남편을 잃은 부녀를 가부장주의 가족의 굴레에서 벗어나거나 생계를 유지할 수 있는 근거를 제공해주었다.[187] 매천 황현은 동학도를 다음과 같이 묘사했다.

> 그들은 귀천과 노조를 가리지 않고 모두가 서로 대등하게 손을 마주 잡고 인사하는 예를 법도로 삼았다. 노비와 주인이 함께 입도한 경우에도 마찬가지로 상대방을 접장이라고 불렀는데 마치 친구를 사귀는 것처럼 평등하게 대했다.[188]

---

187. 초대 교주 최제우는 자신의 여종을 며느리와 양녀로 삼았고, 2대 교주 최시형은 과부를 부인으로 삼았다.
188. 황현, 『오동나무 아래에서 역사를 기록하다: 황현이 본 동학농민전쟁』(김종익 옮김), 역사비평사, 2016, 217쪽.

동학의 인간존중사상은 서구식 개인주의와는 분명히 결을 달리했지만, 유교적 신분질서는 분명히 거부했다. 그래서 '천한 노비 출신'이 동학에 많이 입도했고, 이들은 길거리에서 양반을 만나면 공개적으로 모욕을 가하기도 했다.[189] 한편 서양 선교사들이 한국에 들어와서 포교한 이후, 천주교나 개신교의 개인주의와 평등주의 사상을 접한 여성도 결혼, 출산, 가사로 연결되는 가족 내의 삶에 머물러 있기를 거부하고 교회에 나가거나 사회단체활동을 하기 시작했다.

조선 말, 가족질서가 주는 압박과 모순을 뼈저리게 느끼고, 일제에 의한 근대화의 여명을 맛본 여성과 청년은 여성의 복종을 강요하는 가부장주의 가족과 친족질서, 그리고 가난과 비합리적인 인습으로 상징되는 전통사회에서 벗어나려 했다. 독립협회운동에 참가했던 선각자 윤치호는 가족생활의 본질이 전제적이고 권위적이라고 강조했다. "가정이라는 작은 세계 속에서 아버지는 왕이며 입법자, 제사장이고 가족성원으로부터 절대적인 복종을 요구한다"고 강조했다.[190] 이러한 가부장주의 가족, 친족, 농촌 씨족사회에서 탈출하려면 우선 '가족' 중심의 사회적 관계로부터 거리를 두거나 친족, 씨족 질서에서 벗어나야 했다. 그래서 일부 사람은 공간적으로는 물론 정신적인 모든 면에서 자기 개인을 가장 중시하면서 가족으로부터 자신을 분리하려 했다. 물론 천주교 입교, 향촌사회에서의 탈출은 관계의 단절, 마음의 거리두기를 수반한다.

가족/친족, 가부장주의 질서에서 최초로 탈출한 사람은 가톨릭교도였

---

189. 그러나 동학교도의 가족생활, 특히 가족 내에서 가부장주의가 어느 정도 극복되었는지, 그리고 가정 내에서 여성이 어느 정도 지위를 인정받았는지는 잘 알려져 있지 않다.
190. "Korean Women and Korean Homes", *Gospel in all lands*, Vol. 19, 1893, pp. 423-424(박영신, 「독립협회 지도세력의 상징적인 의식구조」, 『동방학지』 20(9), 1978a, 147-170쪽에서 재인용).

다. 1801년 신유박해 이후 조선정부는 천주교가 "폐족, 서얼 등 뜻을 잃고 국가를 원망하는 무리를 규합하여 … 시정의 거간꾼과 농사꾼, 여자까지 불러 모았다"고 진단했다.[191] 천주교 공동체에서는 중인이나 백정도 양반과 함께 방을 쓰고 때로는 총회장에 선출되기도 했다. 이들은 탄압을 받았기 때문에 신분이나 정치적 견해의 차이를 넘어서 평등의식을 기반으로 강한 그들만의 신앙공동체를 만들어냈다. 신유박해 때 순교한 여성 이순이는 부모의 강요로 원하지 않은 결혼을 한 다음 남편 유중출과 형식적인 부부관계만 유지하면서 가족과 씨족 관념을 버리고 이웃의 빈민을 구제하려는 계획을 세운 적도 있다. 그런데 당시의 조건에서 사람들이 가족과 친족이 아닌 가난한 이웃을 위해서 재산을 내놓은 일은 드물었다.[192] 이후 천주교 신자들은 자신도 굶주리면서 과부와 고아를 받아들이고 자기 것을 나누었다. 당시 천주교는 불혼을 인정하였으며 자유결혼, 과부의 개가, 남녀동석 허용 등 종래의 유교적 가족 관습을 거부하였다. 그들이 만든 종교공동체 내의 질서는 조선의 가족과 씨족 유대와는 날카롭게 대립하는 새로운 것이었다.

　유교적 신분질서하에서 차별받던 평민이나 노비가 기독교로 개종하면 그들은 자연스럽게 기존 씨족, 친족 질서에서 탈피할 수 있었다. 원래 한국의 전통적 가족질서에서 여성은 이름을 갖지 못한 존재였다. 노랑네, 귀복네, 곱단이, 고만네, 어린아 등의 이름을 사용했다. 특히 첩은 완전한 비존재였다. 그런데 기독교로 개종한 여성은 마침내 이름을 갖게 되었다.[193] 하지만 당시 다수의 전통적인 양반들은 "서울의 개종 양반들

---

191. 정병설, 『죽음을 넘어서: 순교자 이순이의 옥중편지』, 서울대학교 인문강의 5, 민음사, 2014.
192. 같은 책, 169쪽.
193. 문익환 목사의 어머니인 고만녜는 김신묵으로 이름을 바꾸었는데, 이런 여성의 이름에다 모조리 믿을 신자를 집어넣어 바꾸었다. 김남일, 『통일 할아버지 문익환』,

을 보면서 갈등한 측면도 있지만, 결국은 지방에서 위정척사(衛正斥邪)의 사유방식을 고수하며, 전통을 묵수(黙守)하였다. 그래서 전통적인 양반마을에서 기독교 수용은 매우 지지부진했다."[194] 그래서 조선말 개화기 기독교는 씨족 집단이나 전통적 신분 친족질서 주변부에 있던 사람들에게 크게 환영을 받았다. 초기 한국 기독교 수용을 주도한 계층은 18세기 이래 진행된 조선 후기 향촌사회의 변화에 따라 광범위하게 형성된 중간층, 즉 몰락한 양반이거나 하층양반 그룹 출신으로서, 그들의 학문적·사회적 실천은 상층 양반과 확연히 구별된다.[195]

기독교로 개종한 사람은 집 안에 있는 신주단지와 종문서를 불태우고 제사를 지내지 않았다. 종문서를 제일 먼저 불태운 집안은 서울의 윤보선 집안이라고 한다.[196] 양평의 여운형 역시 기독교로 개종한 이후 종문서를 불태우고 집안의 노비들을 모두 해방시켰고, 가족의 가장 큰 물적 기반인 재산을 이들에게 분배하였다. 그리고 자신은 서울로 가서 새로운 학문을 배우고 독립운동에 나섰다. 안동의 유림 석주 이상룡도 집의 노비문서를 불태워 양민으로 해방시킨 다음 이들에게 땅을 나누어주어 먹고 살 방도를 마련해준 뒤 만주로 떠났다. 즉, 기독교로 개종하지 않은 양반 부호들 중에서도 새로운 사상에 눈을 떠서 이처럼 전통적 가족질서와 그 물질기반을 스스로 파괴한 사람들이 있었다. 이들은 대체로 독립운동에 가담했다.

일제강점기 이광수는 "야소교의 조선에 준 선물" 여덟 가지를 열거하였는데 그 여덟 번째의 선물로 개성의 자각, 개인주의를 들었다. 그는 기독

사계절, 2002.
194. 송현강, 「초기 한국 기독교 수용 주도층 문제: 19세기 연구성과의 반영」, 『한국기독교역사연구소소식』 74호, 2006, 40-50쪽.
195. 같은 글, 48쪽.
196. 공덕귀, 『나 그들과 함께 있었네』, 여성신문사, 1994, 92쪽.

교가 "각 개인의 기도와 사색으로 하나님을 보고 하나님을 찾음으로써 각 개인이 영생을 얻을 수 있다 합니다" 하면서, "능력에 차별이 있다 하더라도 인의 지위나 인격에서는 만인이 평등이다 함을 암시"하기 때문에 개인주의, 평등주의 사상을 확산시키는 데 기독교가 기여했다고 지적했다.[197]

그는 한국의 유교문화에서는 가족, 친족 질서 안에서의 독립성, 개성의 추구, 개인적 이상과 목표의 추구가 허용되지 않고, 신분 차별이 개인의 독립을 가로막았다면 기독교가 이러한 가족질서를 타파하는 데 크게 기여했다고 보았다.

개화, 애국계몽 운동에 나선 사람은 가족보다 더 중요한 가치를 위해서 가족을 버리거나 가족을 잠시 뒤로 돌렸다. 미국으로 떠난 안창호가 그러했다.

공부하자. 공부를 위해 약혼 중에 있던 이씨 부인에게 혼인은 공부하고 돌아온 뒤에 할 거니 그때를 기다리던지 아니면 다른 데로 출가하라. 10년 전에는 돌아올 기약이 없다고 이씨 집에 선언하고는 미국으로 향했다.[198]

안중근은 "국가를 위해 가족을 잊겠다"고 했다. 진남포 세관의 지인

---

197. 이광수, 『이광수 전집』 10권, 삼중당, 1971. "제1 이익은 조선인에게 서양 사정을 알림이외다. 제2 이익은 도덕의 진흥. 주색을 금하고 사기를 금하고 인생의 매매를 금하고 상제를 배(拜)하여 선을 추구하여 청순하고 이상 있는 생활의 신방식을 추구. 전 조선인의 도덕적 양심을 자극. 제3의 이익은 교육의 보급. 조선 신교육의 기초를 세운 자는 야소교회, 제4의 이익은 여자의 지위를 높임. 제5는 조혼의 폐를 교정. 제6은 한글의 보급, 제7은 사상의 刺戟(자극)이외다."
198. 홍사단 출판부, 『도산 안창호』, 홍사단 출판부, 1983, 13쪽.

정대호에게 "나는 국가를 위해 내 몸을 잊고 있지만, 너는 돈벌이를 하고 있으니 내 처자의 신상을 돌봐달라"고 부탁을 하였다. 이후 일제 강점 후 무정부주의나 사회주의에 눈뜬 청년들도 전통사회의 가부장적 가족의 관념을 버렸다. 일본 유학생인 박열이 참가한 무정부주의 단체 흑도회에서는 『흑도』 창간호에서 슈티르너(Stirner)의 자아주의를 받아들였다. 그들은 "우리들은 각자의 자유로운 자아의 자유를 무시하고 개성의 온전한 발전을 방해하는 불합리한 인위적인 통일에 끝까지 반대한다"고 주장하였다.[199]

개항 이후 일본으로 미곡 수출이 늘어나고 지주의 착취가 심해지자, 농민의 생활조건이 악화되면서 가족의 경제적 유대가 흔들리게 되고, 가혹한 수탈로 농민은 토지에서 이탈하게 되었다. 이러한 경제적 혼란에 따라 자급자족적 벼농사에 기반한 가부장적인 가족제도도 크게 흔들리지 않을 수 없었다.

신교육의 세례를 받아 새로운 세상에 눈을 뜬 선각자의 가족 탈출과 국외 이주를 통해 오늘날 '다이내믹 코리아'의 원형을 발견할 수 있다. 당시의 다이내믹을 한마디로 요약하면 탈(씨족)가족과 개인주의, 즉 여성과 자녀의 독자성을 제약하는 유교적 가부장주의 가족에 대한 거부 혹은 가족으로부터의 이탈이었다. 특히 그런 유교적 가부장주의 질서에 환멸을 느꼈거나 근대의 변화 발전, 도시에서 개인의 자유로운 생활과 변화의 기회에 눈을 뜬 청년들, 특히 젊은 여성들이 바로 탈(씨족)가족의 주역이었다. 여성의 자살이 빈번해진 것도 전통적 가족질서의 와해를 보여주는 사건이다. 목숨이 자기 것이라는 생각은 그전에는 불가능했기 때문이

---

199. 야마다 소지, 『가네코 후미코; 식민지 조선을 사랑한 일본 제국의 아나키스트』 (정선태 옮김), 산처럼, 2002, 156쪽.

다. 자살은 '개화인'만이 결행할 수 있는 적극적인(이기적인) 도피였다.[200]

일제 식민지 지배체제는 근대교육 제도를 도입하고 시장경제 질서와 소유관념을 도입한 점에서 '1차 근대'의 측면, 즉 한국인에게 평등과 자유의 가치를 가져다준 측면도 있고 차별과 억압, 즉 1930년대 이후에는 전쟁 수행에 필요한 폭력과 동원이라는 부정적인 측면도 있다. 이 과정에서 유교적 종법제도나 가부장주의 가족은 일본 제국주의가 수반한 시장경제나 통치정책에 의해 파괴되기도 하고 필요에 따라 유지되기도 했다. 그러나 이전까지 씨족질서나 가부장적 가족질서에서 배제되거나 소외된 사람에게는 분명 탈출의 기회가 열렸다.

(씨족)가족에 대한 거부감 때문에 탈가족주의 혹은 개인주의로 기울어진 전형적인 인물로 작가 이상(李箱)을 들 수 있다. 이상은 어려서 백부의 양자로 입적돼 양부의 권위에 눌려 살아야 했다. 그의 고독과 자폐적인 정신, 그리고 다른 편으로 나타난 전위적 문학정신은 상당 부분 서구의 소설이나 문학에서 나타난 개인주의의 영향을 받은 점도 있지만, 이러한 억압적 부권과의 싸움을 통해 독립적인 개인성을 확보하려는 투쟁의 결과였다. 이상처럼 일제강점기 이후 청년들의 체제저항은 전통가족에 대한 거부, 가부장주의와의 투쟁을 통해 가능했다. 그것은 자신의 내면성에 침잠하는 방식이거나 아예 가족으로부터 공간적, 정신적으로 탈출하는 것이었다.

이전까지 남녀 모두 자신의 의사와 무관하게 결혼했기 때문에 유학을 하면서 신교육을 받는 남성은 신여성과 사귀어 두 집 살림을 차리기도 했다. 여성 교육기회의 확장, 도시나 외지로의 이주 가능성, 기독교의 전파, 해외 유학 등은 자유의사에 반한 결혼제도를 거부할 수 있는 조건이

---

200. 최정운, 『한국인의 탄생: 사대와 대결한 근대 한국인의 진화』, 미지북스, 2013, 127쪽.

되었다. 유교적 가부장주의 가족의 가장 큰 희생자는 강제 결혼, 조혼의 압박을 받은 여성이었기 때문에 깨우친 여성들도 집에서 탈출했다. 1920년대 이후 『동아일보』 기사에는 집을 나간 딸이나 부인을 찾는 내용이 많이 실렸는데, 이 상당수가 조혼과 강제 결혼을 피해 도망한 여성이었을 것이다.[201] 일제하에서 폭력적이거나 가부장적인 남편과의 이혼을 감행한 신여성의 등장은 '강요된' 공동체인 가족과 친족 질서로부터 독립하려는 여성의 개인주의 선언이었다. 예를 들어 민중신학자인 안병무의 어머니 선천댁은 첩을 집에 들이는 모멸감 속에서 살다가, 모든 재산을 반으로 나누는 것을 포함해 남편과 갈라선다. 그것은 당시로서는 매우 혁명적인 결단이었다.[202]

이들 여성은 "될 수 있는 데까지 부자, 형제 또는 부부 간에도 각각 독립 생활을 하야 자기의 손으로 자기가 사는 것이 좋겠다"고 생각하였다.[203] 김일엽, 김명순, 나혜석 등이 대표적이다. 그들은 남자의 지배는 물론, 자식과 맺은 정으로부터도 자유로운 개인의 삶을 추구했다. 유교적 가부장주의 가족은 자신의 개성과 독자성을 추구하는 신여성에게는 엄청난 굴레로 작용했기 때문에 나혜석은 우선 여자도 교육을 받을 권리가 있다고 생각했고, 기존의 가족제도는 각성한 여자에게는 고통이며 성장의 방패라 생각했다.[204] 나혜석은 그러한 가족제도의 틀을 거부하지 않는 범위에서 자신의 예술활동과 연애를 추구하였으나 당시 사회는 그러한 행동을 용납하지 않았다. 그러나 나혜석처럼 화가로서 독립적인

---

201. 정진성·김혜경, 앞의 글, 236-236쪽.
202. 김남일, 『안병무 평전』, 사계절, 2007, 50쪽.
203. 「여성평론」, 『신여성』, 1926년 3월호, 조혜정, 앞의 책, 1999에서 재인용; 김경일, 「일제하의 신여성 연구」, 『사회와 역사』 57권, 2000.
204. 나영균, 『일제시대, 우리 가족은: 어느 가족의 삶을 통해 본 식민지 한국 지식인 사회의 풍경』, 황소자리, 2004, 160쪽.

생계를 꾸려갈 수 있는 극소수의 여성만이 혼외 연애 혹은 이혼을 결정할 수 있었고, 그렇지 않은 여성은 감히 가족제도를 거부할 수 없었다. 당시 『개벽』은 전통가족의 억압성을 지적하면서도 여성이 가족에서 탈출하지 못하는 이유를 지적한다.

> 금일 우리 조선 중류 이상의 부인으로 (신지식을 배운 여자를 제외하고) 그 땅(地)에 빈한(貧寒)의 경우에 빠진(陷) 때(時)―자작자활(自作自活)의 길(道)을 구하야 보라 하자. 그들은 발(鉢)을 갖고서(持) 문에 구걸(乞)하는 외 ― 아모거나 할 것이 무엇 잇는가. 그는 신체가 다년간 ― 규문리(閨門裡)에 마비된 까닭에 실로 발을 갖고서 구걸하는 것(持鉢乞門)도 변변히 못할 것이다. 가령 여기(玆)에 ― 가족이 있어 남편의 직업으로 그 가족의 생활을 유지하다가 혹 경우에 의하야 남편이 사망하거나 행방불명되면 그 가족은 졸지에 도로에 방황케 되는 것은 조선에서 자주 보는(屢見) 현상이 안이냐. 이 점에서 가족제도는 개인제도의 좋은 점(美點)을 참고하야 부인의 독립생계를 부여(與)할 만한 자격을 주지 못한다.[205]

당시 여성교육에 앞장선 차미리사는 한국을 '반신불수사회'로 규정하였는데, 그것은 여성이 가정생활이라는 좁은 범위에 속박되어 남편과 시부모와 자식에 얽매인 노예적 존재일 뿐이며, 이러한 가족제도는 문명의 진화를 가로막는 장벽이기 때문에, 인격적 존재인 여성도 남성과 동등한 권리를 가지고 활동해야 한다고 생각했다.[206] 그는 이러한 가족의 굴레에서 벗어나려면 여성개조와 여성교육이 필요하다고 생각하여

---

205. 滄海居士, 「家族制度의 側面觀」, 『개벽』 제3호, 개벽사, 1920년 8월 25일.
206. 한상권, 『차미리사 평전: 일제강점기 여성해방운동의 선구자』, 푸른역사, 2008, 142쪽.

조선여자교육회를 만들고 『여자시론』이라는 기관지를 발행하였다.

일제하 족보폐지운동도 전통적 가부장주의 가족질서를 파괴하는 대표적인 운동이었다. 최남선, 오세창 등이 민족계몽을 위해 조직한 계명구락부는 "족보를 폐지하라"고 공개적으로 선언하였다. 그들은 "조선사람의 재생의 길은 족보의식을 버리는 데서 시작한다"고 강조하면서 "이조 오백 년은 편협한 족보주의로 시종"했다고 비판하고, "신생의 조선은 족보주의를 버리고 족보를 불사르고 조선민족의식을 파지(把持)하게 되어야만 근세적 생활역(生活域)에 도달할 수 있을 것이다"[207]라고 보았다. 결국 그들은 가족주의와 족보주의를 동일시하고, 이를 넘어서야만 선진국이 될 수 있다고 강조했다. 이러한 족보폐지운동은 기독교 인사들이 주도하였다. 그리고 조선말기 이후 씨족가족의 거부, 탈가족운동의 연장선에 있었다고 볼 수 있다. 대한제국 시기 이후 일제강점기까지 개화운동이나 항일운동 등에 앞장선 사람들은 유교적 가족/친족 질서의 틀을 거부하거나, 조상숭배, 제사를 폐지하는 일에 솔선수범했다.

1920년대 이후 공업화가 진척되고 전통적인 농촌사회가 파괴되면서 농촌의 청년들 중 일부는 도시로 탈출을 감행했다. 농업과 농촌을 떠나는 인구 규모를 1925년 이후 센서스 자료에 기초하여 농촌에서 해외 및 국내 도시로 이동한 순이동자 수의 개괄적 추정을 통해 보면, 1925~30년에 37만 2,000명, 1930~35년에 51만 6,000명으로 추산되었다. 이동의 목표지는 국내보다 일본이나 만주가 차지하는 비중이 높았다. 1925~30년에 국내 도시로 이동한 인구는 13만 8,000명, 일본이나 만주로 이동한 인구는 23만 4,000명, 1930~35년에 국내 도시로 이동한 인구는 13만 9,000명, 만주나 일본으로 이동한 인구는 37만 7,000명이었

---

207. 『동아일보』, 앞의 기사, 1928. 2. 2.

다.[208] 물론 이 중 개인 이동의 비율이 어느 정도인지는 알 수 없지만, 초반에는 남성 개인 중심이었을 것으로 추측하고 이후에는 가족이 합류하기도 했을 것이다.

그들의 이주는 가난에서 벗어나 새로운 기회를 얻으려는 목적도 있었지만, 전통적인 씨족가족/친족 질서, 즉 가(家)의 유지와 가의 명예를 최고로 간주한 부모와 조상이 정신적으로 지배하는 가족 질서에서 벗어나려는 것이기도 했다. 조선시대이래 일제시기까지 농촌경제는 곧 가족경제였다. 자영농은 온 가족이 매년 농사에 매달려 그 결과가 부분적으로 잘되고 못 되는 일은 있어도, 급격한 변화를 기대하는 것은 불가능했다. 물론 소작관계에 얽매인 청년들은 도시로 가도 일자리가 없었기 때문에 그냥 눌러앉아 있었다. 토지는 정착과 정주, 그리고 변화 불가능성과 안정성을 의미했다.

정주영은 전통적인 가족과 농촌의 단순반복적인 경제질서에서 탈피해서 서울로 향했다. 그리고 서울에서 성공할 수 있었다.[209]

> 너는 종손이다. 위로는 조상 제사를 받들어야 하고 아래로는 동생을 거느려 나가야 하지 않겠나. 되지 못한 고집으로 에미, 에비 네 동생들 거지 꼴 만들면 그건 또 얼마나 괴로운 일이냐… 시골에 있는 사촌동생 원영이를 불러올려 나와 같이 배달을 시키면서….

8.15 이후 한국전쟁 전후에도 대거 인구이동이 발생하였으며, 기존의

---

208. 문소정, 「일제하 농촌의 인구와 가족의 변화」, 한국농촌경제연구원 연구자료, 2003, 3-27쪽.
209. 정주영, 『나의 삶, 나의 이상, 시련은 있어도 실패는 없다』, 현대문화신문사, 1992, 54쪽.

한국 가족은 더욱더 심각하게 흔들렸다. 농지개혁을 실시하여 지주제도는 결정적으로 붕괴되었으며, 따라서 농촌마을의 친족/씨족 질서도 크게 흔들렸다. 한국전쟁은 기존의 씨족질서, 재산, 전통적 가부장주의 가족을 뒤흔들어 놓았지만, 동시에 현대적 핵가족을 전면화한 결정적 계기가 되었다. 거대한 인구이동을 초래한 한국전쟁은 그전까지 전통적인 가부장적인 질서, 양반 지주가 지배하는 신분질서에서 업신여김을 당하며 살아온 사람에게는 사람답게 살아볼 탈출과 해방의 기회이기도 했다. 서울 등 대도시가 바로 해방 공간이었다. 피란민으로 넘쳐나던 서울, 부산 등 대도시는 남의 눈치를 보지 않아도 되는 '자유'의 공간이 되었고, 양반지주가 몰락한 농촌에서도 위-아래, 반-상, 지주-소작 간의 구질서가 무너지고, 소작농의 설움을 당한 사람들이 이제 농지개혁으로 자기 땅을 갖게 되었다. 농민은 경제적으로는 여전히 빈궁했지만, 처음으로 자신의 땅을 소유한 사람이 되어 이제 남부럽지 않게 살아보려는 강력한 열정을 갖게 되었다.

전쟁은 여성해방의 계기이기도 하다. 한국전쟁을 거치면서 미혼 여성, 미망인도 전통 가족질서 주변에 놓였으며, 기혼 여성도 이혼이나 분가 등의 방식으로 가부장주의 가족에서 벗어나기 위해 개인적으로 분투했다. 미국 문화의 영향에 노출된 도시에서는 적극적으로 가부장적 가족을 넘어서려는 움직임도 나타났다. 특히 여성들은 남편과 자녀를 위해 자신의 삶을 희생하지 않으려는 일종의 인간선언을 공표했다. 이것은 일제강점기 이후 이른바 '모던 걸' 현상의 연장이라 볼 수 있다. 1950년대 박인수 사건이 대표적이다. 당시 여성들의 성적인 방종을 질타하면서 여성을 가정에 다시 묶어두기 위한 사회적 압력이 그러한 담론을 만들어냈다고 볼 수 있지만, 그것은 당시의 도시 여성들이 이미 가정에서 한 사람의 아내로 머물러 있지 않겠다는 의지와 더불어 전쟁으로 가족이 해체되어 실제로 여성이 돈을 벌어야 했던 당시 조건을 반영한 것이다. 남녀의 자유로운 교제, 성적 개방, 도시 소비문화 확산은 불가피한 추세였다. 그러나 가부장주의 문화는 이들에게 성적인 순결, 가정 질서에 복종하도록 요구하였다.

당시의 여성들은 가족과 결혼 제도 자체에 저항하는 수준까지는 이르지 못했으나 다른 방식으로 전통적 가족질서를 거부했다. 1950년대 정비석의 소설 『자유부인』이 큰 사회적 이슈가 된 이유는 바로 이러한 가부장주의 전통가족에 대한 회의가 확산하고 있었기 때문인데 교수 부인이 직업을 가지면서 불륜에 빠진다는 스토리는 가정주부의 역할로 고정된 당시의 여성상에 대한 도전이었다. 결국 당시 한국사회는 여전히 여성의 타락을 가족 위기의 원인으로 몰았고, 이 소설 역시 부인의 참회로 매듭을 지은 이유는 가부장주의 가족개념에 근본적으로 도전하기 어려운 당시 한국사회의 조건을 반영할 수밖에 없었기 때문이다. 1964년에 개봉한 영화 「맨발의 청춘」 역시 부랑아 청년(신성일), 외교관 딸(엄앵란) 간의 사랑을 통해 신분질서의 재생산 기제로 작동하는 한국의 결혼, 가족 관념에 도전한 것이었다. 이후 1970년대 「별들의 고향」이나 「영자의 전성시대」 같은 영화도 호스티스 등을 출연시켜 기존의 가부장주의 가족의 관념에 도전하는 청년을 통해 전통적 가족질서의 붕괴를 그려냈다.

과거 논농사가 중심인 한국의 소농 질서는 가족과 이웃 노동력의 동원과 유대가 필요한 데 비해 도시와 시장경제 질서에서는 개인의 노력과 능력이 중요하게 작용했다. 일제 말부터 이미 시장경제는 농촌에도 침투했고, 생산과 소비의 영역에서도 농촌은 시장에 더 의존하게 되었다. 그것은 전통적 가족관계, 가족 질서의 틀 내에서 결혼, 이혼 등에 자신의 결정권을 내세우도록 부추겼다. 홍승직의 조사에 의하면 1960년대 후반 농민들은 결혼이 여전히 부모의 일(22.4%), 부모와 당자 공통의 일(49.72%)이라고 보는 사람들이 많았다.[210] 그러나 조사대상자 중 기업인의 경우 응답자의 반은 기업인의 반은 당사자의 일이라고 답하고 있어서 도시와 농촌 간에 그리고 자본주의 영역에 종사하는 사람과 농민 간에 상당한 의식의 격차가 발생한 것을 알 수 있다.

1960년대 중반 이후 산업화 과정에서 농촌의 수많은 처녀, 총각이 상경을 감행했다. 이들은 대체로 단독으로 상경하였는데 서울로 올라온 여성의 반은 15~19세였다. 이들이 서울로 올라온 가장 중요한 동기는 도시에 대한 동경, 가난, 농사일이 싫어서, 집이 싫어서 등의 이유였는데 이 중 '집이 싫다'는 의견의 실제 내용은 전통적 가족질서에 대한 거부였다고 해도 좋을 것이다.[211] 즉, 농촌의 빈곤과 후진성, 도시생활의 유인이 이들을 도시로 끌어냈지만 젊은 여성들은 빈곤으로부터의 탈출 이상으로 '가부장제'로부터의 탈출이라는 적극적인 성격도 띠고 있었다.[212] 이것은 당시 여성들이 자신의 운명에 대한 자기결정권을 강하게 행사하려는 의지가 있음을 말해준다. 도시에 와서 공장에 취업하게 된 여성들은 이제 부모의 의지가 아닌 자신이 원하는 배우자를 선택할 기회를 갖게 되었고, 그것은 여성이 가부장주의, 전통적 가족주의에서 탈피하게 되는 중요한 전환점이 되었다.

결국 한반도의 '1차 근대' 시기의 가족변화 과정을 종합하면 19세기 말 이후 1970년대까지 전통 가족/씨족 질서에서 탈출을 시도한 사람들은 씨족/가족 제도하에서 억압을 받거나 소외된 하층민, 서자, 여성 등이었다. 그렇게 본다면 그것은 가족제도 자체를 거부한 행동이라기보다는 유

---

210. 홍승직, 『한국인의 가치관 연구』, 고려대학교 아세아문제연구소, 1969, 74쪽.
211. 김원, 『그녀들의 반역사, 여공』, 이매진, 2005, 139쪽.
212. 같은 책, 253쪽.

교적 가부장주의, 씨족/가족질서에서 탈출하려는 몸부림이었다. 특히 그중 교육을 받은 사람은 가족보다는 개인을 우선시하는 서구적 관념을 받아들였는데, 그것은 유교적 가족관, 부모-자식의 관계, 친척 관계 속의 자신의 위치를 설정하기보다는 개인의 독립성을 우선하였다.

그러나 이들이 전통적 가족/친족관계나 농촌에서 탈출하여 다른 인간관계를 맺으려 도시, 학교, 회사로 물리적 탈출을 감행했다고 해서, 이들이 독립된 '개인'으로 우뚝 선 것은 아니었다. '독립된 개인'은 반드시 경제적 기반이 필요한데, 가족을 떠나 생존할 수 있는 사람은 극소수였다. 이들은 새로운 형태의 가족, 즉 부부 애정에 기초한 핵가족을 꾸리려 하였다. 그래서 초기의 탈가족은 개인화를 의미하기보다는 가부장주의 친족/씨족가족이 아닌 새로운 형태의 가족을 구성하려는 시도, 즉 재가족화라는 새로운 적응, 가족 질서 자체에 충성(loyalty)을 철회하지는 않는 행동이었다. 그래서 전통적 씨족 가족주의는 거부되었으나 새로운 (핵)가족주의는 오히려 강화되었다.

(2) '가족' 회귀: 보호와 지위추구의 그릇으로서 가족

가. 근대 이후 가족주의

근대는 유동하는 세상, 즉 기회와 불안이 공존하는 시대다. 이전의 신분질서는 무너졌고 아직 국가나 공권력은 제대로 기능하지 못한다. 이 혼란하고 불안하고 시장 경쟁이 지배하는 세상에서 이제 자신의 권리와 이익을 자각하는 '개인'이 탄생하고, 개인의 운명은 자신이 짊어져야 하는 일이 되었다. 이것은 근대사회가 만들어내는 근원적 불안이다. 이런 조건에서는 새로운 정체성의 수립 욕구, 강한 지위상승의 동력이 형성

된다. 그러나 한국의 식민지적 근대는 전통 지배층에게는 큰 '위기'였으나 대다수 사람에게는 한편으로는 신분해방과 계층 상승의 '기회'임과 동시에, 일제의 억압에 대한 저항의 '차단' 상황이기도 했다. 이 '기회'와 '차단', 대안적 선택의 복합적 구조는 일제하의 가족주의 강화의 법적, 사회적 기반이 되었다.

이 근대가 초래한 근원적인 불안 속에서 인간은 새로운 정신적, 물질적 틀 필요로 했다. 안정된 신분질서에서 떨어져 나온 인간은 존재를 인정받기를 원하고, 또한 변화와 새로운 안정을 추구한다. 그래서 인간은 존재를 증명하고 안정을 추구하기 위해 자신이 알고 있는 가장 익숙한 삶의 단위, 과거에 자신이 도달하지 못했으나 자신이 존경한 과거의 영웅을 불러오거나 그 지위에 올라가기 위해 발버둥 친다. 그래서 이전에 존재한 익숙한 질서나 선망했던 지위, 관념이 다시 호명된다. 양반이 되지 못해 서러움을 받은 사람은 자기도 양반처럼 되려 하고, 가족을 꾸리지 못한 사람이 이제 남부럽지 않게 가족을 꾸리려 한다. 인간은 과거에 배운 익숙한 관념의 틀 속에서 새롭게 변화한 질서 속에서 자신의 존재를 확인받고, 지위를 추구한다. 그래서 과거의 가장 익숙한 관념, 삶의 가장 기본적인 단위인 가족이 다시 호명되었다.

가족은 불안한 현대사회, 모든 것이 유동하는 현대사회에서 개인이 의탁할 수 있는 가장 믿을 수 있는, 가장 익숙한 삶의 단위이고, 가족주의는 가장 익숙한 이데올로기요 실천이다. 그래서 가족은 불안한 현대에서 종교의 기능을 하게 되고 신경안정제의 기능을 한다. 가족이 있으면 우선 이 모든 불안, 불안정, 위험, 고통에서 벗어날 수 있다. 그래서 근대사회에서 가족은 새롭게 구성되고 의미부여된다.

일제는 통치를 위해 가족을 새롭게 법제화하였고, 조선말 이래의 양반 지배층은 탈가족 경향과 지위상실의 두려움 때문에 씨족/가문의 명예에 집착했다. 일제는 '충효를 바탕으로 덕성을 함양하라'는 슬로건을 교사가 가장 염두에 두어야 할 사항으로 설정했다.[213] 그것은 근대적 개인, 자유로운 시민을 기르자는 것이 아니라 필요에 따라 조선의 가족윤리를 그대로 유지하여, 조선인의 복종을 유도하려는 전략이었다. 물론 조선총독부는 '공과 사를 구분할 줄 알고', '공민(국민)의 성격을 양성하는 데 힘쓰라'고 했지만, 여기서 국민은 현대 공화국의 시민, 즉 정치적 사안에 관심을 갖고 책임감을 가지며 참여할 의지를 갖는 존재가 아닌 복종적 신민이었다.

일제는 호주를 지배자로 하는 가부장주의 가족주의를 조선의 '반체제' 항일운동가를 '전향'시키기 위한 가장 중요한 지배 전략으로 삼았다. 즉, 그들이 보기에 서구의 개인주의와 사회주의 사상에 빠져 체제에 불만을 품거나 저항하는 사람에게 가장 약한 고리는 가족이었다. 즉, 그들은 조선을 통치하려면 개인을 가족의 유기적 구성원으로 자리매김하고, 호주의 명령에 복종해야 할 존재로 가족관념을 강조할 필요가 있었는데, 만약 한국인 아들이나 딸이 항일독립운동에 가담했다면 호주를 협박 회유하여 가족의 공동책임을 물음으로써, '빗나간' 자식을 체포하거나 전향하도록 만드는 가장 효과적인 방법이라 보았다. 즉, 가족 공동책임제인 연좌제(緣坐制)는 공식적으로 갑오개혁 당시 폐지했으나, 일제는 관습상의 연좌제를 적절히 활용하였다. 그래서 한 가족의 남성 가장이나 그의 아들, 딸이 항일운동에 가담하는 등 저항할 경우 그의 부모를 포함한 온 가족을 괴롭히고 모두에게 죄를 물었다. 일제는 개인적이든 공적인 이유든 탈가족을 감행한 청년을 '가족'의 틀에 가두려 했다. 일제는 청년들을 기존 질서에 순응하고 가족의 복리만 도모하면서 세속

---

213. 이만규, 『조선교육사 2』, 거름, 119쪽.

적인 생존에만 관심을 갖도록 유도했다.[214] 일본인 검사와 재판장은 법정에 선 안중근을 향해 "안중에는 부모도 처자도 형제도 없다"면서 그가 가족을 버린 것을 가장 강하게 질타하였다.[215]

일제의 고문과 협박에 못 이겨 항일운동을 포기하거나 사상전향을 하게 된 사람들도 결국은 국가나 사회를 가족으로 간주하거나 자신이 속한 가족, 즉 부모에 불효하고 형제를 힘들게 한다는 자기 고백을 했다. 사회주의에서 전향한 양우정, 일본인 고바야시 나리토(小林杜人)의 경우를 보면 가족공동체에 바탕한 자본주의 비판을 자신의 명분으로 내세운다. 고바야시는 일본에서 생각할 수 있는 사회주의 사회란 "가족주의를 국가 전체로 미루어나간 형태로서의 전체주의"라고까지 말한다. 그는 '가족주의'로 회귀함으로써 애초 자신이 표방한 사회주의의 이상을 극복할 수 있는 방안을 찾았는데, 그것은 "가장이 군주이며 가족이 국민이라는 관념, 즉 군민일체의 일대가족이라는 신념"에 기초한 것이었다. 이렇게 본다면 지배체제 혹은 저항세력에 대한 통제 전향의 논리로서 일제가 저항을 '차단'한 뒤에 유도한 가족주의는 파시즘의 전형적인 특징이기도 했다. 강압에 못 이겨 전향한 사람은 가족과 국가, 즉 총독부를 상상적으로 일치시켜 천황제와 가족의 복리만을 최우선으로 삼는 기존의 가족질서에 회귀, 투항한 셈이었다.[216]

사상범, 정치범으로 지목되어 체포, 구속되면 '호적에 빨간 줄이 간다'

---

214. 중국의 경우를 보더라도 원세개, 여홍원 장훈, 장개석에게 공통된 것은 민주주의를 사갈시(蛇蝎視, 뱀을 보듯이 두려워한다)하고 대중적 요구를 거부하며 전제적 정치권력을 강화하고 공자의 도와 충효의 교의를 대중들이 숭앙하도록 하는 것이었다. 리영희, 「불효자의 변」, 『우상과 이성』, 한길사, 1977, 90쪽.
215. 이기웅 역편, 『안중근 전쟁, 끝나지 않았다』, 열화당, 2000, 48, 52, 290쪽.
216. 후지이 다케시, 「양우정의 사회주의 운동과 전향: 가족, 계급 그리고 가정」, 『역사연구』 20호, 2011.

는 사회적 위협 담론이 존재했는데, 이것은 개인 행동이 사실상 가족, 즉 호주를 비롯한 모든 가족 구성원에 대한 탄압과 정치사회적 배제로 귀결된다는 것을 말해준다. 일제가 조선인의 저항행동을 통제하기 위해 활용한 가족, 가족주의는 공산주의의 반대말이 되고, 곧 체제의 품에 들어가는 것을 의미하였다. 사실 일제 식민지 파시즘하에서 '가족'은 파시즘의 주요한 기둥이었고, 가족주의는 곧 공적인 존재로서의 활동을 완전히 포기한다는 말과 같았다. 물론 청년층의 탈가족의 움직임에 위기를 느낀 구 보수양반층도 충성과 효도의 가치를 강조하면서 가족 이탈을 타락, 방종, 반역이라 공격하면서 전통적 가족질서로 되돌아올 것을 강요하였다. 양반층, 유교적 지식인은 대체로 가족의 복리, 즉 자녀의 출세를 통한 친족/가족 지위 추구에 관심이 있었다.[217] 즉, 위기는 친족/가족질서에 대한 집착으로 나타났다. 그래서 식민지 근대는 근대 가족의 형성기이자 동시에 방어적 가족주의의 1차적 형성기이기도 했다.

<표 2> 20세기 전반 국립중앙도서관 소장 족보의 편찬연간별 건수 분포

(단위: 건)

연도	1901~05	1906~10	1911~15	1916~20	1921~25	1926~30	1931~35	1936~40	1941~45	1946~50
건수	2	3	30	252	329	470	453	584	38	3

총 2,164 건[218]

---

217. 일제시기 군수의 지위까지 오른 이항녕은 자신의 회고에서 "아버지는 민족적 자존심은 없었으나 가족적 자신심은 대단하였다. 조선역사는 몰라도 되지만 우리 집안의 족보는 몰라서는 아니 된다고 하여 가끔 우리 집안의 역사를 가르쳐주었다"고 말한다. 「청산곡」, 『경향신문』, 1960. 11. 9.
218. 손병규, 「20세기 전반의 족보편찬 붐이 말하는 것」, 수선사학회, 『사림(성대사림)』 47권, 2014, 155-180쪽; 손병규, 「20세기 초 한국의 족보(族譜) 편찬과 '동족집단(同族集團)' 구상: 경상도 단성지역(丹城地域) 안동권씨(安東權氏) 몇 가계의 사례」, 『대동문화연구』 91(0), 2015.

위의 <표2>에서 볼 수 있듯이 1920년대 이후 족보 편찬은 씨족 가족주의의 '위기'에 대한 적응이자, 누구나 양반임을 주장할 수 있는 '기회 편승'이었다. 손병규의 조사에 의하면 족보 편찬이 가장 활발하던 시점은 1925년부터 1940년에 이르는 일제 식민지 시기였다. 국립중앙도서관에 소장된 족보 가운데 편찬 연도가 분명한 20세기 전반의 족보 2,160여 건 중 95% 이상은 주로 1910년대 후반부터 1930년대 후반에 걸쳐 편찬된 것이다.

족보는 부계 조상의 계통과 조상 부부의 제사에 대한 후손의 분담을 계통적으로 명시함과 동시에 문중조직의 결성의 근거를 제시하고 있다.[219] 족보는 과거 오래전에 관직을 얻은 선조를 중심으로 자신의 정체성을 입증하는 자료다.

조선 후기 이후 족보 편찬은 지위 과시, 양반임을 인정받기 위한 '지위 추구 가족주의'이기도 했다. 한편 일제하의 족보 편찬은 조선 신분질서 하에서 씨족적 가족주의에서 소외된 평민, 노비 출신의 '기회 포착' 행동이기도 했다. 조선시대에는 양반 대접을 제대로 받지 못한 특정 성씨의 직계 방계 모든 동성의 구성원, 그리고 아예 족보도 가질 수 없었던 하층민도 '양반'의 대열에 들어설 수 있는 자격증이 바로 새롭게 족보에 이름을 올리는 것이었기 때문이다. 근대의 인구조사는 개인을 성명, 성(性), 결혼 여부 등으로 구분하여 파악하는 것이지만, 호적제도에 기초한 조선총독부의 국세조사는 모든 한국인을 호주 중심으로 파악하는 것이었고, 이때부터 조선인은 모든 사람이 호주의 지휘 아래 통솔되는 동등한 존재가 되었고, 그것은 모든 구성원이 특정 성씨, 씨족의 구성원이 될 수 있다는 것을 의미했다.

---

219. 손병규, 2015, 167쪽.

한국인은 천황제 아래의 '이등 국민'이자 이제 호주의 지시아래 '형식적으로는' 자유롭게 결혼하여 가족을 구성할 수 있는 '근대적 인간'이었다. 즉, 황국신민으로 새롭게 편입된 이들에게 더 중요한 것은 자신도 과거의 양반과 동등한 입장에서 가족과 친족을 구성할 수 있고, 조상에게 제사도 지내고 재산을 상속할 수도 있는, 과거 지배층 '모방하기' 대열에 설 수 있게 되었다는 사실이다. 조선 중기에 본격화된 주요 성씨의 족보 편찬은 신분 집단의 결속력을 높이려는 의지에서 이루어졌으나 식민지 시기 이후나 한국전쟁 이후 1960년대까지 활발하게 이루어진 족보 편찬은 근대화의 위기 속에서 과거 양반층이던 사람들의 가문, 즉 씨족의 위세를 과시하려는 취지, 그리고 과거 족보가 없는 사람들, 즉 평민이나 노비 출신을 조상으로 둔 사람들, 그리고 양반 내에서도 주변적 위치에 머물던 사람들이 동등한 인간으로 대접받으려는 시도에서 활성화된 '인정투쟁'의 한 과정이었다.[220]

즉, 근대 이후 근대적 주체의 형성은 서구에서는 주로 개인화로 나타났지만, 한국에서는 가족의 전면화 혹은 (핵)가족화의 과정을 수반했다. 즉, 앞에서 말한 일부의 탈(씨족)가족화와 재가족화(핵가족화)는 거의 동시에 진행된 현상이었다. 즉, 일제강점기 이후 한국의 근대화는 '제한적' 개인화와 더불어 현대적 가족주의의 강화, 즉 전통적 친족질서의 (과도기적) 재탄생을 수반했다. 1910년대 이후 활발한 문중모임, 그리고 족보 편찬사업은 바로 근대의 혼란과 위기 속에서 전통 사회에서 양반이 되지 못했거나 약간 하위 양반이던 사람들을 포함한 모든 조선인이 새로운 기회 속에서 이제 가족, 즉 친족 질서의 구성원이 될 수 있는 자격을

---

220. 신분제가 붕괴하던 19세 중반 이후 중인들은 양반 신분으로 편입해 대접받기 위해 족보를 편찬하지 않은 경우도 있다. 가족사를 정리하여 자신의 정체성을 수립하려는 목적도 있었던 것으로 보인다. 박유진, 「새로운 가족사의 추구: 근대 한국의 족보편찬과 중인층의 반응」, 『역사문제연구』 20(2), 2008, 139-167쪽.

얻었다는 것이고, 이것이 바로 근대화의 역설이자 실제로는 한국식 근대화의 모습이기도 했다.[221]

8.15, 한국전쟁 후에도 족보 편찬 및 여러 문중의 화수회, 종친회 모임은 더욱 활발해졌다. 신문지상에는 거의 매일 화수회 총회 소식이 실렸다. 지역사회에서는 정치권력과 경제적 자원의 획득을 둘러싸고 씨족 간의 경쟁이 격화되는 과정에서 자기 씨족의 세를 과시하기 위해 화수회를 활성화하고 족보 편찬을 진행하였다. 이제는 혈연과 더불어 지연도 중요한 관계 형성의 매체가 되었다. 매일처럼 "문중회나 종친회니 하는 회합이 열리고 … 족보를 만들어서 반포하기 일쑤요 지연을 찾아서 각종 운동을 전개하기 일쑤다"라는 지적도 있었다.[222] 씨족의식은 과거에는 양반만의 것이었으나 이제 전 국민의 것이 되었다. 일찍이 다산 정약용이 지적했고, 김상준이 말한 '온 국민 양반 되기' 열풍이 불었다.[223]

자신은 원래 양반이 아니었다고 강조한 소설가 염상섭은 "우리가 어렸을 때도 이다지 씨족관념이 왕성하였던지 의아해할 때도 없지 않다"고 말하면서, "근년에 와서 이렇게 표면화하고 사회화하여 서로 이끌고 자손에게 고취하게 된 원인을 따져본다면 현대인은 혈통이니 문벌이니 조상숭배니 하는 생각이 얇아져 가는 반동으로 한 층 더 주력하는 것일 것이요, 또 하나는 8.15 광복 후 현상으로서 제 것을 찾았다는 기쁨과 이왕이면 좀 더 분명히 찾고 말겠다는 왕일한 생활의욕의 표현인가 생각된다"고 말했다. 그는 "일제의 창씨개명으로 성을 잃었다가 해방이 되

---

221. 앞서 언급한 것처럼 이런 족보 편찬 붐에 대한 개화론자의 평판은 매우 부정적이다. 개화 근대화 주창자 등 앞의 계명구락부 등 신문명을 받아들이려는 사람은 물론 사회주의자나 조선총독부도 이것을 조선시대로 되돌아가려는 퇴영적 흐름이라 보았다.
222. 「혈연과 지연의 재결집은 유해무익」, 『동아일보』, 1956. 9. 29.
223. 김상준, 『맹자의 땀, 성왕의 피: 중층근대와 동아시아 유교문명』, 아카넷, 2014.

니 '동성동본이 서로 가까워진 것 같고 조상을 섬겨보고 싶어 하는 마음이 날 것이고 연구와 교육의 자유를 빼앗겼다가 다시 찾고 보니 국사도 알고 싶고 제집 내력도 알고 싶은 마음이 생겨났을 것"이라 분석한다. 그는 더 중요한 사실을 지적한다. 즉, "이조 500년 동안 눌려 지내던 사람은 이 김에 자기 문벌 자랑도 하여보고 가족을 펴보려고 기도할 것이다." 그리고 "행당에 있어서 다른 씨족끼리 또는 신흥씨족 사이에 세력 확장까지는 아니로되 서로 뽐내보려는 조그만 허영심 때문에 서로 대립되거나" 각급 선거전에서 감투의 쟁탈전 때문에 반목할 지경에 이르렀다고 진단한다.[224] 즉, '지위추구 가족주의'의 주역은 바로 전통사회에서 양반층이 아니었던 사람이 주도했다는 점이다.

염상섭은 전통 신분제와 양반이 해체된 상황에서 모든 한국인은 신분제도에서 자유로운 평등한 인간으로 호명되고 인정받았으며, 모든 성씨의 모든 사람이 거의 동등한 경쟁기회를 갖게 되었다는 사실을 지적한 것이다. 즉, 식민지 근대가 가져온 위기와 혼돈 상황에서 자신의 지위를 방어하고 인정받으려는 구 양반층, 몰락 양반층과 지위상승의 의지를 가진 구 상민(常民), 혹은 평민층이 가족주의/씨족주의에 호소한 셈인데, 이것은 전자에게는 퇴영적이고 '방어적 가족주의'였으나 후자에게는 동등한 신분 지위를 가진 존재로 인정을 받으려는 '인정투쟁으로서 가족주의', 즉 '지위추구 가족주의'이기도 했다.

이러한 현상은 1960, 70년대 가족주의 강화에 중요한 시사점을 던져준다. 즉, 가족적 친족 유대는 근대 이후의 정체성 '위기', 신분제 폐지와 시장경제의 활성화라는 '기회 확대'의 조건에서 자신의 정체성을 새롭게 확립함과 동시에 생존을 위해 새로운 네트워크를 만드는 매우 현

---

224. 「씨족의식과 감투욕」, 『경향신문』, 1958. 6. 27.

실적이며 세속적 전략의 일환이었다. 이러한 현상은 한국에서만 나타난 것이 아니라 중국의 명·청 시기에 상업이 발달한 남부 지역, 그리고 사회주의가 무너지고 개혁 개방이 본격화된 1970년대 이후 중국에서도 나타났다. 즉, 시장경제는 가족주의라는 공동체 지향과 충돌하는 것이 아니라 동시에 진행된다는 것이 친후이(秦揮)의 주장인데, 한국의 식민지 시기, 그리고 1950년대에서 80년대 초반까지도 그대로 적용할 수 있다. 즉, 전통사회에서 만들어진 관념은 현대라는 그릇에 담기고, 전통은 현대적 방식으로 부활한 셈이다.[225]

나. 한국전쟁 이후의 '보호적 가족주의'

양반 지배질서하에서 핍박받고 차별받던 사람들이 근대 이후 (핵)가족을 꾸릴 희망을 갖고, 반대로 양반층에 속했던 사람들이 위기의식과 두려움 때문에 그리고 자신의 지위를 과시하기 위해 문중 단결을 강화하는 것은 식민지 근대라는 시공간에서 가족주의가 강화된 사실들을 증명한다. 그런데 8.15 해방 직후는 국가의 부재와 혼란, 그리고 한국전쟁 후에는 가족파괴, 생존 자체의 '위기'와 극도의 혼란이 가족단위 응집과 보호적 가족주의를 강화하였다.

앞의 애덤 스미스와 후쿠야마의 주장에서도 보았지만, 루소는 『사회계약론』에서 "국가가 잘 조직되어 있으면 있을수록 시민의 마음속에서 나랏일이 점하는 비중은 개인 일보다 커져간다"고 말했다.[226] 달리 말하면, 만약 국가가 제대로 기능하지 않는다면 사람들은 나랏일보다는 우선 내

---

225. 친후이·쑤원, 『전원시와 광시곡: 농민학에서 본 중국의 역사와 현실사회 비판』 (유용태 옮김), 이산, 2002.
226. 루소, 『사회계약론』, 현대사상대전집 8권, 대양서적, 1978, 292쪽.

가 살길을 찾는 데 급급할 것이다. 8.15 해방, 한국전쟁 시기의 한국에 대입하면 국가에 대한 불신과 생존의 위기가 보호적 가족주의의 배경이 되었다고 볼 수 있다. 사실 조선 말기 이후 백성에게 국가는 자기 가족이나 자신에 비해 언제나 부차적이었다.[227] 특히 임진왜란과 병자호란 등 국가의 대재난이 닥쳤을 때 왕은 극도의 무능을 드러냈고, 백성을 희생양으로 삼아 자신의 안위에만 치중했기 때문에 백성은 적과 싸워 죽으려 하기 보다는 자신과 가족의 안위만을 도모하게 되었다. 국가 불신이 가족주의를 강화한 현상은 이미 근대 이전까지 거슬러 올라갈 수 있으나 한국전쟁은 가장 결정적인 계기였다.

사실 미국의 결정적 지원으로 수립된 대한민국은 대외적으로 주권을 행사하기 어렵고, 대내적으로도 국민의 생명과 재산을 보호할 수 없는 '반쪽 국가'에 가까웠다.[228] 국가 재정의 대부분을 원조자금에 의탁하고 있었던 대한민국과 이승만 정권은 극도의 불안과 혼돈 상태였던 국민을 제대로 보호하지 못했다. 게다가 관료와 경찰, 그리고 정치가들은 거의가 일제 식민지 통치에 부역한 인사들이었고, 따라서 국민으로부터 존경이나 도덕적 지도력을 인정받지 못한 것은 물론 오히려 원망과 불신의 대상이었다. 국가 혹은 정치지도자에 대한 신뢰가 거의 없던 당시 국가를 최정운, 이택선은 '취약국가'라 불렀다. 미군정의 원조로 한국정부의 재정이 충당되었고, 1950년대 내내 한국은 이러한 미국 원조에 의존했기 때문에 한국의 모든 국가운영은 언제나 예산 절감에 초점이 맞추어져 어떤 정책을 펼 수조차 없었다. 국가의 가용자원이 없기 때문에 관료의 부패는 필연이었다.

한국전쟁 초기 이승만 정부의 무책임한 대처가 남긴 가장 중요한 신호

---

227. 윤태림, 『한국인』, 현암사, 1974, 169쪽.
228. 김동춘, 『대한민국은 왜』, 사계절, 2015 참조.

는 국가 혹은 지배층이 개인의 생명과 안전을 책임져주지 못한다는 것이었다. 전쟁 발발 3일 만에 국민 몰래 대구까지 내려갔다가 다시 대전으로 올라온 이승만 대통령이 "서울을 지키자"고 거짓으로 방송한 사실이나 피란민에게 충분하게 미리 알리지 않고서 한강 다리를 폭파해서 다리 위에 있던 수백 명의 피란민을 물귀신으로 만든 일은 모든 국민에게 강력한 신호, 메시지였다. 그 이듬해인 1951년에 터진 국민방위군 사건처럼 강제로 징집한 수만 명의 청년을 한겨울에 남으로 이동하는 과정에서 사실상 죽음으로 내몬 매우 비극적이고 무책임한 사건, 그리고 과거 좌익활동에 가담한 잘못을 반성하고 국가의 품으로 오면 받아주겠다고 선전하면서 전향을 유도했다가 전쟁이 터지자 이들을 모두 잡아서 학살한 국민보도연맹사건 등도 국가를 철저히 불신하게 만든 사건이었다.[229]

국가에 대한 신뢰를 상실한 국민은 각자도생(各自圖生), 즉 이념보다는 가족에 집착하지 않을 수 없었다. 국군이 오면 대한민국 만세요, 인민군이 오면 인민공화국 만세를 불렀다. 가족이나 마을을 지키기 위한 한국인의 본능적인 생존전략이었다. 당시 한국인은 이것을 불입당(不入黨)의 원칙이라고 불렀다. 즉, 난세에는 어느 파당에도 가담하지 말고 집안을 지키는 것이 최선이라는 것이다.[230] 전쟁 직후 '누구를 가장 믿을 수 있느냐' 하는 질문에 응답자의 53.8%는 가족이라고 답했으며, 14.2%는 친척이라고 답했다.[231] 후쿠야마가 말한 '신뢰의 실종'이 가족주의를 강화한 가장 좋은 사례이다. 공식 권력이 거의 무너진 무법천지 상태에서 가족, 친족, 그리고 연고 네트워크는 가장 중요한 비공식 사회적 자원이

---

229. 이에 대해서는 김동춘, 『전쟁과 사회: 우리에게 한국전쟁은 무엇이었나』, 돌베개, 2006 참조.
230. 윤형숙, 「전쟁과 농촌사회 구조의 변화」, 표인주 외, 『전쟁과 사람들: 아래로부터의 한국전쟁 연구』, 한울아카데미, 2003, 96쪽.
231. 고황경, 『한국농촌가족의 연구』, 서울대학교출판부, 1963, 202쪽.

자 도덕경제였다.

아직 도시로 본격적인 인구이동은 시작되지 않았으나 군대 징집 등으로 동네 청년들이 빠져나가서 그들 상당수가 사망했고, 피란 과정에서 전통적인 동질적인 농촌공동체에 외지인이 들어오기도 했다. 월북자가 있는 가족이나 국민보도연맹사건 등으로 좌익 관련 학살사건의 피해를 입은 가족들은 이웃의 따돌림 때문에 도시나 다른 마을로 아예 이주하기도 했다. 한국전쟁 3년 동안 남북한 합쳐 거의 400만의 인구가 사망, 실종되었기 때문에 전쟁 중에 거의 모든 한국의 가정에서 한두 명의 사상자나 실종자가 발생하여 기존의 가족이 파괴되었다고 봐도 좋을 것이다. 거리에는 고아, 과부, 편부모 가족이 넘쳐났다. 한국전쟁 전후 1,000만 이상의 사람들이 고향에서 이탈하거나 가족질서에서 벗어났다. 소설가 박경리는 전장은 시장바닥과 마찬가지라고 그렸다. 그녀가 본 전쟁, 즉 그것은 생존을 위해 몸을 팔거나 도둑질까지 해야 하는 대혼란, 극도의 비정상 상태였다.[232]

한국전쟁은 지주양반층을 몰락시켰고, 유교적 윤리를 급속히 파괴했다. 한국전쟁이 그릇 속의 물 혹은 친후이가 말하는 '전원시'와 같은 전통적인 농촌사회를 크게 흔들어 놓았기 때문에 조선 이후 내려오던 효도, 가족 간의 우애 등 전통적인 씨족 집단 내의 윤리, 상부상조의 유대, 어른과 윗사람에 대한 존중, 남성 가장의 권위는 마침내 지켜질 수 없게 되었다. 부모나 남편의 사망으로 의탁할 가족이 없는 일부 여성은 매춘을 하게 되었다. 한국전쟁 직후 미군부대 근처에는 '양공주'로 불리는 여성들이 생겨났다. 성매매 여성의 동기 중 가장 많은 사유는 생활고였고, 성매매 여성의 연령대도 그 전후 시기에 비해 높았다.[233] 그것은 전쟁, 빈

---

232. 박경리, 『시장과 전장』 1권, 나남, 1993, 260쪽.
233. 이임하, 앞의 책, 144쪽. 전후 성매매 여성의 동기 중 가장 많은 이유는 생활고였

곤, 가족파괴가 초래한 필연적 결과였다.

한국전쟁을 거치면서 그나마 약간 살아남은 중도파 민족주의 계열 항일독립운동가들이 학살당하거나 정치적으로 배제되고, 겨우 목숨을 부지한 사람들도 친일파가 판을 치는 이승만 정부에 참여하지 않게 되면서 극우 일변도의 정치지형이 만들어졌고 당연히 정치가에 대한 신뢰 수준은 거의 바닥이었다. 군대와 경찰은 북한의 침략에 맞설 역량도 없었고, 미군정의 지원을 받지 않고서는 국내 빨치산과 저항세력을 토벌할 수도 없었다.[234] 사회주의 계열은 물론 민족주의 계열의 지도자들도 거의 살해되거나 실종·월북하였고, 노동·농민운동을 비롯한 모든 집합적 '저항'의 기회는 강압적으로 '차단'되었다. 극우반공주의, 그리고 학살과 탄압으로 집합적 저항이 '차단'되면서 해방 이후 이러한 8년간의 정치를 쓰라리게 체험하고 성찰하며 살아남은 한국인들은 조직이나 정치에 대한 참여를 기피하고, 체제에 일방적으로 '복종'하면서 정치나 사회 현실에 대한 관심 자체를 끊어버리고 오직 사적 영역, 즉 가족, 교육, 신앙에만 집착하는 쪽으로 행동을 '조정'했다. 즉, 전쟁체험, 반공분단체제가 복종의 문화를 일반화하였고, 그것은 연대나 참여 대신에 씨족이나 가족단위에 더 집착하게 만드는 조건으로 작용했다.[235] 가족집착, 가족주의는 정치사회 참여의 대체물로 기능하게 되었다.

1953년 휴전협정 이후 한국은 사회로부터는 고도로 자율적이고 막강한 힘을 가진 국가가 철저하게 원자화되고 상대적으로 평등화된 가족과 개인 위에 군림하는 상황이 전개되었다. 한국전쟁 이후 국가는 우선 마을단위의 자생적인 통제체계를 배타적으로 장악하기 시작하였다. 농

다. 1955년 당시 미망인의 비율은 33.6%에 달했다.
234. 최정운, 『한국인의 발견』, 미지북스, 2016, 75쪽.
235. 이에 대해서는 김동춘, 앞의 글, 2000 참조.

민은 교회를 제외하고서는 주로 종친회 등의 친족관계의 연장선에 있는 집단이나 관제조직 및 위로부터의 동원조직 혹은 실질적으로는 준국가 기구인 여당과 주로 관계하였다.[236] 전쟁이라는 극히 이례적인 정치상황은 농민으로 하여금 더욱더 자기보존적인 존재로 변화시켰다. 그러한 국가주의, 관료주의는 풀란차스(Poulantzas)가 말한바 농민의 권력물신주의와 짝을 이루고 있다.[237]

자고 일어나면 갑자기 권력이 바뀌는 내전 상황, 그리고 군인과 경찰 등이 최고로 무서운 권력자인 세상에서 강자의 편에 서려는 것은 가족과 마을을 지키려는 한국인의 본능적인 생존전략이었다. 내 생명의 보존과 가족의 생존이 최고의 철학이 된 셈이었다.[238] 피란민이 넘쳐나는 서울 같은 대도시에서 가족과 친척의 보호, 약간의 인연이라도 있는 지인의 신원보증은 거의 생명선과 같았고, 피란지에서 일자리라도 얻어야 하는 사정에서 일가친척이나 고향 사람의 연줄이나 안면 있는 사람의 도움은 절대적이었다.[239, 240]

해체된 가족을 다시 건설하는 것은 인간의 생존 본능이었다. 아이를

---

[236]. 김동춘, 「1950년대 한국 농촌에서의 가족과 국가」, 역사문제연구소편, 『1950년대 남북한의 선택과 굴절』, 역사비평사, 1998a 참조.
[237]. Nicos Poulantzas, *Political Power and Social Class*, Verso, 1978(니코스 풀란차스, 『정치권력과 사회계급』(홍순권·조형제 옮김), 풀빛, 1985 참조).
[238]. 당시 사람들이 좌익이나 군경에 의해 이웃이나 집안 가족 중의 한 사람이 학살을 당해도 문상을 꺼려한 것도 바로 이러한 생존의 필요 때문이었다.
[239]. 전라북도, 『전북여성발전 50년』, 전라북도여성정책관실, 2000, 100쪽. 전쟁 후 새롭게 조직된 관변 여성단체인 대한부인회의 모토는 '가정제일주의 생활태도, 시국에 대한 명철한 인식'이었다.
[240]. 군과 경찰 등 외지에서 온 국가권력 대행자에 맞서 주민들끼리 상호 뒤봐주기 한 것도 이런 상황을 잘 보여준다. 이성호, 「한국전쟁과 지역주민의 대응: 임실 지역 주민의 전쟁경험을 중심으로」, 한국구술사학회, 『구술로 읽는 삶』(2010. 6. 18. 학술대회 논문집), 2010, 18쪽.

많이 낳아서 전쟁 통에 잃어버린 가족 구성원을 채우자는 전후 베이비붐 현상이 나타났다. 남자아이가 가계를 계승할 수 있다는 관념을 가진 한국 사람들은 상실된 가족의 빈자리, 가계의 계승을 위해서 남자아이를 선호했다. '남자 한 명에 여자 한 트럭'이라는 말이 나올 정도로 전쟁 통에 남성 비율이 매우 적을 때 미망인이 된 여성은 혼자 자식을 돌보며 험난한 세파를 견뎌내야 했다. 어머니는 여전히 아들이 대를 이어야 가정에서 지위를 보장받을 수 있다고 생각했기 때문에 전쟁 미망인들은 더욱 아들에 집착하였다. 특히 전쟁 통에 전사, 학살, 병사 등의 이유로 남편을 잃은 여성일수록 더욱더 아들에 집착했다.

'미망인'이라는 표현이 말해주는 것처럼 남편을 잃은 여성은 전통적인 가족개념에서 사회적 결손자 취급을 당한다. 더구나 일제가 제도화한 호주제가 유지되는 상황에서 호주인 남편 대신에 시가의 형제 중 다른 사람이 호주가 된다면, 이들은 재산을 물려받을 수도 없고 법률적으로도 사회적으로도 아무런 지위를 가질 수 없었다. 미망인은 친정으로 복귀하는 것도 재혼하는 것도 쉽지 않았다. 남편이 전사, 월북하거나 학살당하거나 심지어 자식이 없어도 시집에서 시부모를 모시고 사는 경우도 있었다. 국민보도연맹 피학살자 미망인의 경우가 그러했다.[241] 남편은 죽어도 시어머니가 남편을 대신해서 '며느리'를 통제하는 역할을 했기 때문에,[242] 이들은 자녀, 특히 아들을 통해 자신과 가족을 다시 세우

---

241. 그녀는 "그놈의 양반이라는 체신이 무서워" 한번 시집가면 그 집 사람이 되어야 한다는 생각 때문에 개가(改嫁)도 않은 채 한 많은 세월을 남편도 자식도 없는 시집에서 살았던 것이다. 13년 전 사망한 시어머니와 평생 농사일을 하면서 살았는데, 다행히 양자를 하나 두어서 몇 년 전부터는 양아들이 사는 안산에서 살기도 했다고 한다. 같은 동네에서 보도연맹 건으로 남편을 잃은 5명의 과부 중에서 2명은 개가를 하고, 3명은 이 할머니와 같이 평생을 혼자 살았다고 했다. 김동춘, 『이것은 기억과의 전쟁이다』, 사계절, 2013.
242. 같은 책, 189-203쪽.

려는 강한 열망을 갖게 되었다.²⁴³ 이들 여성의 아들 집착은 집안에서 아버지의 부재를 채우려는 것이었으며, 전통적인 가부장주의와 기존의 남녀 성역할을 내면화한 상태에서 나온 현실적응 행동이었다. 이런 부모의 모습을 본 자식은 부모에게 보답하고 가족에 헌신하는 일을 신앙처럼 여겼다. 한국인에게 가족에 대한 절대적 헌신은 일종의 한풀이이자 생존전략이었고, 상승을 위한 투자전략이었다. 1960년대 경제성장의 동력은 바로 여기서 생겨났다. 가족은 해방과 전쟁직후의 한국사회에서 종교이자 일종의 신념체계가 되었다.²⁴⁴

정치적 혼란, 전쟁, 이주, 생계 곤란 등에 의한 가족의 파괴와 가족 질서의 붕괴는 반드시 가족 재결합, 가족 재형성에 대한 강한 열망의 기반이 된다. 그래서 한국전쟁이라는 대참사는 기존의 가족/친족질서를 파괴했지만 동시에 현대 (핵)가족 혹은 가족주의를 강화하는 결정적인 계기가 되었다. 그래서 현대 한국에서 가족 집착, 보호적 가족주의는 한국전쟁이라는 비상상황에서 목격한 권력의 무책임성, 이념지향적이고 정치적 태도를 가진 사람은 모두 좌·우 대립에서 죽음을 당하는 것을 체험한 뒤에 체득한 보통의 한국인들이 정치사회참여 대신에 가족중심주의의 길로 '조정'한 결과였다.

생활고로 도시의 임금노동자로 편입된 여성의 의식은 여전히 전통적 가부장주의 질서 아래에서 여성의 지위와 역할, 정조의 관념, 결혼과 가족 관념을 갖고 있었지만, 실제 그녀들이 처한 현실은 그것과 달랐다. 친정과 시집의 도움을 받을 수 없는 피란 생활, 남편의 경제적인 무능력 때문에 여성이 자녀를 건사해야 하는 상황에서 거의 남성화하거나 '중

---

243. 이임하, 『전쟁 미망인, 한국 현대사의 침묵을 깨다』, 책과함께, 2010, 243쪽.
244. 이명호, 「한국 가족중심주의의 역사적 기원: 조선 후기 근대전환기의 종교영역과 생활양식을 중심으로」, 한양대학교 박사논문, 2013b.

성' 이미지의 어머니상이 탄생했다. 이들 여성은 경제활동에서는 사실 남성과 같은 위치에 있었으나 사회적으로 합당한 지위를 인정받지 못했고, 본인도 전통적 가부장주의 생각에서 벗어나지 않았다. 과거처럼 며느리 정체성에 머물러 있지는 않았으나, 이들은 어머니의 정체성을 가진 강력한 가족주의의 체현자였다.

기존의 가족법과 민법상의 가족주의가 이러한 전쟁 후 가족주의 강화를 유도한 제도적 조건이 되었다. 정부 수립 이후에도 조선시대 이래의 혈연적 가부장주의 가족 관념과 일제가 제도화한 호주제는 그대로 유지되었다. 당시 일본은 호주제를 폐지하고 자녀 균분상속을 실시했다. 일본은 호주제를 폐지함으로써 가의 연속성을 유지할 수 없게 되었고, 균분상속으로 가 제도의 물적인 토대를 없앴다. 그러나 1945년 이후 한반도에서는 분단과 전쟁, 정치적 혼란이 지속되었기 때문에 일제 혹은 조선조 이래의 폐쇄적인 가족법을 고칠 정치적 여유가 없었다. 가족법상의 동성동본 혼인금지, 입양제한, 호주제, 자녀에 대한 사실상의 차등 상속 등이 그것이다.[245] 이러한 법 제도적 조건은 한국에서 가족주의를 강화한 중요한 제도적 환경, 즉 유인체계였다.

일제 이후의 전체주의, 피시즘 혹은 극우반공주의는 언제나 가족주의를 선전하거나 유도한다. 전쟁 후 국가나 사회는 가족에게 아무런 책임도 지지 않았으면서, 가정을 부양하고 가족의 피해와 상처를 치유하는 모든 책임을 여성과 가족에게 돌렸다. 앞에서 언급한 1950년대 '자유부인' 논쟁은 바로 여성이 생활전선에 나설 수밖에 없는 현실을 무시하고 여성을 여전히 현모양처로 묶어두려는 가족 이데올로기의 작용이다. 미망인의 자유로운 성적인 행동을 경고하고, 성매매에 나선 여성을

---

245. 이시재, 「한·일 시민사회 성격의 비교연구」, 가톨릭대학교 사회과학연구소, 『사회과학연구』 제19집, 2003, 65-82쪽.

비난하는 가부장주의, 남성 지배의 가족 이데올로기가 작용했다. 그래서 여성을 오직 가정과 자녀에게만 헌신하도록 요구하였다. 이것은 여성의 신체와 욕망을 통제함으로써 가족질서를 유지하고, 또 국가와 사회질서를 유지하려는 지배 전략이었다. 여성들 역시 이러한 가부장주의적인 가족 이데올로기와 정면으로 대결하기보다는 적응하는 태도를 보였다. 여성들은 남성의 축첩을 반대하고, 간통 쌍벌제를 옹호하면서 가족 내에서 자신의 자리를 굳히려 했다.[246] 이러한 조치는 분명히 여권의 향상이지만, 여성을 가정이라는 규율 체제 아래 묶어놓은 효과를 가진 것이다. 즉, 그것은 여성을 사회적 주체가 아니라 가족 내의 구성원으로 제한하는 역할을 하였다.

일제는 태평양전쟁 시기에도 현모양처론, 즉 모성과 아내로서의 역할을 강조하였는데,[247] 이는 어머니상은 전쟁이라는 피와 대량살육에 대한 심리적 보완물로 불가결했고, 모성의 이미지가 민족통합에 대한 기호로서 불가결했기 때문이다. 즉, 전쟁이라는 남성 주도의 폭력과 파괴 속에서 상처를 입은 사람을 달래주고 국민국가, 가족국가의 이미지로 민심을 통합하기 위해 모성을 강조하였다. 한국에서도 한국전쟁을 겪으면서 같은 상황이 발생했다. 따라서 이미 식민지 시기 여성 교육에서 등장한 현모양처론을 1950년대에 들어서 다시 강조하기에 이르렀다. 현모양처론은 분명히 전통적 가족 내에서 차별받았던 여성이 가족 내에서 주체의 지위를 인정하는 근대적 성격을 가진 것이지만, 그녀들을 가족의 울타리 내로 묶고 가족 구성원에게만 헌신하도록 유도하는 국가 주도의 가족주의 이데올로기였다.

결국 한국전쟁 직후 자본주의적인 산업화를 시작하지 않은 1950년대

---

246. 이임하, 앞의 책.
247. 가와모토 아야, 앞의 책, 235쪽.

부터 1960년대 초까지 한국에서는 4.19 혁명 직후 1년간을 제외하면 모든 자발적 정치적 행동이나 사회와 참여, 집합행동의 기회가 반공주의의 억압에 의해 '차단'되었고, 경찰과 관료로 대표되는 국가가 거의 평등한 경제적 처지에 놓인 원자화된 소농, 파편화된 농촌 마을과 씨족 잔재가 남아 있던 가족 집합체 위에 군림하였다. 지주가 사라진 농촌사회에서 행정관청은 농민에게 군림하는 최고이자 유일한 권력체였다. 농민은 정부건 민간이건 단체나 조직을 거의 신뢰하지 않았고,[248] 이러한 자기 보호와 결속의 필요가 가족주의를 강화하는 계기가 되었다.[249]

앞에서 언급한 것처럼 일제 식민지 근대화 이후, 특히 1960년대 이후 유학, 도시 이주, 공장 노동자화 과정으로 들어간 청년들의 가족 '탈출'이 가부장주의 가족질서로부터 완전히 벗어난 '개인'으로 독립하는 것을 의미하지는 않았다. 도시에서의 가족관계는 농촌과 달리 구성원의 독립성을 점점 중시하기는 했으나,[250] 여전히 이들 도시민의 습속은 전통적 가족/친족 관념에서 벗어나지 않았다. 단신 이주한 청년은 출세해서 '가족으로 다시 돌아오기 위해' 잠시 이탈하였기 때문에 온전한 가족을 구성하여 성공하는 것이 그들의 최종 목표였다.

1950년대 이후의 새로운 가족유대, 가족에 대한 집착은 그들이 떠나온 가족, 즉 가부장주의, 부계혈통주의, 남아선호, 조부모와 4촌 이상까지 포함한 농촌의 씨족 질서로 다시 돌아가는 것을 의미하는 것은 아니

---

248. 김동춘, 앞의 글, 1998a; 이만갑, 『한국 농촌사회의 구조와 변화』, 한국연구원, 1959.
249. Kim, Dong-Choon, *op. cit.*, 2017.
250. 1990년대 이후의 조사이지만, 한남제, 「도시주민의 가족의식」(경북대학교 사회과학대학, 『사회과학』 제7집, 1995, 87-115쪽)을 보면 부계 중심의 가족제도에서 탈피하는 현상은 뚜렷하지만, 남아중심의 사상도 여전히 남아 있는 등 아직 완전한 개인주의 의식을 갖지는 않은 것으로 나타났다.

었다. 그들은 가부장주의 가족/씨족집단을 떠난 것이지, 가족 재건의 의지를 포기한 것은 아니었다. 상급학교 진학과 좋은 직장을 구하기 위해 가족/씨족사회를 떠난 청년은 성공해서 금의환향하려 하였고, 돈을 벌기 위해 가족을 탈출한 여성도 같은 꿈을 꾸었다. 그것은 정체된 농촌사회, 가부장적인 가족질서, 그리고 농촌경제의 정체성에서 벗어나 개인적인 신분상승을 추구하는 전략이었다.[251]

1960년대 이후 도시로 간 여성이 가족 생계를 책임지는 '가장' 역할을 하는 경우가 많았다. 이들 여성이 농촌의 전통가족에서 탈출하여 도시 노동자가 되려 한 이유는 돈을 벌어서 자신을 짓누른 가난에서 벗어나고, 가족에게도 도움을 주고, 자신이 원하는 배우자를 만나 가정을 꾸리기 위한 준비, 혼수를 위한 저축이 주요 목적이었다. 그들이 도시로 간 동기에는 전통적 가부장적 가족 질서에서 탈출하려는 것도 있었으나, 개인의 행복보다는 가족을 살리자는 것도 중요 목표였다. 다시 말하면 남동생이나 오빠의 학비 마련 등의 목적도 매우 컸다.

그녀들이 만난 근대 사회조직인 회사의 사용자는 이들을 하나의 인격적인 주체, 권리주체로 인정하기보다는 '건전한 가정'에 잘 적응하는 순종적인 부녀로서 훈육하였다.[252] 과거 일제 조선총독부가 강조한 가족주의가 식민지 지배체제 유지에 필요한 이데올로기였듯이 산업화시대 박정희 군부정권이 강조한 가족주의 역시 유순한 노동력을 재생산하는데 필요한 자본주의 체제 이데올로기였는데, 당시 저학력 여성 노동자들은 이러한 가족주의 이데올로기를 거부하기보다는 오히려 적극적으로 받아들였다.

---

251. 여성 노동자는 공장 생활의 탈출구로 결혼을 생각하였다. 김원, 앞의 책, 732-733쪽.
252. 황정미, 「개발국가의 여성정책에 관한 연구: 1960, 70년대 한국 부녀행정을 중심으로」, 서울대학교 사회학과 박사학위논문, 2001.

결국 식민지 근대화, 전쟁, 그리고 산업화는 전통가족을 위기에 빠트렸으며, 전통적 가족/씨족주의를 구시대의 것으로 만들었다. 그러나 이 위기/기회는 핵가족 단위의 가족유대와 핵가족주의를 강화하였다.

3. 가족주의 강화(2): 인정투쟁으로서 핵가족주의

　1945년 8.15 해방을 맞이하여 일차적으로 개방된 상승과 성공의 기회는 1960년대 중반 이후 도시화, 산업화로 더욱 전면적으로 확대되었다. 그래서 1960년대 후반부터 80년대 중반 사이는 한국인에게 '기회의 시간'이었다. 앞서 살펴본 것처럼 과거 신교육을 받은 여성과 남성이 전통적 결혼을 거부하지만 전체 인구 중에서 그런 사람의 비율은 극히 일부였고, 대체로 1950년대 이전까지 결혼은 구 지주, 양반 등 지배층에서는 기본적으로 개인이 아닌 가족, 즉 가문 간의 결혼 혹은 정략결혼이 지배적이었는데 그런 관행이 변하기 시작했다.

　1960년대 중반 이후에는 도시에서 중매결혼이 아닌 연애결혼이 점점 보편화하기 시작하면서 결혼은 점점 개인의 선택 문제가 되었다. 그리고 신분계층의 한계를 뛰어넘은 결혼이 점점 많아지게 되었다. 즉, 중매결혼을 하더라도 당사자의 동의가 없는 결혼은 성립하기 어려웠다. 이 과정에서 사회적으로는 큰 진통이 발생했다. 1950년대 나온 영화「시집가는 날」은 이러한 부모의 정략결혼이 갖는 문제점을 폭로한 희극이다. 권세가와 사돈을 맺고 싶은 마음에 사위를 보지도 않고 외동딸을 약혼시키려던 맹 진사가 신랑의 다리가 불편한 장애인이라는 소문을 듣고 딸을 몸종과 바꿔치기했다가 낭패를 본다는 이야기다. 즉, 신랑 측이 몸종인 이쁜이와 결합하기 위해 거짓 소문을 퍼트린 것이었다. 가문과 가문의 결혼이라는 근대 이전의 방식과, 신부를 바꿔서 원하는 사람과 결혼하는 신랑 측의 현대적 사고가 중첩되어 있다.

　가족은 더이상 부모 친족집단의 하위 단위가 아닌 부부 중심, 개인 대 개인의 결합 성격을 좀 더 강하게 갖게 된다. 그래서 1960년대 중반에서 80년대 초중반 시기에 한국의 가족은 부모와 자식으로 구성되는 2

세대 가족, 즉 형태상의 핵가족이 가장 보편적인 형태로 자리 잡았다. 그리고 부계혈통을 잇는 것이 중심 가치가 아닌 부부애, 자식애를 축으로 하는 근대적 가족관계가 본격적으로 정착하기 시작했다.

도시화가 본격화되기 이전인 1955년 국세조사에 따르면 1, 2세대 가족은 이미 전체의 70% 정도를, 3세대 가족은 26%를 차지한다.[253] 그리고 대도시일수록 이런 현상은 더욱 두드러진다. 아직 산업화가 본격화하지 않은 당시의 시점에서도 직계가족의 비중은 그다지 높지 않았으며 부부가족, 즉 핵가족의 비중은 이미 60%를 넘어섰다.[254] 직계가족, 주로 3세대 이상의 가족 비중은 1960년대 초반 30% 정도에서 산업화와 도시화가 고도화하는 1980년대에 들어서서는 20%로 축소되었고, 2세대 가구는 같은 기간 60% 내외에서 72%로 크게 확대되었다. 그리고 1, 2세대 가족은 1985년에 이르면 전체 가족의 75%를 차지하고 직계가족의 비중은 13%에 불과하게 된다.[255]

한편 이광규의 조사에 의하면 1969년 당시 농촌은 부부가족, 즉 2세대 가족의 비중이 비교적 큰 편으로 70% 정도를 차지하고, 대도시는 80%를 차지한다. 1960년대 초중반 양회수, 김택규, 고황경 등의 농촌 가족조사에서도 지역에 따라 편차가 있기는 하나 부부가족이 대략 60% 내외, 직계가족이 30% 내외, 그리고 확대가족이 약간의 비중을 차지하고 있어서 대략 이 시기 농촌에서는 아직 부부가족이 압도적인 비중을 차지하지는 않은 상태였다.[256] 1970년 경제기획원의 전국 가구조사에서도 2세대 가구가 약 70%를 차지하였다.

---

253. 최재석, 『한국가족연구』, 일지사, 1996, 122쪽.
254. 같은 책, 142쪽.
255. 권태환·박영진, 앞의 글, 263~267쪽.
256. 이광규, 앞의 책, 1975, 45-55쪽.

즉, 1980년대 중반 한국의 산업화와 도시화가 정점에 도달할 무렵, 한국의 가족은 부부와 자녀로 이루어지는 핵가족이 형태상으로는 가장 보편적인 형태가 된다. 그것은 임금노동자가 인구의 다수를 차지하게 된 자본주의 경제질서와 남성 가장의 가계 부양과 전업주부의 결합을 전형으로 하는 신중산층 가정이었다. 이처럼 남성 단독 가계부양의 모델에 기초한 한국 가족은 외형적으로는 현대사회 가족의 전형적인 모습이었다고 볼 수 있다. 이는 부부 간의 자유로운 계약에 의한 결혼, 부부 간의 동등한 지위, 자녀의 독립성, 가족 내에서 아버지임, 어머니임, 남성다움과 여성다움, 가족 내의 성 역할 구분을 기초로 하였다. 그런데 한국에서는 전통사회의 가부장주의와 자녀의 부모의존성이 유지되었기 때문에 형태상의 핵가족에도 불구하고 부모와 자식, 즉 가족 구성원 간의 관계는 서구적인 것과는 거리가 있었다.

가구형태, 즉 가족형태의 변화는 곧 가족관계의 질적인 변화를 수반했다. 1950년대 간통쌍벌죄 등이 제정되어 법적으로 남성과 여성이 동등한 지위를 갖게 되었으나 여성이 가족 내에서는 아내로서 확고한 지위를 갖는 데는 더 많은 시간이 필요했다. 앞서 언급하였듯이 권력층과 부호뿐만 아니라 일반인들 사이에서 축첩의 관습은 1970년대 초중반까지 남아 있었기 때문이다. 1960년 전후 여성들의 수기를 보면, 남편의 외도를 보고 아내들은 분노하면서도 헤어질 수 없다고 생각하는 경우가 많았는데, 자녀를 출산하지 못하는 여성은 남편이 다른 여인과 살림을 차리는 것을 묵인하거나, 심지어는 남편이 한집에서 첩과 살림을 하는 것도 용납하거나, 소실을 얻으라고 권고하는 경우까지 있었다.[257] 즉, 축첩, 이중 결혼 등은 가부장주의 남성의 욕망에서 생겨난 것이지만, 여

---

257. 김은우, 『한국 여성의 애정갈등 원인 연구』, 한국연구원, 1963, 64쪽.

성도 그것을 체념하고 묵인하는 경우가 많았다. 한국에서 실질적인 1부1처제가 확고하게 정착된 시기는 1970년대 후반 이후로 근대 가족이 완성되고, 따라서 핵가족을 단위로 하는 가족주의가 정착하게 된다.

1970년대 이후 산업화와 고용구조의 혁신적인 변화, 여성의 교육기회가 확대되면서 여성의 사회적 진출 역시 크게 확대되었으나 여전히 여성이 직장에서 고위직으로 올라가기는 매우 어려웠다. 가정 내에서 여성은 며느리, 즉 부계혈통 내에서 아들 생산자로서의 지위는 거의 벗어났고, 전업주부로서의 지위와 역할이 훨씬 더 중요해졌다. 즉, 1960년대 중반 이전까지는 전통에서 근대로의 이행기라 할 수 있는데, 전통적인 부계혈통적 가족은 해체되었고, 형태상의 핵가족은 일반화되었지만, 가족이 부부 개인과 부모 간의 관계로 국한되거나, 부부와 자녀 간의 관계가 개인 대 개인의 관계로는 정착되지 않았다. 기회는 확대되었으나 여성에게는 제한적으로만 확대되었다.

이런 조건에서 전통시대의 여성이 자궁가족, 즉 국가공동체나 혈연공동체에서 이등 시민의 지위에 있었음에도 자녀 특히 아들이 성공하고 출세해야 어머니로서의 지위를 획득하였듯이, 그리고 열녀 효부의 이데올로기를 내면화함으로써 가부장주의 가족에 적응하였듯이,[258] 이 시기 여성도 공적인 진출을 통하거나 가부장주의를 사회적으로 극복하려 투쟁하기보다는 가정 내에서 남편, 자녀와의 관계에서 지위를 확고히 하는 현실적 적응의 길을 택했다. 즉, 정치경제적 활동은 여전히 남성이 독점하였기 때문에 여성은 이 여성참여 기회의 차단구조 아래에서 새 전략, 즉 자녀의 성공을 통한 자기실현과 남편과의 관계에서 확고한 지위를 얻을 수 있는 아내로서의 지위를 확보함으로써 근대적 가부

---

258. 조혜정, 앞의 글, 1986a, 167쪽.

장주의에 적응하였다. 그래서 1960, 70년대의 가족주의 역시 가족 내에서 지위를 보장받으려는 여성의 '인정 투쟁' 과정이었다. 노동시장에서 남성과 동등한 대우를 받을 수 없는 '차단' 상황에서 결혼과 가족 내 주부로서의 지위, 자녀교육에 진력하는 것이 자기실현의 방법이었다.

그런데 형식상 개인 대 개인의 결합으로서 가족, 핵가족의 보편화, 부부애 중심의 가족 유대는 사실상 한국 자본주의 재생산 질서와 긴밀히 맞물려 있다. 결혼과 가족이 신분질서를 유지하는 방편이 되는 대신에 점차 물질적 욕망을 충족하는 단위, 소비의 단위가 된다. 부모뿐만 아니라 당사자도 순수하게 이성적 매력에 이끌려 결혼하기보다는 상대가 가진 사회경제적 자본을 얻는 방편으로 결혼을 선택한다. 그리고 재산이 없거나, 사회적 지위가 낮은 가정의 자녀들은 어린 나이에 노동시장에 진출하지 않을 수 없게 되어 안정된 가정을 꿈꾸지만 여전히 결혼 시장에서 소외되거나 결혼 관계에 진입하는 데 어려움을 겪게 된다.

1960년대 중반 이후 근대적 핵가족의 형성은 무엇보다도 박정희 정권의 가족정책에 기인한다. 박정희 정권은 대대적인 가족계획사업을 추진하였다. 인구조절의 일환으로 추진한 가족계획사업은 경제성장, 탈빈곤의 경제전략을 뒷받침하기 위한 것이지만, 동시에 반공체제의 강화와 맞물려 있었다.[259] 즉, 반공체제 강화, 경제발전, 인구조절은 하나의 틀로 묶였고 그러한 기획하에서 국가는 가족계획사업을 대대적으로 전개하였다. 이를 위해 1974년 소득세법을 개정하여 세 자녀에게만, 1976년에

---

259. 1967년 대한가족계획협회 회장을 지낸 유달영은 "가족계획을 전국적 조직망을 통하여 대대적으로 열렬히 추진한 까닭은 '공산당을 이기는 최선의 방법으로' 가족계획 이상의 것은 없다고 확신했기 때문이다. 곧 여성 한 사람이 7, 8명씩, 때로는 10여 명씩 낳게 된다면 이 많은 자녀들에게 충분한 교육도 할 수 없을 것이며, 좁은 국토의 한정된 농경지로는 식량마저 감당할 길이 없음은 너무나 자명한 사실이었다"고 고백하였다. 대한가족계획협회, 『가족계획운동 30년의 회고』, 1991, 328-329쪽.

는 두 자녀에게만 인적 공제 혜택을 주기로 했다. 상속제도를 개정하여 부인의 몫을 늘였으며, 아들과 딸의 불평등을 완화하였다.[260]

가족계획사업은 국가의 인구통제, 경제발전을 위한 전략으로 실시되었으나, 근대적 핵가족을 정착시키고, 여성을 자녀의 굴레로부터 해방시키며, 성적인 주체로 태어나게 하는 '의도하지 않은' 결과를 가져오기도 했다. 즉, 가족계획이 탈빈곤 근대화 전략이었지만 그것은 근대 산업사회, 자본-임노동 관계에 부응하는 부르주아 가족을 어느 정도 전제로 한 것이었고, 실제로 형태상의 핵가족을 일반적인 것으로 상정하였다. 그리고 여성도 성을 향유할 권리가 있음을 부각시킴으로써, 여성을 어머니로서가 아니라 성적인 존재로 주체화하였다. 그리고 가족은 단순한 경제적 재생산의 단위가 아니며, 부부도 여타의 가족관계와 분리된 별개의 관계로 정립되었다.[261]

아직 한국 여성들이 성적 해방을 추구할 수는 없으나 가족계획사업에서 다룰 수밖에 없는 성담론은 여성의 주체화를 촉진한 요인이 되었다. 물론 교육기회의 확대, 공장생활, 도시의 익명성은 여성을 전통가족에서 물리적으로 해방시켰다. 이들이 가부장주의 가족으로부터 독립된 개인, 즉 정신적으로는 해방된 존재가 되기 어려웠지만, 도시화와 산업화는 전통의 틀을 허물기는 했다. 1970년대 산업화 이후 힘든 공장생활과 익숙하지 않은 도시생활에서 의탁할 곳이 없던 농촌 출신 처녀들은 자신에게 친절하게 대하는 남성에게 쉽게 의탁하고 성적인 관계를 갖거나 동거를 하기도 했다. 1970년대 중반에 「별들의 고향」, 「영자의 전성

---

260. 그전에는 사망자의 부인 0.5, 장남 1.5, 차남 이하 1, 출가하지 않은 딸 0.5, 출가한 딸 0.25였던 것을 부인과 장남 1.5, 차남 이하의 아들과 출가하지 않은 딸 모두 1점으로 부여하였다.
261. 조은주, 『가족과 통치: 인구는 어떻게 정치의 문제가 되었나』, 창비, 2018, 209쪽.

시대」 같은 성적 자유를 보여주는 영화가 폭발적인 흥행을 기록한 것도 이 시점이다.

> 같은 편직공 동료 중에서는 같은 회사에 다니는 여공들과 동거생활을 하는 사람이 많았고, 심지어 어떤 친구는 공단에 온 이래 수십 명의 여공들과 관계를 맺은 것을 자랑으로 늘어놓기까지 했다. …결혼식을 올릴 형편도 못되고 나이도 들고 하니 서로가 장래를 약속한 사이라면 우선 같이 살면서 서로 의지하고 미래를 설계하는 것이 오히려 바람직한 것인지도 모른다. 그러나 내가 알게 된 사람들 중에서는 불과 20세 안팎의 정신적으로 미숙한 어린 사람들까지 동거생활을 한다고 몇 달 살다가는 무엇 때문인지 서로 헤어져 버리는 일이 허다했다. 헤어지면 또다시 다른 상대를 만나고 만났다가는 또 헤어지는 이들의 표류를 두고 물론 서구사회와 같은 성의 해방이니 프리섹스 옹호니 한다면 현실을 잘못 보고 하는 말이다. 이런 무질서한 행동을 하는 이들의 이면에는 이들의 행위를 무조건 불순하게만 볼 수 없는 공장사회 속에서 일하는 가난하고 억울한 근로자들의 서글픈 비애가 가로놓여 있음을 알아야 한다.[262]

즉, 동료 노동자인 여성들을 지켜본 남성 노동자인 유동우는 여성 노동자의 동거나 성관계는 임금노동자인 그들의 처지가 만들어낸 것이라는 점을 주목하였다. 이것은 매우 제한적인 여성해방이다. 실제 대다수 여성들이 기존의 결혼관이나 가족관 자체를 바꾸었다고 보기는 어렵다. 오히려 여성 노동자는 더욱더 남성 가장에 의존하는 태도를 보이는 경향도 많았다. 어쨌든 이들 여성이 공장생활과 도시생활을 통해서 여

---

262. 유동우, 『어느 돌멩이의 외침』, 청년사, 1983, 43쪽.

성에게 가해진 전통적 굴레에서 벗어난 것은 사실이며, 중산층 여성과 마찬가지로 가정의 행복에 더욱 강하게 집착하였다.

남녀 당사자의 자유의사에 기초한 결혼, 그리고 가족의 구성은 여성에게는 1차적인 해방의 과정이었다. 1950년대 이전까지 여성은 남편에 대한 의무만 있었지 권리를 누릴 수 없었으며, 남편은 부인을 거의 의식하지 않거나 아예 가족을 팽개치고 떠돌아다녀도 가족 구성원에게 배제되지 않을 수 있었다. 심지어 비숍 여사가 지적했듯이 조선 말기에는 남편이 아내를 동등한 반려자로 대우하면 주변 사람들에게 오히려 조롱의 대상이 되기도 했다.[263] 자녀사망률이 매우 높았기 때문이기도 하지만 빈곤층에서는 부모가 수많은 자녀들 개개인에 대해 큰 애정을 쏟을 수가 없었다. 여성은 결혼생활에서 애정을 기대하지 않았으며 시어머니의 그늘에서 벗어날 수가 없었다. 1960, 70년대까지 이런 관행이 남아 있었지만, 앞서 언급한 것처럼 심지어 남편이 죽거나 사라져도 시'집'을 지키는 것을 미덕으로 알았다.

이러한 여성의 예속 상태, 즉 부부관계에서 애정을 기대할 수 없는 과거의 가족관계의 모습이 변한 것도 가족계획사업이 전면화되고 농촌에서 도시로 그 사업이 확대된 1960년대 후반 이후였다. 이전까지 여성에게 부부애는 가족단위의 중심적인 유대는 아니었다. 그러나 1960년대 이후 도시 중간층 여성은 가족의 확실한 구성원으로 자리 잡았기 때문에 며느리로서의 지위가 아니라 아내와 어머니로서의 지위에 무게중심을 훨씬 더 두었다.[264] 이때부터 부부가 중심인 핵가족이 정착되기 시작

---

263. 이사벨라 비숍, 앞의 책, 143쪽.
264. 산업화 이전 유럽에서도 20% 정도의 여성은 결혼하지 않았으며 결혼해도 짧은 기간에 결혼을 끝냈다고 한다. 즉, 안정적인 결혼은 중상층이 누릴 수 있는 특권의 측면이 있었다.

했으나 부부, 그리고 아버지와 아들, 딸은 동등한 주체가 아니었다.

도시화와 산업화 이후 부부와 부모자식 간의 가족관계가 강화되면서, 씨족/친족적 유대는 훨씬 약해질 수밖에 없었다. 그러나 1980년대 초까지 친족 간의 유대는 도시생활에서도 여전히 중요한 자원이었다. 한남제의 도시지역 조사에 의하면 조사대상자의 80% 이상이 가까운 친족과는 전화연락, 명절 만남, 상호방문, 경조사 참여 등의 방식으로 빈번하게 접촉하고 있었으며, 친족관계는 가족관계와 어느 정도 중첩적으로 영향을 미쳤다. 자녀가 결혼하여 분가한 이후에도 친족 간의 긴밀한 관계는 유지되고, 상호 협력하기 때문에 개별 가족은 '고립된 핵가족'으로 존재하지 않는다는 점에서 그는 도시에서의 한국가족은 리트워크(Litwak)가 말한 '수정확대가족'으로 볼 수 있다고 말한다.[265] 그렇다고 해서 과거 전통사회나 농촌사회처럼 친족관계와 개별 가족관계와 유사한 정도의 비중을 갖는다고 볼 수는 없다.

그러나 일부 예외를 제외하면 자녀의 교육과 부양은 이제 전적으로 핵가족 단위의 부모 책임 영역이 되었으며, 노인의 부양은 장남을 비롯한 형제자매의 공동책임이 되었다. 유아사망률이 낮아지면서 자녀 수가 줄어들어 가족 내에서 자녀의 비중은 더욱 커졌다. 소수의 자녀는 강력한 애정의 대상이 되었고, 부모는 이들 소수의 자녀교육을 위해 가족자원을 전적으로 투여하게 되었다. 특히 도시 중산층의 자녀는 더 이상 가정경제를

---

265. 한남제, 「도시주민의 친족관계」, 한국사회학회, 『한국사회학』, 22(SUM), 1988. 35-59쪽. 리트워크는 친족을 네 가지 유형으로 구분하였다. 폴란드와 중국 등의 농촌에 나타나는바 친족이 확대가족으로서 하나의 정치경제적 단위가 되어 하위 핵가족을 두는 경우, 모든 친족 기능이 대규모 조직으로 이관되고 오직 부부관계만이 하위에 존재하는 경우, 완전히 고립된 핵가족, 마지막으로는 수정확대가족으로 친족관계를 이루고 있는 여러 핵가족들이 서로의 필요에 의해 교류를 하는 형태가 그것이다(같은 글, 38쪽에서 재인용).

위한 경제적 주체가 아니라 오직 미래를 준비하는 존재가 되었다. 이러한 변화에도 불구하고 조부모에서 내려오는 직계가족의 관념적, 실질적 질서는 형식적인 핵가족 질서와 공존하였으며, 가정 내에서 여성의 지위는 어머니와 며느리의 역할이 공존하였다. 과거에 비해 며느리의 역할은 크게 축소되었으나 아내와 어머니로서의 역할은 더 강화되었다.

한국의 과거 가부장주의 가족주의는 산업화에 따른 남성들의 노동시장 참여 그리고 가정 내 남녀 간 노동의 분업과 결합하게 되었다. 그것은 남성 생계부양자/여성 가사전담자/자녀의 복종이 결합하는 새 가족주의였다. 가족은 이제 씨족집단의 일부도 아니고, 일제강점기처럼 국가의 수직적인 통제질서에 위치한 원자도 아니며, 자본주의 시장경제, 그리고 자본-임노동의 관계 속의 하부구조이자 세포로 편입되기 시작했다. 1970년대까지 도시 가구 중에서는 일자리와 학업을 위해 필요한 농촌출신의 친족이 가구원으로 함께 사는 경우가 많았으나 1980년대 이후에는 그런 현상도 거의 사라졌다. 이것을 '한국형 핵가족'의 형성이라 부를 수 있다. 교육 기회의 개방, 노인 평균수명의 연장으로 자녀와 부모에 대한 가족자원의 투여는 점점 부담스러워졌고, 가족의 재생산을 위한 친족, 씨족의 기여는 거의 기대할 수 없게 되었다. 이런 조건에서 한국형 핵가족의 가족주의가 정착, 확대되기에 이른다.

이 핵가족은 전통적 가부장주의, 돈 버는 남편과 가사노동을 하는 아내라는 남녀의 성 분업, 남편에 대한 아내의 어느 정도의 종속적 지위를 바탕에 깔고 있는 것이었다. 핵가족주의, 마이홈(My Home)주의는 산업화, 도시화 이후 중간층의 이데올로기가 되었고, 과거 신분제의 차별적인 가부장주의하에서 결혼을 할 수 없었거나 자신의 존재를 인정받지 못한 여성들이 '인정투쟁'을 거쳐 적극적으로 쟁취한 것이라 볼 수 있다. 핵가족에는 신분제와 유교적 가치가 붕괴한 이후 가족이라는 울타리 안에서 자신의 존재를 인정받고 안식처를 찾은 중산층 여성의 상승 열망이 집약되었다. 물론 그 뿌리는 일제의 국가주의적 가족주의, 현모양처론에서 온 것이지만, 내용적으로는 탈정치 물질주의 요소를 갖고 있다. 일본과 마찬가지로 한국의 고도성장이 가능하지 않았다면 이러한 가족주의는 지탱될 수 없었을 것이다.

이처럼 과거의 씨족적 가족주의와 달리 핵가족단위의 지위를 추구하는 핵가족 가족주의는 1960년대 초부터 시작해 1980년대 중반에 가장 전형적인 형태로 자리 잡았다. 이 시기는 여성의 입장에서 보자면 한국 자본주의 산업화가 가져온 새로운 '기회 구조'의 확대, 그리고 그 이전부터 존재하던 가부장주의와 엄격한 남녀 성 역할 구분이라는 '차단 구조'의 모순적 조건을 의식하면서 개인으로서의 주체화를 시도하기보다는 사회참여의 대체물로 핵가족 내에서 자신의 지위를 공고히 하려는 시도였다. 식민지, 전쟁, 분단이라는 조건이 한반도에 심대한 영향을 미친 근대화 과정은 한편에서의 가족 탈출, 즉 개인화와 다른 편에서의 가족주의 강화라는 이중적 과정이었다는 점을 앞에서 지적했다. 이미 후자의 가족주의는 전통시대 양반 지배층의 가족주의와는 성격을 달리했다. 그것은 문중 씨족 유대를 통한 지위 확보를 위한 전략이 아니라 극도의 혼란, 위험, 위기상황에서 생존을 위한 '보호적 가족주의'의 성격이 강했다. 이때의 가족주의는 전통적 씨족/친족주의와는 달리 핵가족이 단위인 가족주의였다.

그러나 식민지, 전쟁, 분단 과정에서 방어적이며 보호적 성격의 가족주의는 산업화와 더불어 가족 지위상승을 위한 '지위추구 가족주의'로 그 내용과 성격이 변하기 시작했다. 그 중요한 주체가 여성이었다. 그래서 이러한 지위추구 가족주의는 개인주의와는 성격을 달리한 한국식 근대화를 집약한다. 전통적 가족관념은 근대의 옷을 입고 다시 탄생했다.

4. 가족주의 강화(3): 제도적 가족주의(familialism)

한국인의 대다수는 한국전쟁과 농지개혁을 겪은 후 가족노동에 기초한 소농으로 재편되었다. 가족농은 가족복지와 맞물려 있다. 분단과 전쟁으로 국가 재정도 미국에 크게 의존한 한국정부는 이들 농민의 복지를 책임질 수 없었고, 1960년 이후 수립된 매우 초보적인 형태의 사회보험제도는 공무원과 군인에게만 특혜를 주는 방식으로 구축되었다. 즉, 한국의 사회보험제도는 출발부터 잔여적 성격을 띠었고,[266] 그것이 이후 제도적 가족주의의 기반이 되었다.

한국전쟁 직후의 가족주의가 근대화, 식민지화, 전쟁 등의 대혼란과 위기 상황에서 그리고 모든 이념지향적인 정치운동이나 사회운동이 차단되는 상황에서 자신과 가족의 생명과 재산을 지킨다는 대안의 길인 '보호적 가족주의'의 성격을 강하게 띠었는 데 반해, 1970년대 이후에는 따라잡기 압축성장, 국가동원적 산업화가 본격화되면서 자본주의적 임노동이 일반화되었고, 생산과 재생산을 위한 네트워크로서 가족의 중요성이 강조되었다. 자본주의적 산업화가 되면서 형성된 핵가족 가족주의는 근대화한 다른 모든 나라와 마찬가지로 하나의 산업, 노동, 복지, 교육 등의 사회경제체제 톱니바퀴의 일부가 되었다.

1970년대 이후 농촌 인구가 도시의 임노동자로 대거 전환되면서 이들의 복지, 주거, 의료 문제가 발생하게 되었다. 도시 노동자의 재생산도 농촌에 남은 가족과 친족 관계망을 통해 보충되었다.[267] 그리고 농촌공동체 사회에서 가족, 친족이 담당해온 아동보육, 노인돌봄 문제를 이제

---

266. 박준식, 「1960년대의 사회환경과 사회복지정책: 노동시장 문제를 중심으로」, 한국정신문화연구원 편, 『1960년대 한국의 사회변동』, 백산서당, 1999.
267. 같은 글, 193쪽.

국가나 사회가 떠맡지 않을 수 없게 되었지만 성장주의, 친자본, 저조세 등이 특징인 동아시아의 개발주의 국가는 이러한 산업화의 부산물인 노동력의 재생산 문제, 즉 복지, 주택, 교육, 의료 등 사회 영역을 책임지지 않았다. 그래서 일부 공기업, 대기업 노동자들을 기업복지에 의존할 수 있었지만, 나머지 대다수 노동자들은 가족/친족 연고에 복지를 의탁하는 '사회권'의 가족책임구조가 만들어졌다.[268] 국가는 도시화와 산업화에 따라 필연적으로 폭증하는 복지수요를 가족과 시장에 내맡겼다.

한국의 산업화는 국가가 주도하여 재벌기업을 파트너로 삼아 매우 압축적으로 진행되었다. 국가는 다른 아시아 후발 국가처럼 성장주의 혹은 발전주의 이데올로기를 전면에 내세웠고, 선진 자본주의 국가를 따라잡기 위해 국민의 희생을 요구했다. 이 시기의 성장은 안보지상주의와 극우반공주의, 노동억압의 기조하에서 진행되었다. 이것은 "높은 자율성을 갖는 독재권력이 정치적 자유와 대중참여를 억압하면서 국익과 개발의 이름으로 위로부터의 국민 동원과 통합을 도모하는 체제, 세계질서의 패권구조에 적응하면서 동시에 이를 적극적으로 활용하는 국가주의적 근대화"였다.[269] 한국의 경제개발은 친자본적인 법과 행정, 제도의 뒷받침을 받았는데, 국가-자본이 연합한 개발주의에서 노동운동 세력이나 진보적인 정치사회 세력은 심각한 탄압을 받았다. 노동자는 '산업 전사'로 불리면서 기업과 국가에 일방적으로 충성을 바쳐야 했고, 사회적 약자의 집단적 권익추구 행동을 '차단'하자 위험대비를 다른 '대안', 즉 가족에 의탁하게 되었다.[270]

---

268. 장경섭, 앞의 책, 2018, 210쪽.
269. 이병천, 「개발독재의 정치경제학과 한국의 경험」, 이병천 엮음, 『개발독재와 박정희 시대: 우리시대의 정치경제적 기원』, 창비, 2003, 24쪽.
270. 이러한 구조적 조건이 신가족주의를 발생시켰다는 하용출(Ha, Yong Chool)의 2007년 논문 참조.

개발독재와 경제지상주의 기조하에서 복지, 노동, 의료 등 사회정책은 국가주도의 경제정책, 즉 국가-재벌 주도의 성장주의에 종속되었다. 그래서 한국에서 사회적인 것은 잔존하는 친족, 지역, 학연 공동체가 대신하거나 그런 친족 등 연고가 없는 사람은 완전한 고립 상태에 빠지지 않을 수 없었다. 앞서 강조한 것처럼 이미 한국전쟁 이후 강한 국가주의나 반공주의가 작동하였기 때문에 교회 혹은 외국 선교사 단체를 제외하고는 국가와 가족을 매개하는 각종 자생적 사회조직, 공공적 서비스 조직이 설 자리가 거의 없었다. 산업화와 더불어 농촌공동체는 해체되었으나, 도시에서 이들 이농 노동자나 빈민을 엮을 수 있는 사회조직이나 공동체는 제대로 형성되지 않았고, 그런 조직이 있어도 사회적 응집성은 대단히 취약했다. 이제 막 형성된 회사나 직업집단은 사회적 연대나 보호는 물론 위험이 발생했을 때 상조회의 역할조차 할 수 없었다.

산업화 이후 서유럽에서는 그 이전 가족, 친족이 하던 역할을 이제는 협동조합이나 노동조합이 대신하기 시작했는데, 근대화 과정에서 동업조합이나 각종 직업조직들은 상조회의 역할과 더불어 공동주거도 마련하였으며, 그 이후에 정치적 결사체로 발전하여 공공복지를 제도화하는 동력이 되었다.[271] 유럽에서는 동업조합이나 이후의 노동조합이 신뢰조직의 성격을 띠었으나,[272] 반공체제하에서 어용노조였던 한국의 공식노조는 신뢰조직의 기능을 하지 못했다. 한국에서 회사 내 노조나 직장

---

271. 가족은 특정한 법과 도덕을 세우는 입법기관이었으며 그것의 약점은 종종 매우 거칠기까지 했다. 가족은 사람들이 생애 처음으로 감정을 토로하는 법을 배우는 곳이기도 하다. 로마 중세시대에는 동업조합이 그러한 역할을 했다. 지적, 도덕적 동질성 가정하고 있다. 에밀 뒤르켐, 『사회분업론』(민문홍 옮김), 아카넷, 2012, 52-53쪽.
272. 유럽에서는 노조나 동업조합에 유산을 기부하기도 했다. 동업조합은 종종 교구나 특별한 교회에 설치되기도 했다. 하인은 주인의 변덕에 따라 마음대로 해고되지 않을 수 있는 장치가 있었다. 에밀 뒤르켐, 같은 책, 32쪽.

협의회 등이 복지 기능을 할 수 있는 경우는 대기업이나 공기업에만 해당하는 일이었다. 물론 반공주의체제에서 자발적 결사체가 모두 해체된 상태였기 때문에 교회나 사찰이 약간의 신뢰조직의 성격을 띠기는 했다. 그러나 한국 교회는 오직 신도만의 폐쇄적 공동체였으며, 지역사회와는 거의 절연되어 있었다.

박정희 정권은 산업화의 부산물과 비용을 처리하기 위해 가족과 가족주의 이데올로기를 동원하였다. 박정희 정권의 선성장 후복지 논리는 곧 복지의 '가족책임, 국가 무책임'의 논리였다. 산업 노동자들이 도시에서 대거 형성된 이후 제기된 주거, 교육, 아동 청소년 범죄를 비롯한 사회적 혼란을 모두 가족의 책임, 특히 어머니의 책임으로 돌렸다. 군사정권이 강요한 가부장주의, 핵가족주의는 가족을 사회와 분리된 것으로 간주하였다. 이제 농촌의 친족공동체로부터는 점점 멀어진 도시의 원자화된 가족은 핵가족 단위 혹은 도시 내의 친족 연고에 의존하였다. 이러한 핵가족 가족주의에서는 개인적 삶과 사회적 삶의 통합이 극히 어렵게 되었다.[273] 그리고 여성은 사회적 존재가 아닌 가정 내의 아내와 어머니로서 오직 남편과 자녀의 출세에만 집중하게 되었다.

중산층에서 전업주부로서의 여성은 가정경제의 주인이 되고, 자녀교육에서 주도적인 역할을 함으로써 핵가족 안에서 아내와 어머니로서 확고한 자리를 구축함으로써 정치사회 활동에서 배제된 것에 대한 보상을 얻게 되었다. 특히 남성 가장이 대부분의 시간을 노동과 회사생활에 바치게 되자 중산층 어머니들은 '입시 전사'인 자식을 훈육하는 조련사의 역할도 하게 되었다. 교육적 역할에 대한 사회적 기대는 핵가족의 역할 분담 구조에서 강화되었다. 그러나 그것은 앞서 언급하였듯이 가

---

273. 조혜정, 앞의 책, 1999.

부장주의 가족질서에서 여성이 남성과 동등하게 가정이나 사회에서 발언하고 참여할 기회가 '차단'된 구조 속에서 보여준 적응행동이었다.

가정은 사생활의 공간이자 노동시장에서 대부분의 시간을 보내는 남성 가장의 휴식 공간으로 기능하게 되었다. 일제강점기 이래의 현모양처론이 여전히 여성 교육의 주요 가치로 남아 있었고, 여학생도 미래의 전업주부 역할을 기대했다. 1970년대 등장한 '식모 폐지론'은 인텔리 여성, 중산층 여성이 가사노동을 하지 않는 것에 대한 비판의 일환으로 제기되었는데,[274] 이 역시 여성을 주부의 역할, 즉 가족 내에서 다른 구성원의 편안한 생활을 지탱해주어야 할 존재로 부각시킨 것이었다. 산업화 시대의 남녀 성역할 규정과 전통적인 가부장주의가 결합한 것이 1970, 80년대의 이상적인 핵가족 모델이었고, 그것은 남성의 무한대 노동헌신, 생산동원과 여성의 가정 내 복종을 전제로 작동할 수 있었다.

1970년대 이후 도시 중산층의 '마이홈 주의'도 서구식 개인주의나 핵가족주의에 기초한 것은 아니었다. 그것은 유교적 씨족/가족주의의 소집단 중심주의의 유산, 반공주의, 근대 시장경제, 재산소유권 관념과 결합한 사적 영역의 비정상적 비대화와 맞물려 있었다. 한국의 가족은 외형적으로는 핵가족으로 급격히 변했지만, 이 핵가족 내에서 여성과 자녀의 독립성과 인격성은 보장되지 않았으며, 가부장의 권위와 충돌하는 수평적인 인간관계 역시 수립되지 않았다.[275] 조상, 친족과 연결되는 과거의 가족 관념이 우리 '집'만의 이익, 즉 가족이기주의 관념으로 연결되었으며, 앞의 페이샤오퉁이 지적한 중국의 소집단중심주의, 즉 가족과

---

274. 김원, 앞의 책, 173–189쪽.
275. 1950년대 이효재의 조사에서도 부모의 명령에 자녀가 무조건 복종해야 한다는 응답이 15.7%, 되도록 복종하되 판단할 자유를 주어야 한다가 60.3%였다. 이효재, 앞의 글, 1959, 40쪽.

정치사회를 연결하는 공공성의 관념이 실종된 가족이기주의의 양상을 드러냈다.

한국전쟁 후 정치사회적 신뢰의 상실이 가족주의를 강화했듯이, 이렇게 강화된 가족주의는 개발독재체제의 저조세, 친기업 편향 정책, 복지 부담의 가족 전가 전략과 맞물려 제도적 가족주의를 구조화하게 되었다.[276] 제도적 가족주의는 노동자의 탈정치화, 계급적 노동운동의 억제라는 극우반공주의 목표하에서 노동자와 빈곤층을 사회적으로 통합하기 위한 전략의 산물이기도 했다. 한국은 앤더슨이 말한 것처럼 시장경제가 초래한 재생산의 문제를 국가가 해결하기보다는 가족주의를 강화하는 방식으로 제도화하였다. 여기서 탈상품화(de-commodification)의 성격을 띠는 공공복지나 국가복지는 극히 제한하고 시장 논리나 국가안보의 논리를 해치지 않는 시장주의, 기업 차원의 복지만이 장려되었다. 제도적 가족주의는 고흐(Gough)가 말한 것처럼 탈상품화가 아니라 전상품화(pre-commodification) 상태이다.[277]

외형적으로 한국의 기업복지는 같은 동아시아 국가인 일본과 대만의 기업복지와 유사하다. 통계상으로 보면 기업의 지출액 중에서 복지비용은 한국이 이들 나라보다 오히려 더 높았다. 이것은 노동자들의 직접임금 의존, 즉 회사의존을 높여주는 효과가 있었다. 즉, 개발독재 시절 한국 노동자는 현물로 받는 임금 외에는 기댈 곳이 없었다. 퇴직금 제도 역시 노동자들 스스로가 계속 주장해서 정착된 제도이기는 하나 결과

---

276. 장경섭, 앞의 책, 2009 참조; 황정미, 「가족, 국가, 사회 재생산」, 김혜경 외, 『가족과 친밀성의 사회학』, 다산출판사, 2014; 김동춘, 「노동·복지 체제로 본 한국자본주의의 성격」, 『역사비평』 통권 43호, 1998b.
277. 이런 비판은 Ian Gough, "Mapping Social Welfare Regimes beyond the OECD", MacLean, Lauren M. & Cammett, Melani Claire(eds.), *The Politics of Non-state Social Welfare*, 2004(ebook) 참조.

적으로 노동자를 회사에 더욱 의존하도록 만들었다. 퇴직금 제도가 연금을 대신하여 노후생활의 안전판으로 작용하기 때문에 공기업이나 비교적 큰 회사에서 오랜 기간 근무한 화이트칼라들은 특혜를 받지만, 그렇지 않은 대부분의 사람에게 노후는 대단히 불안할 수밖에 없었다. 기업이라는 '소공동체'는 차가운 시장의 질서 속에서 보호받을 수 있는 공간이었다.[278]

그래서 1987년 민주화 과정에서 성장한 노동조합운동은 공공복지를 확충하는 방향으로 나간 것이 아니라 사회적 위험을 가족화, 기업화하는 방식으로 제도가 정착되었다. 한국인은 재산형성, 주택구입, 교육비 마련을 주로 저축에 의존하였으며 민간보험 가입이 장려되었다. 조세체계와 저축동원체계는 가족주의 실천을 유도한 제도적 장치였다. 개발주의 국가는 산업화 초기 자본부족 문제에 직면하여 가계저축을 통한 자본동원 전략을 활용하였다. 국가가 소비를 억제하고 저축을 장려함으로써 유휴자본을 시중은행으로 흡수했고, 공적 복지 대신에 가계저축에 다양한 인센티브 제도를 마련하였다. 1970년대 이후 금융소득 종합과세를 유보하고 근로소득 면세점제도, 재형저축제도가 활용되었다. 당시 소득세 감면과 재산형성의 촉진은 한국의 재분배 정책을 규정하는 중요한 요인으로 공공복지 대신에 가족복지를 선호하는 기반이 된다. 한국의 도시 중산층이 자산보장 생활체계와 부동산 의존은 모두 재산증식을 통한 자립과 가족 단위의 경제적 재생산을 유도한 국가 주택정책의 귀결이었다.[279] 가족 단위 자산형성 전략은 자녀교육을 위한 저축과

---

278. 같은 글.
279. 김도균, 「한국의 자산기반 생활보장체계의 형성과 변형에 관한 연구: 개발국가의 저축동원과 조세정치를 중심으로」, 서울대학교대학원 사회학과 박사학위논문, 2013.

동시에 자신의 노후를 대비하기 위한 것이기도 했다. 가족 중심의 저축과 재산형성 노력은 공공복지의 부재를 반영한다.

거시적으로 보면 1990년대 이후 제도적 가족주의의 구조화는 자본주의 시장질서, 분단 반공체제와 개발독재, 가부장주의 가족질서가 유도 혹은 강요한 기회·차단구조가 동시에 복합적으로 작용한 결과였다. 가정과 연고 집단은 차가운 시장바닥에서 생존을 도모해야 했던 노동자들이 회사에서는 부당한 대우를 감내할 수 있는 유일한 안식처이자 보호막이었다. 가족적 결속은 산업사회의 모순을 끌어안을 수 있는 스펀지와 같은 것이었다.[280] 산업화 과정에서 심각한 저임금, 열악한 노동조건, 억압적 노동통제를 한국인이 감내할 수 있었던 까닭은 가족주의라는 스펀지가 있었고, 남성 가장이 여성과 아내에게 자신의 고통을 전가할 수 있었기 때문이다.

남성 가장은 가정과 부모, 친인척까지 돌봐야 하는 과부하 상태가 되었으나 여성 노동자는 가정에 헌신적인 효녀, 결혼을 준비하는 존재로 간주되었다.[281] 이것은 전통사회에서 여성, 어머니에게 요구한 가부장적인 가족주의가 다른 방식으로 지속된 것이었다. 만약 젊은 여성이 결혼과 출산이라는 여성에게 요구된 삶의 방식에 만족하지 않고 남성과 동등하게 사회적 발언을 하려 한다면, 가족 구성원이나 사회적으로 견제, 즉 '차단'이라는 통제 기제가 곧바로 작동했다. 여성은 그 자신의 권익을

---

280. 1970, 80년대 노조가 파업했을 때 회사나 경찰이 언제나 동원했던 전략은 시골의 부모에게 연락하여 자식의 집단행동 참여를 좌절시키는 것이었다. 일제 때도 그러했지만 가족에 충실한 것은 정치적 관심과 참여, 혹은 저항행동과 상충되었다. 김동춘, 「한국자본주의의 성격과 지배질서: 안보국가, 시장, 가족」, 한국산업사회연구회 엮음, 『한국 사회의 변동: 민주주의, 자본주의, 이데올로기』, 한울, 1994.
281. 루스 베러클러프, 『여공문학: 섹슈얼리티, 폭력 그리고 재현의 문제』(김원·노지승 옮김), 후마니타스, 2017, 207쪽.

위해서는 아무런 요구도 하지 않아야 하는 존재였으며, 남성이건 여성이건 근대적 조직인 회사의 노동자와 사무원은 사용자, 관리자와의 관계에서 개인 대 개인이 아닌 가족 내의 관계, 즉 부모-자식 간의 관계, 나이에 의한 서열 관계에 놓이게 되었다. 전통적 가부장주의 질서에서의 가족관계는 1970년대 이후 수출산업을 위해 매우 유순하고 복종적인 노동력을 생산하고 재생산하는 데 핵심 기제로 작용했다.[282]

공공복지 부재, 남성 단독벌이를 전제로 한 임금체계와 가족복지체제는 가부장주의적 핵가족주의와 긴밀히 맞물려 있다. 한국전쟁과 1950년대, 그리고 산업화 초기에 잠시 가족을 이탈했거나 가족을 구성하지 못한 사람들은 이 새로운 가족(핵가족)에 더욱 집착하지 않을 수 없었다. 즉, 국가는 핵가족을 이상적인 것으로 선전하였고, 국가나 사회는 국민들에게 이런 가족질서에서 벗어나면 안 된다고 가르쳤다.

역사적 대재난과 개발독재라는 정치경제적 조건 위에 형성된 '보호적 가족주의'는 1980년대 말 이후에는 노동시장, 돌봄, 부양, 복지 차원에서 '제도적 가족주의'의 문화적 기반이 되었고, 그렇게 만들어진 제도적 가족주의는 또다시 사회구성원의 행동을 제약하고 유도하는 규칙이 되어 거꾸로 문화, 의식 혹은 아비투스로서 '가족주의'를 강화하는 상호작용을 하였다. 한국의 국민연금제도, 돌봄제도, 기초생활 보호제도, 노인요양사제도 등은 모두 가족주의의 기반 위에서 만들어졌다.[283] 한국의 각종 복지제도는 남성부양자-여성양육자의 가족 모델에 기초한다. 예를 들어 국민연금제도는 혼인 지위에 따라 국민연금 제외 분류가 다르다. 직업이 없는 여성, 전업주부는 국민연금에 가입할 수는 있으나 가입의 유인력이 높지 않기 때문에 남성 부양자의 피부양자 지위로 국민연금

---

282. 구해근, 『한국 노동계급의 형성』, 창작과비평사, 2002, 81쪽.
283. 장경섭 외, 앞의 글, 2015.

에 접근하게 된다.²⁸⁴ 이러한 한국의 가족주의가 가장 강하게 반영된 제도는 국민기초생활보호제도이다. 국민기초생활보호법의 부양의무자 기준에는 수급권자의 직계혈족, 직계혈족의 배우자(며느리, 사위)가 포함되어 있어서,²⁸⁵ 빈곤가구의 부양 책임은 일차적으로는 가족, 즉 자녀에게 있다고 전제하고 있다. 미혼자녀는 30세가 넘어야 독립적인 수급권자가 될 수 있기 때문에, 자녀들 역시 30세까지는 부모에게 의존하는 존재로 보았다.

대학입학을 위한 과도한 사교육비 부담, 그리고 사립학교 위주의 한국 고등교육 제도 역시 교육의 시장주의, 가족 책임주의를 유도한다. 한국 고등교육비 지출에서 국가의 부담은 15%에 미치지 못한다. 2018년 GDP 대비 공교육비 중 한국의 정부재원은 OECD 평균인 4.3%와 비슷한 4.4%였으나 민간재원은 OECD 평균(0.7%)보다 2배 많은 1.4%였다.²⁸⁶

과거 보육은 주로 가정, 친족, 여성의 책임영역에 있었으나 여성의 사회진출 확대로 이제 아동의 보육은 공적 과제가 되었다. 그러나 2000년대 이후에도 한국의 어린이집의 90% 이상은 사립이고, 부모가 자녀를 안심하고 맡길 수 있는 저렴한 비용의 국공립유치원은 거의 증설되지 않았다. 민간의존성이 높은 보육정책은 자녀를 맡길 보육시설의 선택을 모두 부모의 책임으로 돌린다. 부모가 자녀를 맡길 좋은 보육시설을 선

---

284. 같은 글, 9쪽. 실제 유족연금 수급자의 91.8%가 여성이다. 그러나 국민연금은 소득대체율이 낮기 때문에 사실상 남성 부양자 모델을 지탱할 수 없는 한계가 있다. 피부양자 제도의 변화에 대해서는 왕혜숙, 「가족 인정 투쟁과 복지정치: 한국의 의료보험 피부양자 제도의 변화과정을 중심으로」, 『한국사회학』 47(4), 2013, 67-106쪽.
285. 애초 법안에는 부양의무자가 2촌 이내의 혈족으로 범위가 넓었으나 이후 지속적으로 축소 조정되었다. 즉, 조부모, 손자녀, 형제, 자매에 대한 규정은 삭제되었다.
286. 「공교육에조차 돈 많이 쓰는 한국 부모들…OECD 교육지표 보니」, 『경향신문』, 2018. 9. 11.

택하려면 다른 가족과 경쟁해야 했다.[287] 노인 돌봄 역시 가족의 책임이었다. 노인장기요양보험도 재가급여를 원칙으로 하는데, 이는 일차적으로 가족에게 돌봄 책임이 있다는 전제 위에서 설계되어 있다. 중증장애 정도가 아닌 노인이라면 돌봄서비스에 의존하거나 가족구성원이 노인 돌봄기능을 할 수 없으면 시설에 입주해야 하고, 그 경우 부담은 가족의 몫이 될 수밖에 없었다.

물론 1990년대 이후 각종 복지정책 특히 아동보육정책에서 국가예산이 획기적으로 증대하고 여성의 경제활동 참가율은 별로 높지 않아서, 제도의 개혁이 과거의 가부장적 가족주의, 즉 곧 '아비투스'로서의 가족주의를 약화하지 않는다는 윤홍식의 지적도 있다.[288] 그는 한국에서 가족에 대한 사회적 지출이 매우 낮지만, 그것이 지속적으로 증가한다고 하더라도 가족의 돌봄 책임은 당분간 낮아지지 않을 것이라 본다. 그것은 한국의 가족주의는 단지 복지국가가 발달하지 않은 전근대의 유산이 아니다. 문화, 아비투스로서의 시장주의가 가족주의가 훨씬 더 강고하고 장기 지속적인 점이 있기 때문에 유럽식 탈가족주의 복지가 정착되기는 어렵다는 진단이다.[289]

---

287. 장경섭 외, 앞의 글, 2015, 20쪽.
288. 윤홍식, 「가족주의와 가족정책 재유형화를 위한 이론적 논의」, 『한국사회복지학』 64(4), 2012, 261-284쪽.
289. "남편은 직업을 가지고 아내는 가정을 돌보는 것이 좋다"는 견해에 동의하는 비율이 78.4%나 되는 조사가 주요 근거다. 즉, 여성이 돌봄을 제공해야 한다는 전통적인 가족책임주의가 연령과 관계없이 한국사회를 지배하기 때문이라고 본다(이삼식 외, 2010, 263쪽과 윤홍식, 같은 글, 279쪽에서 재인용).

Ⅳ. 한국 가족주의의 표출 양상과 역동성

1. 가족지위 상승 전략의 입시열

　헤겔이 강조하였듯이 가족의 가장 중요한 기능은 자녀의 생산과 교육을 통한 가족 유지와 사회 존속이다. 전통사회의 지배층에서 그러했을 것이고, 모든 사람이 가족을 꾸리게 된 근대 사회에서는 그것을 전면화하였다. 특히 전근대의 지배층에게 교육은 교양과 예절을 익히고 지식을 습득해서 지위를 획득하거나 유지할 수 있는 가장 중요한 수단이었다. 그러나 기회가 제한된 평민이나 구성원은 이런 지배층의 행태를 따를 수 없었기 때문에 교육에 대한 열의를 가질 수 없었다. 교육이나 관직을 거치지 않고도 재산과 지위 세습을 할 수 있다면 구태여 자녀 교육에 치중할 필요가 없다. 결국 교육에 대한 관심은 가족의 유지 계승, 특히 그 물질적 기반인 재산의 상속과 거의 같은 비중이거나 그에 버금가는 중요성이 있다.

　조선 사회는 과거시험에 합격해 관직을 획득하면 지위 상승이 가능했기 때문에 양반가 부모는 일찍부터 자녀 교육에 치중하였다. 조선시대의 과거시험은 제도적으로는 세습 신분보다는 능력 위주의 인재 선발의 철학에 기초해 있다.[290] 물론 혈연 단위의 성관(姓貫)집단보다는 하위 단위인 문중이 훨씬 강한 사회적 의미가 있다. 씨족 단결과 번영을 도모하려고 과거시험 합격에 목매는 일은 모든 문중 구성원의 공통된 관심사였다. 즉, 당시 교육은 신분지위 상승의 종속변수였다. 조선시대 과거시험이 본래의 학문적 목적과는 괴리된, 일종의 가족적 기획이라는 것은 이율곡의 『격몽요결(擊蒙要訣)』에도 이미 나타나 있다.

---

290. 이 점 때문에 조선시대에는 엄격한 세습 신분제가 존재한 적이 없다는 지적도 있다. 즉, '능력'을 본위로 한 개방적인 인재등용책으로서 과거제의 본질은 중국과 마찬가지로 조선도 어느 정도 지켜졌다.

今爲士者 多父母之望 門戶之計 不免做科業

(오늘날 선비된 자는 모두 부모의 기대에 부응하고 가정의 생계를 위해 과거를 면하지 못하는 것이 아닌가?)

전통사회에서 과거 시험에 응시하는 사람은 시험 전 녹명소(錄名所)에 자신의 본관 등 신원뿐만 아니라 자신의 부, 조부, 외조의 관직 성명 본관까지 기록해야 했다. 그러므로 이때 과거 시험은 개인의 능력 평가라기보다는 사실상 가족, 가문 시험의 성격을 띤다. 앞에서 강조한 것처럼 한국 전통사회의 양반 지배층에게 가족은 곧 친족, 문중을 의미하므로 가문, 가족은 공동 운명체에 가까운 것이었다. 유교적 가족주의 질서에서 부모와 자식은 별개의 인격체가 아니라 유기적 단위이고, 자녀의 입신출세는 곧 부모와 문중의 입신출세를 의미한다.

그런데 과거시험은 형식적으로는 양인(良人)에게 문호가 개방되어 있었으나 실질적으로는 양반 지배층만 응시할 수 있었기 때문에 시험에 대한 관심은 주로 양반 지배층에 국한되었고, 과거시험 합격을 가문의 지위 유지와 출세의 발판으로 보는 씨족적 가족주의 사고방식 역시 이들의 사고이다. 그리고 자녀의 출세는 어머니인 여성들에게도 중요한 문제였다. 아들의 과거급제는 사대부 여성의 가장 현실적인 목표이고, 그들의 운명을 가장 결정적으로 좌우하는 사건이다.[291]

17세기 조선에 표류한 하멜은 조선시대 양반층의 자녀교육에 대한 열정과 관심에 대해 다음과 같이 기록하였다.

> 양반이나 잘사는 사람들은 자식의 교육에 신경을 아주 많이 쓰며 아주

---

291. 박혜인, 「한국사회의 교육열에 대한 역사적 고찰: 과거시험이 가족·사회에 미친 영향을 중심으로」, 한국가정관리학회, 『한국가정관리학회지』 12(1), 1994.

어릴 때부터 선생을 두어 글공부를 시키는데 이건 이 민족이 아주 중시하는 일입니다…. 아이들은 하루 종일 엉덩이를 붙이고 글을 읽습니다. 이 어린 소년들이 배움의 기초가 되는 교재를 이해하고 설명하는 것을 보면 정말 놀랄 만합니다.[292]

조선시대의 교육열은 선비, 즉 지식인이나 배운 자가 사회적 품격과 자격을 갖추기 위한 것이지만 실제로는 과거시험 준비와 관련이 있다. 관직을 얻는 것이 교육열, 사실상 '입시열'의 실제 내용이고,[293] 과거시험 합격은 권력과 부를 얻기 위한 수단이었다.[294] 다른 문명권과 달리 오래전부터 중앙집권적인 전제군주 국가를 유지한 중국과 조선의 교육은 언제나 가족, 지역사회의 사업이 아니라 국가의 사업, 즉 국가 이데올로기 확산, 국가 운영에 필요한 인재양성과 관련이 있었다. 중세 유럽은 교회가 가장 중요한 교육 단위이고, 그것이 사립교육기관, 사립학교의 설립으로 나타났지만, 동아시아는 국가가 교육 내용을 관장하고, 인재를 양성하는 중심 기구였다. 따라서 교육기관은 개인에게는 지식습득과 인격수양의 방편이지만 국가는 필요한 인재 양성이 목표였다.

---

292. 강준식, 『다시 읽는 하멜 표류기』, 웅진닷컴, 2004, 289쪽.
293. 정순우, 『공부의 발견』, 현암사, 2007, 125쪽.
294. 이 점은 19세기 말에 조선을 방문한 비숍 여사가 이미 지적하였다. "이런 교육은 관직에 이르는 첫 단계로 간주되었다. 관직은 한국인의 가장 큰 야망이요 목적이다. 그러나 이 같은 교육은 사고력을 개발하거나 학생들로 하여금 그들이 사는 현실적인 세계를 이해하도록 하지 못했다. … 이 같은 교육은 학생들에게 협소하고 편협하고 독단적이고 건방지고 잘못된 자존심을 심어준다. 그리하여 그 자존심은 노동을 경시하는 개인주의적 에고를 만든다. 공공의 선을 생각하는 정신을 파괴하고 사회적 신의를 파괴하며, 행동과 사고를 2천 년간의 진부한 관습과 전통으로 옭죄고, 좁은 지적견해, 낮은 도덕적 감각, 그리고 여성에 대한 경멸을 초래한 그 원흉은 기본적으로 퇴보적이고 경직된 한국의 교육 제도이다." 이사벨라 비숍, 앞의 책, 440-441쪽.

그래서 한국의 전통사회에서 과거시험도 공공사무에 적합한 인재 선발이라는 대의에도 불구하고 사적 욕망의 실현 통로라는 측면이 강했다. 페이샤오퉁 역시 중국 교육을 비판하면서, "서구의 가정교육에는 밖의 사람들을 들어서 자녀의 이기적 행동을 비판하는 '보편성의 윤리'가 있지만 중국의 가족주의는 밝은 우리의 일이 아니라는 '배제성의 윤리'가 작동한다"고 지적하였다.[295] 중국은 1949년 사회주의 혁명과 새로운 사회의 실험을 거쳐도 이러한 경향이 거의 변하지 않았고, 한국은 서구 민주주의가 도입되고 공민교육이 수십 년 진행되어도 거의 변하지 않았다.

1894년 과거제가 폐지되고 갑오개혁에서 신분제를 공식 폐지하자 이제 과거시험을 거치지 않고서도 '양반', 즉 지배층이 될 수 있는 기회가 열렸다. 특히 일제 강점기 이후 교육은 이제 양반 지배층의 특권이 아니라 형식상으로는 모든 사람이 누릴 수 있는 기회가 되었다. 국민은 지배층이 될 수 있는 길이 교육, 시험합격에 있다고 생각했다. 과거 상민이던 사람들, 양반층에 속하나 지역사회에서는 좀 더 지위가 떨어지는 양반층도 경제력을 바탕으로 더 적극적으로 자녀 진학대열에 나섰다.[296] 조선인의 교육열을 자극한 가장 중요한 조건은 일제 총독부의 근대적 교육제도 도입이었다. 일제는 각 도, 부, 군 혹은 대도시에 공립학교를 설립하여 학령기에 들어선 학생이 교육을 받을 수 있도록 했다. 이것은 물론 통치를 위한 것이었지만, 일제의 교육을 거부한 소수의 양반이나 유학자들을 제외한 대다수 한국인은 이 제도를 적극적으로 받아들였

---

295. Horst J. Helle, "Familism: A Threat to the Environment", *China: Promise or Threat?: A Comparison of Cultures*, Chicago: Brill, 2017.
296. 앞의 이항녕의 회고 참조. 자기 동네 숙경이네 부친이 '양반 노릇이 하고 싶어', 외동딸 숙경이를 공부시키기 위해 가정교사를 집으로 불러들였으며, 그것이 서울에 아들을 유학시킨 것보다 더 큰 자랑거리였다고 한다.

다.[297] 그래서 격렬한 입학시험 경쟁이 전국적으로 전개되었다.[298]

과거시험이 폐지된 이후, 근대적 학교제도가 도입된 조선 말기부터 이미 안동김씨, 전주이씨 등 세도정치 세력이나 황족은 학교교육을 통해 가족의 번영을 추구하려 하였다. 이에 대해 당시의 황성신문은 "국가나 민족의 관념은 전혀 갖지 않은 채 오직 가족만 잘 살자고 하는 행동"이라고 질타하였다.[299] 즉, 근대 교육제도에 가장 빨리 적응한 세력은 조선 말기의 권력자들이고, 교육에 대한 그들의 관심은 오직 가족의 번영이라는 목표밖에 없었다. 그러나 미야지마 히로시가 조선말의 소농체제가 '민중의 균질화'를 가져왔다고 지적한 것처럼, 거의 비슷한 조건에 있던 한국의 중상층 농민들도 입시출세주의의 대결에 들어섰다고 봐야 할 것이다.[300]

이제 전통적 가족/씨족주의, 즉 개인보다 가문을 중시하는 유교적 종

---

297. 일본은 "학교설립과 보급에 관해서는 구한국 시대에는 전혀 볼 수 없는 것으로 실로 모든 조선 남녀가 진심으로 감사했다"고 말한다. 조선총독부, 앞의 책, 329쪽.
298. 미야지마 히로시, 앞의 책, 190쪽.
299. 구시세(舊時勢)가 기변(旣變)호미 신학(新學)을 부지(不知)호면 오자오손(吾子吾孫)의 시대(時代)에는 관로(宦路)가 영두(永杜)이짓기로 오(吾)가 학교(學校)를 설립(設立)호야 자손(子孫)을 교육(敎育)홀 취지(趣旨)로 차(此)를 설립(設立)호얏노라호며 당년세도가(當年勢道家)로 영광(光榮)이 취혁(輝赫)호던 안동김(安東金)씨들이 각기전토(各其田土)를 대손(大損)호야 일대사업(壹大事業)을 경영(經營)호다기에 이耳를 경경호야 亟聞호즉 日安東金씨가 宗約學校를 設호얏다하며 … 피(彼)가 기시 가족관념(旣是家族觀念)에 기인(基因)호야 가족교육(家族敎育)을 설행(設行)호즉 기하(其下)에서 가족사상(家族思想)만 발달(發達)호고 가족사업(家族事業)에 매몰(埋沒)호야 기국산하(壹國山河)를 학주에 수송(輸送)커든 기원(其園)에 섭(陟)호야 오가(吾家)의 壹片田庄이나 獨完호가하며 壹國生靈을 地獄에 埋下커던 其室에 入호야 吾家의 數口妻子나 獨安호가하야 國이란 壹念은 腦에 不照호며 民族이란 二字눈 眼에 不暎호야 彼의 癡心癡想이 國家의 安危눈 不問호고 門戶의 保全만 圖코즈호리니 此눈 數百餘姓을 分호야 數百餘部落을 建호며 二千萬口를 散호야 二千萬國을 作홈이니비록 國民의 團結을 圖호야 國民的事業을 行코즈홀엇지 可得호리오. 1908년 9월 4일 『대한매일신보』의 기사 「타파가족적 관념(打破家族的 觀念)」.
300. 미야지마 히로시, 앞의 책, 68쪽.

법제적 가족주의는 크게 약화하거나 거의 사라졌다. 그러나 과거시험 합격이 목표인 입신출세 가족주의는 부분적으로 씨족관념의 잔존과 핵가족 중심의 가족 개념의 성립과 더불어 새로운 형태의 가족주의로 재탄생하였는데, 대표적인 표현이 바로 입시열, 교육 편집증[301]이다.

일제 강점기에 근대 교육기관을 수립한 이후 교육열은 주로 권력과 지위를 높일 수 있는 명문 상급학교 진학, 그리고 일본 유학열로 나타났다. 1920년대 이후 일제가 설립한 보통학교는 전국 각지에서 지원하는 자가 폭발적이어서 다 수용할 수 없었다.[302] 그러자 학부모들이 기금을 출연하여 학교설립에 나서기 시작했다. 예를 들면 충북 영동에서는 공립초등학교 입학식에 많은 학생이 몰려와 모두 수용을 할 수 없자 학부모들이 기부금을 선뜻 납부하여 교사 증축 등에 사용하는 방법으로 자녀를 교육시키려 했다.[303]

중등학교 입시 경쟁도 본격적으로 점화되었다. 고등학교(고등보통학교) 입시 경쟁률은 1930년대 이후 거의 3 대 1이 넘었다. 대학 경쟁률은 그보다 더 높았다. 경성제국대학 입시 경쟁률은 1회에 4.6 대 1, 2회에는 5.46 대 1, 3회에는 5.8 대 1, 4회에는 6.8 대 1을 기록했다. 경성제국대학 법대생은 일제 하에서 최고 관리인 군수자리를 얻을 수 있기 때문에 당시 한국의 엘리트 청년들 대부분이 가장 선망하는 자격이었다. 이미 이 당시에도 아들이 입시에 실패한 것을 비관하여 물에 빠져 죽은 아버지, 자살한 어머니가 있을 정도로 자녀의 대학 입학은 온 가족의 가장 중요한 사업이었다.[304] 이때 이후 현재까지 자녀의 진학 실패로 부모가 자살

---

301. 강창동, 『한국의 교육문화사』, 문음사, 2004, 250쪽.
302. 「교육열과 지방관청」, 『동아일보』, 1922. 6. 2.
303. 「영동학부모 교육열」, 『동아일보』, 1921. 4. 17.
304. 강창동, 앞의 책, 259쪽.

을 감행한 현상은 현대 한국 가족주의의 특징이다. 즉, 부모가 자식의 성공을 곧 자신의 성공이자 가족의 성공으로 받아들였다는 말이다.

일본 식민지 지배체제하에서 제한적으로 개방한 교육 기회는 8.15광복 후 전면적으로 확대되었다. 전통적 신분, 그리고 친일파의 여부에 따라 좌우되던 교육의 폐쇄성을 완전히 극복하여 상급학교 진학을 향한 한국인의 열정은 가히 폭발적이었다. 8·15 광복 직후 '교육 폭발'을 목격한 오천석 초대 교육부장관은 다음과 같이 말했다.

> 부형은 모든 곤란을 무릅쓰고 그 자녀를 교육시키려는 열정을 쏟았고 결과로 청소년은 그야말로 문자 그대로 학교로 밀물같이 몰려들었다. 구세대는 그들이 친히 받지 못하였던 교육의 혜택을 그 자녀에게 입게 함으로써 영달의 길을 열어주려 하였고 신세대는 교육의 힘을 빌려 그 꿈을 실현시켜 보려 했다. 이 현상은 마치 일정의 구속 밑에서 억제되던 교육에 대한 열정이 둑을 넘어 격류가 되어 흐르는 것 같았다. 지방에서 대학을 세우기 위하여 제출된 수만 건의 시민의 청원서를 보고 그 정열에 감격한 적이 있다.[305]

특히 '상놈', '아랫것'으로 불리면서 무식하다고 손가락질 받던 사람들 중 약간의 경제력이 있는 사람들은 '해방'이 되자 자식이 명문학교 졸업장을 따면 자신을 무시했던 사람들처럼 잘살 수 있을 것이라고 기대했다. 일제하에서는 민족 말살교육에 대한 거부감 때문에 자녀를 학교에 보내지 않던 사람들도 이제 자녀를 상급학교에 보내기로 마음을 먹었다.

한국전쟁 이후 1950년대 말에 일상화된 한국 가족의 주요 활동은 생계유지 다음으로 자녀 교육이다. 특히 도시 주민의 주요 관심사는 교육

---

305. 오천석, 『한국신교육사』, 현대교육총서출판사, 1964, 499쪽.

이었다. 어머니들은 자녀의 학교 숙제 돌봐주기, 준비물 챙겨주기, 시험공부 시키기, 선생님 방문 등을 통해 자녀의 교육에 함께 참가하였다. 당시 도시의 부모, 특히 어머니들의 관심사는 오직 자녀 교육, 자녀의 성적이었다.[306]

이제 자녀의 성적은 입시의 성공을 보증하기 때문에 온 가족의 관심사가 되었다. 1961년 『경향신문』에는 다음과 같은 내용이 실렸다.

> 입학할 자녀를 둔 부모뿐만 아니라 대부분의 가정 분위기는 매일 자녀가 받아오는 시험점수에 좌우되기 마련이다. 어제보다 몇 점 더 받아왔으면 온 가족이 환호성을 지르며 즐거워하지만 현상유지도 못했을 경우 가정 분위기가 석고처럼 딱딱해지기 마련이다. 시험의 점수가 한 가정의 분위기를 좌우하는 바로메타가 된다는 사실은 아무리 생각해도 찬성할 만한 일은 못 된다.[307]

1950년대부터 지금까지 한국의 가족주의에 기초한 교육열을 가장 상징적으로 집약한 용어가 치맛바람이다. 어머니들이 자녀 교육을 위해 거의 맹목적이고 헌신적으로 자신을 투여하는 현상이 이렇게 드러났다. 과거 조선시대에도 어머니의 교육적 역할을 크게 중시하였지만, 여성의 사회진출, 사회출입이 여전히 차단되고, 현모양처의 이데올로기가 작동하던 1950년대 이후 기혼 여성들은 어머니로서 자녀 교육이라는 '대안'에 일방적으로 집착 하였다. 조선시대에는 어머니들의 교육열이 주로 양반층에만 해당되었지만, 현대사회에 와서는 중간계급, 거의 모든 계층에

---

306. 김자혜·김미숙, 「화이트칼라 가족연구」, 한국가족학회, 『가족과 문화』 14(1), 2002, 93쪽.
307. 「중학입시와 부모의 마음」, 『경향신문』, 1961. 11. 21.

게 확산된 전국적인 현상이었다. 즉, 어머니들의 자녀교육에 대한 열정은 가부장주의와 여성의 사회참여기회의 제한이라는 조건에서 여성들이 가장 현실적인 자기실현의 '대안'으로 추구했다고 볼 수 있다. 여성의 공적 진출을 '차단'하는 한국의 남성 위주의 사회질서하에서 여성의 자기실현의 방식, 사회 내에서 자신의 존재를 인정받지 못한 것에 대한 보상, '인정투쟁' 혹은 '한풀이'라고 볼 수도 있다. 볼 수 있다. 여성들은 더 이상 자신의 처지를 숙명이나 팔자라고 생각하지 않게 되었지만,[308] 개인으로서 자기실현이 아닌 자녀와 자신을 동일시하고 부모로서 도리를 다한다는 생각, 즉 가족지위 추구 방식으로 자기실현의 열망을 표출하였다.

  교육 열정은 가족 전체의 계층 지위상승의 기대, 그리고 자기 자녀가 다른 아이에 비해 뒤떨어지지 않을까 하는 불안감에 기초한다. 이 불안감 때문에 한국의 부모들은 자기 자식을 위해서는 모든 것을 희생할 수 있고, 어떤 변칙을 통해서도 성공시켜야 한다는 극심한 가족이기주의가 심층에 자리 잡고 있다. 부모들은 교육정책에 과도한 관심이 있지만 그것은 오직 입시와 관련해서만이다. 이러한 교육열은 단순한 열정 수준을 벗어나 거의 전쟁 같은 상황이며, 자녀는 이러한 전쟁에 승리해야 할 임무를 가진 전사(戰士) 같은 존재로 간주되었다. 이들 부모들은 자녀의 성공을 위해 명문 대학에 부정입학하는 것도 마다하지 않았는데, 1970년대 이후 매년 이런 소동이 발생한 것도 바로 부모들의 지나친 교육열의 결과였다. 심지어 "예체능 점수는 어머니 점수"라는 말까지 나온 것도 여기서 기인한다.[309]

  즉, 교육기회가 개방된 1950년대 이후 한국의 자녀 교육은 온가족이

---

308. 최길성, 「어머니의 한」, 『한국인의 한』, 예진, 1991.
309. 김윤용, 「가족이기주의에 편승한 망국병, 학부모의 과잉 교육열」, 우리교육 편집부, 『초등 우리교육』, 1991. 12, 134-139쪽.

동원된 가장 중요한 집단적인 '투자'였고,[310] 그래서 이 경우 교육열의 동력이 바로 가족주의이다.[311] 가족은 자녀가 공부를 잘하하여 사회적으로 출세하는 것을 기획하였고, 학부모는 이 도리를 다하기 위해 '애살'을 갖고 뒷바라지를 해야 한다고 생각했다.[312] 부모는 자녀의 학업 성적, 명문대학 입학이 자신의 욕구를 '대리로 충족'시키는 방편으로 생각하였다. 1960년대 이후 인구이동 조사를 보면 자녀 교육 이유로 서울과 대도시로 이동하는 사람의 비중이 경제적 이유 다음으로 높은 것으로 나타났다. 학부모들은 자녀교육을 위해서는 농촌으로 떠나 도시로, 그리고 도시에서는 더 유리한 학군으로 이동할 의사가 있고 실제로 그렇게 행동했다. 1980년대 조사에 따르면 교육은 경제 다음으로 거주지 이동의 중요한 요인으로 나타났다.[313] 그것이 1980년대 이후 가장 좋은 학군으로 떠오른 8학군 현상, 즉 입시산업의 팽창과 엄청난 고액과외, 집값 고공행진 등을 초래한 이유이다. 도시화가 본격화되고, 도시 중산층이 형성된 1977년부터 1987년까지 교육열은 가장 두드러졌다. 최소한 대학 이상의 학력을 갖추고자 하는 부모는 이 기간 58.3 %에서 84.3%로 증가했다. 1987년 당시 학력이 중졸 이상인 학부모는 90% 이상이 자녀가 대학 이상의 학력을 갖기를 원했다.[314] 그래서 비도시 지역 학부모들은

---

310. Chang, Kyung Sup, 2010b. pp. 27-50.
311. 「국민학교에 불어닥친 치맛바람」, 『경향신문』, 1961. 4. 5.; 정윤수, 「'골프 대디' 현상과 한국의 가족주의」, 새얼문화재단, 『황해문화』 통권 79호, 2013.
312. 여기서 애살이란 "자신이 맡은 일을 잘하고자 하는 욕심과 애착이 있는 상태"를 말한다. 주로 여성에게 쓰이는 표현이다. 김희복, 「학부모문화연구」, 서울대학교 박사학위논문, 1992, 75-80쪽.
313. 윤근섭, 「농촌인구의 이출과 적응에 관한 연구」, 전남대학교 박사학위논문, 1987, 45-57쪽.
314. 김희복, 「한국인의 교육열 탐색: 부산지역의 고등학교 학부모를 중심으로」, 『경희대학교논문집』 11(3), 1990.

자녀의 교육 때문에 생이별을 해야 하는 불편함을 겪었다.[315]

학교 성적, 그리고 상급학교 진학에 집착하는 부모의 열정은 학교 교육 과정에서도 나타났다. 어느 한 교사가 제주도 학부모를 조사하였는데, 그 결과 한 어떤 교사에 따르면 다음과 같은 행태를 보였다.

- 학교에 자주 찾아와 수업 중인 담임을 붙잡고 이야기하는 학부모
- 자기 애가 좋은 성적을 얻거나 급장으로 뽑히면 담임을 추켜세우고, 그렇지 않으면 담임을 못한 것으로 몰아대는 학부모
- 등교 시 자동차로 학교까지 바래다주는 학부모
- 숙제를 대신 해주는 학부모
- 매일 시험답안지를 살피고 점수에 신경쓰는 학부모
- 가정교사를 채용해 가정학습에 열중시키는 학부모
- 연령이 미달이지만 이 애는 머리가 좋으니까 학교에 넣어달라고 조르는 학부모[316]

이것은 사실 1950년대 이후 1980년대까지, 아니 지금까지 한국의 거의 모든 초등학교에서 볼 수 있는 흔한 풍경이다.

이러한 교육전쟁은 사실상 사회가 '만인 대 만인의 전쟁 상황'과 같기 때문에 초래된 것으로 보아야 한다.[317] 즉, 입시 전쟁에 실패하면 학생뿐만 아니라 온 가족의 운명이 나락으로 떨어진다고 생각하였다. 이것은 계급적 연대나 이념지향적 정치참여, 사회연대활동을 통해 사회적 처지

---

315. 박근수, 「벼랑에 몰린 농민, 어디로 가야 하나」, 『월간 우리교육』 1991년 8월호.
316. 김성택, 「제주시 학부모의 교육열」, 『제주시』 1970. 6., 39-43쪽.
317. 박남기, 「한국인의 교육열 이해를 위한 대안적 관점」, 『교육학연구』 32(5), 1994, 185-206쪽.

IV. 한국 가족주의의 표출 양상과 역동성   **173**

를 개선하거나 지위를 유지하는 길을 차단한 분단, 전쟁 이후 한국사회의 극우반공주의 지배구조가 조정하도록 유도한 대중의 적응행동이자 행위자의 입장에서 보면 정치사회 참여에 대한 관심을 접고 가족에 대한 집착을 그 '대체물'로 교환(trade-off)한 측면도 있다.[318] 즉, 극우반공주의 체제에서 가족의 지위를 상승시키기 위한 자녀의 명문학교 진학은 가장 확실하고 안전한 선택지며, 교육자격증은 재산과 더불어 불안한 세상에서 버틸 수 있는 최소한의 안전장치이자 보험이기 때문이다. 그래서 교육은 사보험, 보증수표, 자격증이고, 효과가 입증된 투자, 일종의 신경안정제였다. 즉, 불안한 세상에서 보호막으로 작용하는 가족, 가족주의에 대해 이광규는 다음과 같이 지적했다.

> 부모가 자녀의 능력은 고려하지 않고 모든 것을 다 배우게 하여 학교 방과 후에도 태권도, 주산반, 영어반 과외교육을 받게 하여 초등학교 어린이부터 단 10분의 여유도 주지 않는 것이 가족주의에 입각한 자녀교육 방식이다.[319]

1979년 국제비교 조사에 따르면 한국은 조사대상 국가 중 고등교육을 희망하는 학생의 비율이 84.8%로 세계에서 가장 높게 나타났다. 그중 4년제 대학 이상을 희망하는 학생의 수도 82.3%로 다른 나라의 두세 배 이상이었다.[320] 가족교육투자는 가정경제를 완전히 집어 삼킬 정도가 되었다.

---

318. 김동춘, 앞의 글, 2000 참조.
319. 이광규, 「한국사회의 가족주의 전통과 그 변화」, 한국청소년정책연구원, 『한국청소년연구』 제17호, 1994년 여름.
320. 이인효·박현정, 「교육열의 구조에 대한 문화기술」, 『교육진흥』 20, 1993, 63-109쪽.

지위추구 가족주의에 기초한 가족 투자의 입시열기가 상급학교 진학 열병에만 나타난 것은 아니다. 최근에는 스포츠 영역에서도 다음과 같은 행태를 보인다.

'골프 대디'나 '사커 맘' 같은 말이 성공한 선수의 부모를 가리키며 쓰이기 시작했는데, 사실 유명 스타는 물론이고 무명의 선수 역시 온 가족의 처절한 희생 속에서 운동을 해왔다. 성공한 선수들 뒤에는 어김없이 만사를 제쳐두고 운동하는 자식 뒷바라지에 나선 부모가 있었다…. 소치에서 메달 소식이 들려온다. '우리 자식의 쾌거'다. 화면은 가족을 비춘다. 열악한 환경에서 온갖 비리와 파벌, 부상과 슬럼프의 고통을 함께 치른 부모가 먹먹한 눈빛으로 울음을 겨우 참는다. 이는 곧 모든 우리의 초상화다.[321]

국가대표 선수가 되어 국위를 선양한다는 국가주의와 가족 지위 향상이라는 현상은 하나로 맞물려 있으며, 한국사회에서 챔피언이 되는 것과 스포츠 챔피언이 되는 것은 동일한 일이다. 다시 말해 부모는 공부나 스포츠 자체에는 거의 관심이 없고 오직 출세를 위한 수단으로 여길 따름이다.

그런데 한국인의 자녀교육에 대한 열정은 단순히 한반도에 거주하는 한국인들에게만 나타난 현상은 아니다. 같은 시기 중국이나 소련에 거주하던 한국인에게도 같은 현상을 볼 수 있다. 소련지역에 거주한 한국 이주자들도 120개 소수민족 중 가장 교육열이 높은 것으로 정평이 났다. 즉, 구소련 시절 대학 재학자의 수로는 한국인이 두 번째이고, 교수

---

321. 정윤수, 「스포츠 국가주의와 가족주의」, 『경향신문』, 2014. 3. 3; 정윤수, 앞의 글, 2013, 264-280쪽.

숫자는 첫 번째를 기록했다고 한다.[322] 아마 소수민족이라고 차별받는 한국인이 생존하고 복리를 추구하는 길은 오직 자녀 교육밖에 없다고 생각했기 때문일 것이다.

결국 8.15 이후 국내외의 모든 한국인에게 나타나는 교육열은 조선시대 양반 가정이 약간이라도 지키려던 공적인 인간인 '선비' 양성의 측면은 사라지고, 오직 일류학교 진학을 통한 가족 지위 향상의 의미만 남게 되었다. 그런데 입시, 상급학교 진학은 졸업장이라는 '문화 화폐'를 통해 돈과 권력의 획득, 주로 경제적 자본 획득을 위한 정거장에 불과하다. 부모는 자녀의 인격 도야나 학문적 성취에는 거의 관심이 없기 때문에 이것은 교육열이라기보다는 출세 경쟁,[323] 체면을 의식한 강박,[324] 혹은 지위추구를 향한 열병이라고 봐야 할 것이다.[325]

현대 한국인의 입시열은 조선시대 과거시험 합격에 사활을 건 씨족 혹은 가문 간의 경쟁과도 다르다. 즉, 지위추구, 출세의 욕망은 거의 동일하지만 그 출세의 단위가 과거와 같이 친족/씨족이 아니라 주로 핵가족이라는 점이 다르다. 씨족 문중 사람 한 사람이 잘되면 온 구성원이 혜택을 본다는 씨족/친족적 가족주의가 1980년대까지는 어느 정도 남아 있었으나 1990년대에 와서는 완전히 사라졌다.[326] '지위추구 가족주의'의 가장 전형적인 표출인 교육열은 현대 사회에서는 자녀에 대한 '소유 관념'에 기초해 있다. 가족관계가 소유의 질서에 지배되면 가족 구성원은 도구적으로만 유용하다. 물론 1980년대까지, 심지어 최근까지도 자녀를

---

322. 김윤수, 「소련 거주동포의 활약상 2, 자녀들에 대한 교육열도 대단」, 『통일』 49, 1985, 114-118쪽.
323. 김인회, 「한국인의 교육열, 그 허와 실」, 『대학교육』 50, 1991.3, 71-77쪽.
324. 정원식, 「교육열」, 『사회과학과 정책연구』 6(3), 1984, 81-91쪽.
325. 정원식, 같은 글.
326. 김희복, 앞의 글, 304쪽.

부모의 분신으로 보고 독자적인 인생을 개척할 개인으로 보지 않는 유기체적 가족주의는 어느 정도 남아 있지만, 자녀를 부모의 욕구를 위한 대상이나 수단으로 간주하는 경향은 더 커졌다.[327]

그렇다면 이러한 '지위추구 가족주의'의 전형적인 표출인 입시열은 모든 한국인에게, 모든 사회계급이나 계층에 공통적으로 나타난 현상인가? 식민지 시기나 그 직후의 관련된 사회조사 자료가 없기 때문에 정확히 판단할 수는 없으나, 일제 시기나 그 직후에도 강한 교육열, 교육 편집증을 가진 사람들은 자녀를 상급학교에 보낼 수 있는 정도의 경제력을 가진 중간층 이상의 사람들이었을 것이다. 최재석의 조사에 따르면 1970년대에도 농촌에서 양반출신과 상민출신의 교육 정도는 여전히 크게 차이가 있었다. 그 이유는 교육기회가 개방되었다고 하더라도 사회경제적인 제약이 작용했기 때문일 것이다.[328] 반상(反常) 간의 사회적 차별은 없어졌으나 경제, 학력은 반상 출신 간에 여전히 큰 차이가 있었다.[329] 따라서 과거 양반 지주 출신들이 자녀 교육에 적극적이고, 그것은 경제적 조건의 차이와 어느 정도 중첩되었을 것이다.

1950년대 모든 농민이 교육열이 높지 않았다는 조사도 있다.[330] 그러나 도시지역은 계층, 계급에 관계없이 전반적으로 교육에 대한 관심이 높았다. 도시는 이웃의 행동에 더 자극을 받게 되고, 점차 중간층에서 하층까지 교육열이 확산되는 양상이 나타난다. 계층 상승의 기회가 가시화되고, 농촌에 비해 버는 돈을 중심으로 이웃 친구들과 경쟁의식도 갖기 때문이다. 최협의 조사에 따르면 서울에 살던 도시 빈민은 전반적

---

327. 김형효, 앞의 글, 29쪽.
328. 최재석, 『한국농촌사회연구』, 일지사, 1976, 490쪽.
329. 최재석, 『한국가족제도사연구』, 일조각, 1986, 530쪽.
330. 최종욱, 「내가 고찰한 농촌사회와 학교」, 이화여대 교육학과 교육연구회, 『교육연구』 제14호, 1959.

으로 생활의 압박 때문에 자녀의 교육에 신경을 쓸 겨를이 없었지만, 학교에서 자신의 자녀가 남에게 뒤지지 않게 신경을 쓰거나 자녀 교육을 위해 서울 생활을 고집하는 사람들이 있었다.[331] 당시 판자촌을 조사한 연구자들은 "나는 좀 더 잘 살고 싶다"는 말을 거듭해서 들었는데, 농촌에서 일정한 지위나 영향력이 있는 사람들이 존경을 받고 살기를 포기하고 도시사회의 최하층에서 전개되는 가혹한 생존경쟁에 가담한 중요한 이유 하나가 자녀를 기술교육이라도 받을 수 있는 공업학교나 상업학교에 진학시켜 남부럽지 않게 살고 싶은 욕망이었다.[332]

한편 최상층은 중간층에 비해서 교육열이 높지 않을 가능성이 있는데 그것은 재산을 물려줄 수 있기 때문일 것이다. 중간층이 강박증적인 교육열을 보이는 이유는 달리 경제적 자본이 풍부하지 않아서 '교육이 자녀의 평생을 좌우한다'고 생각하기 때문일 것이다.[333] 1980년대 조사에 따르면 고소득자일수록 일류대학을 강하게 선호하고 아버지의 직업적 위계가 높은 사람일수록 대학 진학률이 높은 것으로 나타났다. 1970년대 이후 부모의 소득수준, 직업적 지위, 학력수준이 높을수록 대학진학 가능성이 높은 것으로 나타났다.[334] 하층은 경제적 여유가 없어서 진학을 포기하기도 하지만, 부모가 생계의 압박 때문에 자녀 교육에 별로 신경 쓸 겨를이 없고, 또 자녀의 학습지도에 어떻게 개입해야 할지 모르기 때문에 상대적으로 교육에 덜 열성적일 수밖에 없다.[335] 그러나 1980년대 중반 이후에는 노동자도 임금상승으로 중산층화 되어 사실상 교육열은 거의 온 국민에게 해당되는 현상이 되었다고 봐도 좋을 것이다. 이들

---

331. 최협, 『판자촌일기: 청계천 40년 전』, 눈빛, 2012, 56-111쪽.
332. 같은 책, 181쪽.
333. 이인효·박현정, 앞의 글, 77쪽.
334. 김부태, 『한국학력사회론』, 내일을여는책, 1995, 203-205쪽.
335. 이인효·박현정, 앞의 글.

중산층은 한국 경제성장의 최대의 수혜자이자 오늘의 다이내믹 코리아를 만든 주역이기도 하다.

식민지 근대화 과정에서 신분 장벽이 허물어지고 명문학교 졸업장이 그것을 대신하자 교육은 과거의 신분적 제약, 즉 '운명'의 제약을 넘어서는 가장 효과적인 지위 추구의 수단이 되었다. 과거에는 운명과 자연 질서의 틀 내에서 최선의 가족적 복락을 추구하였으나 이제는 교육이라는 세속적 수단을 이용하면 그 범위나 한계를 넘어설 수 있게 된 셈이다.[336] 그리고 분단과 한국전쟁으로 극우권위주의 정권 수립과 해방정국에서 활발했던 사회참여와 정치활동이 '차단'되자 일반인은 더 사적인 지위추구의 대안에 집착했고, 여성은 공적 질서에 참여해서 자기실현을 하기 어려웠기 때문에 자녀 교육에 집중했다. 결국 한국에서 가족투자는 계급연대의 '대체물'로서 계층상승의 유일한 길로 선택된 것이다. 한국전쟁 이후 반공국가의 수립과 안보를 위한 국가의 억압적 사회통제는 사회적 연대와 계급갈등의 공간을 폐쇄했다. 즉, 피지배계급이 스스로 계급적으로 연대할 수 있는 기회를 봉쇄하여 국가권력에 개인적, 수직적 접근을 통해서만 중간층과 피지배계층의 열망이 수렴될 수 있었다. 교육열은 사회 내에서의 이익표출의 현실적인 한 방식, 혹은 계급갈등의 잠재력이 다른 방식으로 표현되는 것이라고 볼 때, 한국의 높은 교육열, 그리고 핵가족주의는 바로 반공국가가 차단한 계급갈등이 '대체'된 것, 혹은 그 에너지가 다른 방식으로 표출된 것으로 해석할 수 있다.[337]

자녀의 입시 성공에 모든 것을 건 여성들의 '인정 투쟁'은 여성의 가족 밖의 사회를 '지향한' 행동이라는 점에서 근대적이지만, 기실은 '자궁 가족'의 개념에서 탈피하지 못하였으며 전통 가족의 남녀 차별, 가정

---

336. 윤태림, 앞의 책, 1974, 252쪽.
337. 김동춘, 앞의 글, 2000.

내 존재로 자신을 위치 짓는 가운데 진행된다는 점에서 전근대적이고 가부장적인 가족관념 위에 있다. 자식의 성공이 곧 부모, 어머니, 가족의 성공이라는 가족주의 도식을 견지하기 때문에 서구의 개인주의와는 거리가 있다. 현대 한국의 여성은 더 이상 '출가외인' 이데올로기를 받아들이지 않았지만, 가족이나 아들의 성공이 곧 자신의 성공이라는 조선 시대 이래의 여성의 '하위 주체성' 의식을 산업사회의 남녀 성별 분업, 핵가족주의 시대의 가부장주의와 결합시켰다.

2. 기복(祈福)신앙

한국인의 의식, 가치관, 국민성, 행위유형 등을 연구하는 학자들은 한국인이 대단히 현세 중심적이라는 점에 대해 거의 일치된 결론을 내린다. 박종홍은 불교사상사 연구에서 한국인이 현세적 실제적인 것에 애착이 있다고 말했다.[338] 윤태림은 한국인은 예부터 이상보다는 현실을, 미래보다는 현재를 중시하는 생활방식을 가지고 살아왔다고 말한다.[339] 이상은은 "동양에서는 신을 축출하거나 사망을 선언한 적이 없다"고 말했는데,[340] 이것은 동아시아 사람들은 천인합일을 추구했으나 실제로는 내세보다는 현세 중심의 관점이 있다는 말로 해석할 수 있다. 김경동은 한국인이 현세적 자아중심적이라고 지적하면서 "피지배층도 주어진 관계에 적응하고 운명을 감수한다는 생각이 있다"고 지적하였다.[341] 서양 선교사들도 "유교에는 제공할 만한 아무런 영적인 메시지가 없고 결과적으로 대중을 미신의 먹이가 되도록 내버려둔다"고 지적했다.[342]

많은 연구자가 한국의 현세중심주의는 한국인의 무속신앙 사상과 깊은 관계가 있다고 지적한다. 유동식은 무교(巫敎)를 한국인의 종교적 바탕이라고 보았다. 그는 무교가 "외래종교와 혼합해 변형하면서 역사 속을 흘러왔다"고 주장하였다.[343] 한편 임석재는 "무속은 우리 민족의 저

---

338. 박종홍, 『한국사상사』(불교편), 박종홍 전집 제4권, 서문당, 1991.
339. 윤태림, 『한국인의 성격』, 현대교육총서출판사, 1964, 237쪽.
340. 이상은, 「동양적 인간관」, 『유교와 동양문화』, 범학도서, 1975, 326쪽.
341. 김경동, 『공업화의 사회적 충격과 미래의 과제: 한국사회의 전통적 요소와 상호작용을 중심으로』, 한국정신문화연구원 엮음, 1979, 69쪽.
342. 세실 허지스 외, 『영국 성공회 선교사의 눈에 비친 한국인의 신앙과 풍속』(안교성 옮김), 살림, 2009(Cecil Hodges et al., *The English Church Mission in Corea*, A. F. Movbray & Co. Ltd, 1917), 36쪽.
343. 유동식, 『한국 종교와 기독교』, 대한기독교서회, 1965, 15쪽.

변에 흐르는 민족의 심리로서 우리 민족의 문화구조로 연구해야 한다"면서 무속이 한국인의 정신구조의 심층에 자리잡고 있다는 것을 강조했다.[344] 교육학자인 김인회는 무속의 기본사상은 자연주의적 현세중심주의, 조화론적 평등주의, 현실주의적 실용주의라고 보았다.[345] 무(巫), 즉 무당은 "춤과 노래로 신과 통할 줄 알고 인간을 위해 신께 기도하는 사람. 고대 신교의 주재인으로서 춤으로 강신하고 노래로 신을 모셨으며 사람을 위해 기도하고 재앙을 물리치고 복을 재촉하는 존재"인데,[346] 무의, 즉 굿은 무당의 종교적 의례를 말한다. 한국인이 "굿이나 풀이를 한다"고 할 때, 그것이 갖는 의미는 '인간의 이익을 위해 신과 거래하고 신을 이용한다, 놀이를 통해 신과 인간, 인간과 인간이 화해한다, 삶을 확인하고 공동체 속에서 자기를 발견한다'는 데 있다. 이 점에서 풀이는 대단히 현세적이고 실용적이며, 공동체적 성격을 띤다.[347] 이것이 복을 부르는 행위, 즉 기복(祈福)이다.

기복의 사전적 의미는 "초자연적인 것에서 현실의 삶에 유익한 것을 구하는 것"이다. 그래서 기복은 초자연적인 것, 즉 신성한 영역이 존재해야만 하고, 신성한 것과 인간을 매개하는 그 무엇이 있어야 한다.[348] 복을 비는 마음이나 행동은 일일이 의식하지 못할 정도로 한국인에게는 매우 익숙한 행동이다. 그런데 어떻게 이러한 복을 얻을 것인가가 중요하다. 여기에 대한 한국인의 응답은 기복, 축복(祝福), 초복(招福) 등의 실천이었다. 복은 하늘의 뜻에 따라 그냥 오는 것이 아니라 복을 불러오

---

344. 임석재, 「한국무속연구 서설」, 『아세아문화연구』 제9집, 1970, 73쪽.
345. 김인회, 『한국인의 가치관: 무속과 교육철학』, 문음사, 1979.
346. 이능화, 『조선무속고- 역사로 본 한국무속』, 창비, 2008.
347. 김인회, 앞의 책, 105-113쪽.
348. 백종구, 「한국 초기 개신교 선교부의 기복신앙: 구한말 민간신앙의 기복적 요소 수용과정을 중심으로」, 『한국교회사연구』 13(13), 2003.

는 적극적인 맞이 행위가 중요하다.

한국 사람들에게 재수(財數) 굿이란 신령과 접촉하는 것을 의미한다. 재수 굿의 중심이 대감거리다. 그런데 조상도 신령한 존재 중의 하나다. 조상을 섭섭하게 하여 조상이 분노를 품을 경우 후손과 친족에게 악을 미치는 있는 존재라고 생각했다.[349] 그래서 과거 거의 모든 한국인은 조상신과 자연신(신령님) 등 각종 귀신께 모든 가족이 화를 면하고 복을 얻게 해달라고 빌었다. 한국인은 이들 귀신이 인간의 길흉화복(吉凶禍福)을 좌우한다고 믿으면서 제사, 불교사원 참배, 굿, 집 안에 설치한 각종 주물(새끼줄, 부적, 헝겊, 짚) 등을 통해 기복을 했다.

한국인은 전통적으로 오래 사는 것(壽), 재물을 많이 갖는 것(富), 높은 지위를 얻는 것(貴)을 복의 중요한 지표로 삼아왔다. 이 수의 긍정과 존중에는 현세 긍정적인 사고, 생명 긍정적 사고가 깔려 있다.[350] 근대 이전에는 수, 부, 귀(貴)를 모두 중시하였으나 자본주의 현대 사회에 와서는 돈이 다른 모든 재물의 가치를 대체하는 가치가 되었다. 그래서 오늘날에서는 물질적인 축복이 가치에서 으뜸의 위치를 차지했다. 한국인은 행복을 좌우하는 가장 중요한 요소인 많은 금전과 벼슬의 높낮음만을 기준으로 삼았지, 왜 돈과 권력이 그렇게 소중한 가치인지는 심각하게 생각하지 않는 경향이 있다. 특히 '귀함', 즉 권력에 대한 강박증이 있고, 귀한 존재가 되기 위한 수단으로 과거시험 합격을 최고로 여기고, 강조하였으며 이것이 현대에 와서 과잉 교육열로 나타났다.

즉, 한국인의 종교심리의 기저에 자리 잡고 있는 기복 사상에는 가족의 복리와 성공을 비는 현세주의, 물질주의 등 무도덕적(amoral) 요소가

---

349. 김성례, 「기복신앙의 윤리와 자본주의 문화」, 『종교연구』 27, 2002, 61-86쪽.
350. 최정호, 「복의 구조, 한국인의 행복관」, 『계간사상』, 1990 여름.

있다.[351] 그것은 본능적인 자기(가족)사랑이고 올바르게 사는 것이 무엇인지에 대한 관심은 거의 없다.[352] 기복, 축복의 단위가 바로 개인이 아니라 가족이었다. 그래서 무속에서의 인간은 개인이 아니라 '가족 구성원'으로서 인간이다. 물론 무속에서 비는 단위가 가족공동체를 넘어 마을단위나 단체, 더 나아가 국가공동체로 확대되기도 한다. 그리고 살아 있는 사람뿐만 아니라 죽은 사람까지도 이 관계구조에 포함되기도 한다.[353] 즉, 무속에서 혈연 공동체라는 관계구조는 민족이나 국가와 같은 관념적 공동체가 아니라 사람의 현장에서 피부로 접촉하고 체험하는 현실적이고 구체적인 공동체다. 조상과 가족에 대해서는 무속, 즉 굿과 풀이 전체가 절대가치를 부여하는 경향이 있다.[354]

다시 말해 귀, 즉 높은 벼슬을 하는 것, 입신출세는 언제나 가문, 씨족 단위의 축복이자 지위 상승 문제였다.[355] 수(壽), 즉 건강과 질병 퇴치는 다른 사람이 대신할 수 없는 것이지만, 부와 귀는 온 가족이 함께 누리는 것이기 때문이다. 그런데 신분사회인 조선시대에는 오직 양반만이 이런 귀한 존재가 될 수 있었기 때문에, 전통사회에서 부와 귀를 얻자는 기복은 주로 지배층의 전유물이었다고 해도 과언이 아니다. 고려 말의 불교가 기복신앙화되어 극히 타락한 양상을 보였는데, 그것은 불교가 지배층의 기복의 통로이자 도구의 역할을 했기 때문이다. 물론 조선시대에도 민간신앙 차원에서 기복적인 요소는 남아 있었다. 귀는 얻을 수

---

351. 같은 글, 208쪽.
352. 인간의 존재가 행복을 누린다는 발상 자체는 도덕의 부재 혹은 사이비 도덕과 결합된다. 김상봉, 『도덕교육의 파시즘: 노예도덕을 넘어서』, 도서출판 길, 2005, 70-87쪽.
353. 김인회, 앞의 책, 167-168쪽.
354. 같은 책, 251쪽.
355. 최정호, 앞의 글, 194쪽.

없었지만 수, 건강은 누구에게나 평등하게 주어진 것이기 때문이다.

조선 말 유교적 신분질서가 흔들리던 시점부터 위기와 기회는 동시에 왔다.. 이제 모든 사람이 부귀한 존재가 될 기회, 즉 기복의 주체가 될 수 있었다. 이 무렵 조선에 들어온 서양 선교사들은 조선인의 기복신앙 행태에 주목 하였다. 선교사들은 조선인의 조상숭배, 귀신숭배 등을 모두 미신으로 분류하고, 절대자인 하나님에 대한 선한 믿음을 통해 현세에서 복을 얻고 죽어서 천당에 갈 수 있다고 설명했다. 그들은 기독교를 한국인의 기복신창에 부합하는 형태로 해석해서 선교했다.[356] 그들은 현장의 삶의 문제를 주술적으로 해결해온 한국 민간신앙의 기능을 교리적으로 수용하여 기독교 구원론을 전개하였다.

일제 강점기 이후 한국인은 강제 이주, 강제동원, 국가폭력으로 등으로 수많은 고통을 당하였고, 위기와 불안에 처한 한국인의 기복 신앙행태가 더 강하게 드러나기 시작했다. 즉, 제주 4.3 사건 등 거대한 폭력과 희생, 그리고 한국전쟁기의 전사나 부상, 실종, 학살, 가족파괴 등의 대참변을 겪으면서 불교, 기독교, 샤머니즘의 기복신앙화는 두드러졌다. 전통사회 이래의 기복적인 요소는 식민지적 근대, 한국전쟁이라는 대혼란을 겪으면서 미국 선교사들이 전파한 탈정치화된 기독교 근본주의와 결합하였다. 미국의 개신교 근본주의도 남북전쟁 이후 급격한 산업화와 도시화, 그리고 이민의 급증으로 사회적 혼란과 '문화적 세속화에 대해 위기의식을 느낀 사람들이 인간의 힘이 아니라 오직 예수의 초자연적 재림사건으로 천년왕국을 건설할 수 있다고 생각하였다. 이들은 정치사회 문제는 무관심한 채 교회는 이 시대가 아니라 다가올 시대에 관심을 가져야 하며, 신의 가장 위대한 부르심은 세상의 '개혁'이 아니라 세

---

356. 백종구, 앞의 글, 209쪽.

상과 '분리'하는 것이라고 생각했다. 이들은 교회와 국가의 분리, 즉 '정교분리 신앙'을 지닌다.[357]

한국전쟁을 겪은 후 한국교회는 신비주의적인 체험을 강조한 신교파가 크게 번성하였다. 김백문의 이스라엘 수도권, 문선명의 한국기독교통일신령협회, 박태선의 한국예수교전도관부흥협회, 나운몽의 용문산 거점의 전도활동 등이 대표적이다.[358] 문선명과 박태선 등 종말론적 신비주의자들은 천국이 여기 이 땅에서 이루어질 것이라고 '지상천국'을 강조했다. 가족단위로 종교 공동체에 들어가서 집단생활을 함으로써 사회와 절연된 상태로 그들만의 천국을 꿈꾸었다. 신교파는 전쟁으로 가족을 잃고 절망에 빠진 한국인에게 주술적인 신비체험을 통해 현실 속에서 살아갈 수 있는 길을 제시하여 폭발적인 인기를 끌었다.

한국전쟁 이후 크게 늘어난 각종 교파와 교회는 예수를 믿고 헌금을 하면 물질적인 축복과 건강을 얻고 명예를 얻는다고 선전하였다. 순복음 교회의 삼박자 축복 같은 것이 대표적이다. 순복음교회의 조용기 목사는 예수 잘 믿으면 영혼만 구원받는 것이 아니라 물질과 건강까지 얻는다고 강조하였다. 순복음교회는 개인구원과 가족구원에 치중하였는데 지나치게 세속적 성공과 축복에 집착한다는 지적이 있다. 순복음을 비롯한 많은 개신교의 간증은 기복주의와 물질주의에 기초를 둔 신비주의적인 신앙행위로 변질되었다는 비판을 받았다.[359] 앞에서 한국전쟁이 보호적 가족주의를 강화한 결정적 계기라고 지적하였는데 보호적 가족주의의 가장 전형적인 표현행동이 기복신앙이었다.

---

357. 이진구, 「해방 이후 남한 개신교의 미국화: 복음주의 보수 우파의 신앙수용을 중심으로」, 『한국기독교역사연구소소식』 78호, 2007, 4-11쪽.
358. 김흥수, 『한국전쟁과 기복신앙 확산연구』, 한국기독교역사연구소, 1999, 128쪽.
359. 「민중현실 뿌리박은 신앙정파를(기사연 무크 2호)」, 『한겨레신문』, 1990. 7. 15.

원래 기복신앙이라는 것이 신과 인간을 매개해주는 무당이라는 존재가 필요한데, 현대 한국에서는 교회나 목회자가 그 역할을 한 것이다. 한국 기독교인에게 교회는 곧 '복의 배급소'로 간주되었다. 목회자는 '투자식 연보'를 여러 가지 방식으로 강조하였다. 그래서 교회나 목회자는 연보 돈이 누구에게 어떻게 사용되는지 묻지 않고 그냥 무조건 연보 돈을 많이 내면 더 많은 복을 받는다고 강조하였다. 심지어 어떤 목회자는 십일조를 내지 않으면 암에 걸린다고 협박하기도 했다.[360] 이런 설교를 들은 교인은 십일조를 자신과 가족의 복을 위한 투자라고 생각하였다. 이것은 기복적이지만 극히 물질주의적인 태도이다.[361]

신자들의 '복' 개념에 대한 목회상담 조사에 따르면 신자들은, 신도들은 복을 받기 위해서 다음과 같은 구체적인 행동을 한다.[362]

하나님 말씀 순종

새벽기도

주일 성수

헌금생활

십일조하면 물질적 복 주신다

---

360. "미국에서 큰 농사를 짓던 한 사람은 수입이 너무 많아 십일조를 내지 않았습니다. 그러다가 곡식 창고에 불이 나고 가진 것을 잃게 됐습니다. 그는 회개한 후 그동안 핑계를 대며 내지 않은 십일조를 은행에서 대출받아 하나님께 바쳤습니다. 그다음 풍성해지더라는 것입니다…. 하나님 앞에 드려야 할 거 안 드리면 어떻게 되느냐, 사고·질병·수술 비용으로 (돈이) 없어지고, 또 도적 만나 없어져요. 그걸 사람들이 몰라요. 대구에 갔더니 어떤 장로님은 십일조를 떼먹다가, 그 부인이 유방암 걸려 수술을 몇 번을 했대요." 「김홍도 목사, 이번에도 십일조 안 하면 암 걸려」, 『뉴스앤조이』, 2014. 8. 4.
361. 김병서, 「안주한 기복신앙」, 『신앙세계』 제249호, 1989. 4, 34-39쪽.
362. 김정임, 「한국 교회 성도들과 목회자들의 '복' 개념에 대한 목회 상담적 접근」, 『복음과 상담』 제31호, 2003, 39-66쪽.

이 중에서도 헌금, 혹은 십일조에 대해서는 특별한 의미를 부여한다. 신자들은 "하나님이 기뻐하신다", "십일조는 하나님의 것이니 하나님께 드린다", "복을 체험했다. 25년 전 주보헌금 1년 하였더니 넘치도록 주심", "모든 것이 하나님의 것, 일부를 드린다"고 첨가하였다. 이들의 주된 기도제목은 '신앙 성숙', '국가의 정치경제 안정' 같은 내용도 있지만, 주로 '자녀의 진로, 직장, 결혼', 가정, 가족, 건강 등이 빠지지 않았다.

기복을 강조하는 교회는 교회 밖의 사회, 정치공동체에서 시민, 기업인, 노동자, 직업인으로서 어떤 윤리를 실천해야 하는지는 거의 가르치지 않았고 신도들도 그런 문제에 거의 관심을 갖지 않았다. 사회, 정치와 절연된 상태로 개인과 가족의 복리만을 꿈꾸는 가족주의 기복신앙은 한국의 근대화가 가져온 위기에 비례해서 성장했다.

가톨릭도 다르지 않았다. 박문수 신부는 기복신앙은 가족주의의 산물이라고 보았다.

> 오로지 자신과 자신의 가족만 생각하는 옹졸하기 짝이 없는 가족주의가 기복신앙의 뿌리를 이룬다. 그러하니 이웃에 대한 배려나 공동선을 바라는 마음이 적을 수밖에 없다…. 자식사랑, 남편 사랑, 아내 사랑 때문에 정성을 다해 부처님, 하느님, 천지신명을 찾는 모든 이를 탓하기는 어려우나 아쉬운 점이 하나 있다. 복만 비는 것이다. 우리 신이, 부처님이 내 자식만 붙여주고, 남의 자식은 같은 불교인, 천주교인, 개인교인이라도 아랑곳하지않는….[363]

1950년대 이후 교세 확장에 크게 성공한 기독교 교단은 대부분 이러

---

363. 박문수, 「한국 가톨릭 신자의 기복신앙」, 『참여불교』 통권 제7호, 2002, 53-60쪽.

한 가족주의에 호소하여 기복적 요소를 강조한 교파나 교회이다. 즉, 부귀공명을 자손만대에 보장한다는 교회에는 신도들이 구름 떼처럼 몰려들었다. 성직자들이 천배 만배 갚아준다는 약속을 하기 때문에 헌금도 주로 이런 교회에 몰렸다.[364]

김인회는 한국인의 기복신앙의 표현인 무속은 가족주의를 드러낸 것이라고 주장했는데, 그것은 한국 기독교에도 그대로 적용할 수 있을 것이다. 그는 무속종교가 가진 일관된 교육적 의미는 교육대상인 인간이 가족에 헌신하는 윤리적 존재로 길들여진다고 주장하였는데,[365] 그렇게 보면 교회에 나가서 기도하고 간증하는 행위도 무속적 행위라 볼 수 있다. 그것은 신앙적 충실성보다는 사실상 현재와 미래의 불안을 잠재우고 세속적 목적을 달성하기 위한 수단인 경우가 많고, 현실적 삶의 욕망, 살아남으려는 삶의 의지의 표현인 경우가 많다. 한국 무속의 현실주의적 요소가 신분제도의 붕괴와 더불어 입시열과 기복주의적인 기독교 열풍으로 나타났다고 볼 수 있다.

그래서 김인회는 근대 이후 한국의 교육이 이상으로 삼아온 인간상은 무속적 인간상을 극복 변형시킨 것이 아니라 사실은 무속적 인간상 그 자체라고 보았다. 그 이유는 무속적 인간관은 운명의 한계 내에서 가족 공동체의 일원으로만 존재의미를 갖고 살아가는 존재이며 제도 교육은 인위적 노력으로 운명의 한계를 극복할 수 있다고 가르쳐 주었고 그래서 발전적 '능력인'이라는 인간상을 제시했기 때문이다.[366] 그는 현대 한국교육에서 나타나는 '일류병' 등 교육열에는 전통사회에 존재하던 무속적 인간관이 현대의 조건에 맞게 드러난 것이라고 보았다. 가족이라

---

364. 박문수, 같은 글, 55쪽.
365. 「이상교육열은 무속영향」, 『동아일보』, 1979. 8. 1.
366. 김인회, 앞의 책, 253쪽.

는 좁은 공동체 속의 존재로서의 인간관, 즉 가족 절대주의가 일제 강점기 이후 교육을 통한 사회계층 상승 가능성이 열리고 운명 극복 수단으로서 교육이 개방된 현실적 조건을 최대한으로 활용하자는 것이 바로 교육열병이라 보았다.

한국의 유교나 불교는 조선과 고려의 지배층의 지배논리를 합리화하는 성격을 띠지만 무속은 민중의 역사와 함께해왔다. 그래서 김인회는 무속종교는 교육의 대상인 인간을 자연에 순응하고, 자연과 조화를 추구하며 동시에 가족에 헌신하게 하는 윤리적 측면이 있다고 강조하였다.[367] 실제로 전통사회의 기복이 자연의 힘 앞에 인간의 숙명론적 한계를 인정한 것이라면, 현대사회의 '기복'은 그것을 현실적인 방법으로 극복하기 위한 열망을 표현한 것이고, 1950년대 이후 한국인에게 그 극복의 가장 중요한 통로가 학력 자격을 통한 세속적인 지위 상승, 즉 명문고등학교, 명문대학 졸업장을 무기로 해서 좋은 직장, 부귀의 획득을 비는 것이기 때문에 한국사회의 교육과 종교는 가족주의의 가장 전형적인 표출이라는 점에서 공통된다.

특히 돈, 경제적 성공이 모든 사회적 성취의 가장 유일하고 대표적인 상징으로 자리 잡은 1970년대 이후 한국사회의 기복신앙은 물질주의, 무도덕적이고 반사회적인 가족주의와 결합했다. 특히 노동과 검약을 부의 축적의 기초로 본 서구 프로테스탄트의 자본주의의 정신과 무관하게 정치적 특혜, 토지 투기 등의 방식으로 일확천금을 얻을 수 있었던 한국 자본주의 발전 과정에서 물질적인 부는 단순히 근면의 산물이 아니라 재수, 기적, 축복으로 받아들였다. 흔히 후기자본주의 시대 때 재산은 노동과 생산의 결과라기보다는 기적으로 체험하고, '기적의 은혜',

---

367. 김인회, 「한국교육의 무속사상적 연원」, 韓國敎育史學會, 『韓國敎育史學』 제2집, 9-24쪽, 1978.

즉 '돈 벼락'을 대망하는 사고방식이 소비주의와 맞물려 전개되는데, 이런 한국 자본주의 질서의 도입이 기존의 기복신앙과 결합되었다. 그래서 돈이나 자본의 교환은 탈물질화하여 신령이 베풀어주는 재수와 복의 의미로 전환되었다.[368]

이 경우 굿에서 사용하는 재물인 돈의 가치가 특별히 중요해진다. 돈이 다른 재물을 대체하는 상징적인 것 혹은 대표적인 것이 된다. 돈은 신령에게 바치는 정성이고, 신령은 그 성정에 화답하여 재수(財數)를 내릴 것으로 기대된다. 현대 자본주의 사회에서 기업이나 가족이 이러한 재수 굿을 벌이는 것은 가족주의 기복신앙이 자본주의적 물질주의와 철저하게 결합한 것을 보여준다.

김인회, 윤태림 등이 강조하는 것처럼 세속적 성공, 가족주의, 교육열, 무속성은 전통사회 이래로 한국인의 정서 기저에 깔려 있는데, 그것이 현대 자본주의의 물질주의와 결합했다. 매년 입시 때가 되면 팔공산 등 전국의 각 사찰, 심지어 거의 모든 교회에서도 자녀의 합격을 비는 기도회가 열리는데 이것은 바로 무속, 교육열, 그리고 '지위추구 가족주의'가 한 몸이 되어 어떻게 나타나는지를 보여주는 현상이다.

---

368. 김성례, 「기복신앙의 윤리와 자본주의 문화」, 한국종교학회, 『종교연구』 제27집, 2002, 69쪽.

3. 소유권 절대주의와 재산 지위 세습

가족의 존재와 유지의 근거는 재산이다. 헤겔이나 엥겔스가 강조하였듯이 확고한 소유제도의 도입은 결혼제도의 도입, 가족의 성립과 궤도를 같이한다.[369] 가족의 유지와 재생산은 반드시 재산의 유지, 상속과 긴밀하게 결합되어 있다. 이 점에서 일부일처제는 재산의 소유를 전제로 하는 매우 보수적인 사회 단위이고, 따라서 가족의 재산을 지키고 계승하려는 가족주의 역시 기본적으로 보수적 가치라고 볼 수 있다. 사실 (지위유지) 가족주의는 기존의 정치경제, 지위 배분의 현실을 그대로 유지하자는 것이다. 그래서 한국은 물론 서구의 모든 보수주의자도 언제나 가정, 가족을 중시한다. 사회학자 니스벳(Nisbet)은 "세금이나 기타 다른 형태의 재분배를 통해서 가족 소유로부터 재산을 이완시키려는 법적 위협에 대해 싸운 것만큼이나 보수주의자가 자유주의자나 사회주의자에 대항하여 필사적으로 투쟁한 문제도 없다"[370]고 강조했다. 그것은 가족질서의 기반인 재산의 유지가 가족 승계와 깊은 관련성이 있기 때문이다. 가족주의의 존재와 강도를 이해하기 위해서는 반드시 상속 관련 제도나 관행 등을 알 필요가 있다.

가족질서에서 아버지와 아들 간의 관계가 가장 기본적인 사회관계로 설정되는 가부장주의하에서는 누가 아버지이고 누가 상속권을 갖는 자

---

369. "가족제도는 전적으로 재산소유제도에 규정된다. 이 제도 안에서 계급적대와 계급갈등이 발생하는데 그것이 바로 지금까지 써지고 자유롭게 발전된 역사를 구성한다"("family system is entirely dominated by the property system, and in which the class antagonisms and class struggles, which make up the content of all hitherto *written* history, now freely develop", "Preface", Frederick Engels, *op. cit.*).
370. 로버트 니스벳, 『에드먼드 버크와 보수주의』(강정인·김상우 옮김), 문학과지성사, 1997.

녀인가가 가장 중요한 쟁점이다. 그래서 상속제도는 현대사회의 능력주의, 성취주의 문화와 근본적으로 배치되는데도 모든 자본주의 국가에 그대로 남아 있다. 그것은 자본주의의 근간이 상속에 있기 때문일 것이다. 조선시대 중기 이후 부계 직계가족주의가 정착된 것은 바로 제사권과 상속권의 제도화와 맞물려 있었다. 그렇게 본다면 오늘의 한국 가족주의도 상속 문제와 깊이 연관되어 있을 것이다.

자녀에게 재산을 물려주는 것을 당연시하는 가족주의는 물려줄 부가 있는 신분이나 계층에게 주로 보여주는 행태다.[371] 전통사회는 주로 제사상속, 재산상속, 근대에는 호주상속의 형태로 상속하였는데, 제사권과 재산권은 사실상 하나였다. 그런데 현대사회에 와서 제사상속과 재산상속 간의 불일치 현상이 발생했다. 이 상속제도는 가부장주의와 짝을 이룬다. 아버지의 권위는 곧 남성 장자에게 가족의 모든 권위와 부가 이전되는 것이 당연하다는 관념과 공존한다. 그런데 이것이 한국에서는 경제성장주의와 결합되었다. 즉, 박정희 정권 이후 한국사회에서 변화와 발전의 지표는 오직 외형적인 지표로만 표시되고, 그것은 기업에는 자산의 규모, 교회에는 신도의 수 등으로 표현된다. 1970년대 이후 사학, 교회, 기업은 급속한 성장과정에서 크게 팽창한다. 그러나 자본주의 초기단계에 축적된 자본이 크지 않은 경우에는 기업, 사학, 교회의 세습이 그다지 문제가 되지 않았다. 한국의 경제규모나 기업규모가 크게 팽창하고, 기업과 사학 등이 2세로 승계되는 문제가 본격화되면서 상속, 법인의 자녀 세습이 쟁점이 되었다.

---

371. 이것은 가족의 형태가 신분, 계층에 따라서 차별적이라는 기성학자들의 논의와 맞물려 있는 현상이기도 하다. 한 사회 내에서도 계급별로 가족 관계나 형태 기능은 차별적이다(David Levine ed, *Proletarianization and Family History*, New York: Academic Press, 1985).

자녀가 장성하여 가족이 분할될 때는 반드시 상속, 즉 재산의 분할이 수반된다. 가족의 재산은 가족의 공유재산이고, 부부가 그 자산을 함께 형성하였다면 부부가 그것을 처분할 권한이 있으며 자녀에게도 일정한 권리가 있다. 상속의 가장 극단적인 형태가 부모의 권력과 지위, 부를 자녀, 특히 장남에게 그대로 이전시키는 것이다. 이 경우 가족은 가부장과 장남으로 연결되는 수직적인 질서를 유지하는 단위가 되고, 나머지 구성원은 가족질서에서 주변, 혹은 외부에 머물게 된다. 한편 모든 재산은 가족 구성원들만의 노력으로 형성된 것은 아니기 때문에 오직 혈육, 혹은 일본처럼 가구원으로 편입된 장자에게만 상속된다는 것은 보편적으로 수긍할 수는 없다. 재산의 형성 과정에 가족 외의 구성원, 혹은 사회적 기여가 있다면 재산의 분할 과정, 상속, 유증 과정에서 사회나 국가의 몫도 있다. 그래서 가족주의는 바로 가족 내 상속자 외의 여러 사회 구성원이 받을 몫을 배제하는 것이다.

앞서 말한 것처럼 중세 유럽은 동업조합에 유산과 기부를 하는 관행이나 교회에 유산을 유증하기도 했다.[372] 이것은 동업조합과 교회가 어느 정도 신뢰 조직의 성격을 띠기 때문이다. 그러나 혈연적 유대가 매우 강력한 한국은 계나 다른 사회조직도 유럽의 동업조합과 같은 강한 유대가 있지는 않다. 일제하에서 형성된 공제조합이나 노동조합도 이익집단이지 혈연적 유대에 버금가는 신뢰조직의 성격은 띠지 않기 때문에 계, 공제조합, 노조 등에 유산을 기부하는 일은 한국에서는 상상하기 어렵다.

물론 중세 유럽의 성직 세습은 매우 빈번한 현상이다. 귀족가문이 감독을 독점하기도 했고, 동방 정교회도 세습제를 채택하기도 했다. 로마 교회도 자식이나 친인척을 추기경, 주교직에 임명하기도 했다. 성직 세

---

372. 에밀 뒤르켐, 앞의 책, 32쪽.

습은 성직 매매와 같은 관계가 있다. 그것은 모두 성직이 권력과 부를 의미하기 때문에 초래된 현상이다.[373] 중세 유럽에서 성직 매매와 성직 세습이 심각한 사회문제가 되자 성직자의 독신문제가 논의되었고, 급기야는 제2차 라테란(Lateran) 회의(1139년)에서 성직자의 독신 제도를 채택, 선포하였다. 이후 교회세습과 권력독점이 극심해지자 1352년 교황으로 선출된 이노센트 6세는 교회의 세습금지에 힘썼다. 교회에서 성직 세습은 교회 재산의 상속을 의미하는 것이기 때문이다.

한국에서 재산을 적(嫡)장자에게 상속하는 것은 17세기 양반 지배층의 가장 중요한 지위 세습 방법이었다. 적장자 상속이란 "정실 소생의 맏아들에게 조상의 제사를 단독 봉사하게 하고 재산상속에서 절대적 우대를 보장하는 제도다.[374] 지위, 재산의 상속은 언제나 부계, 직계 가족제도와 결부되어 있다. 그것은 가족의 영속성을 보장하는 가장 중요한 장치다. 적장자 상속은 유교적 문화와 가족제도의 산물이지만, 조선 초기까지는 장남과 차남 간의 균분상속, 아들 딸 간의 균분상속이 이루어졌다는 점을 생각해보면, 적장자 상속은 조선 신분질서, 양반 지배층의 위기를 반영하는 방어적, 보호적 가족주의의 일종이다.

일제는 호주제도를 만들어 호주에게 배타적 상속권을 부여하였다. 호주제도는 호주상속을 통한 가계 계승의 원리를 내포하기 때문이다"[375] 호주 중심의 가족제도는 호주에게 법적 지위를 부여함과 동시에 운명적 정신적 단위로서 가(家)를 강조한다. 일제의 호주제도는 한국의 친족중심의 전통을 받아들여 가의 혈통적 연속성을 매우 중시했다. 그런데 "가

---

373. 장기천, 「한국교회의 성직 세습 문제」, 대한기독교서회, 『기독교사상』, 41(10), 1997, 11-17쪽.
374. 박훈탁, 「조선후기 적장자 상속의 역사적 기원: 시장과 벌열의 정치 경제」, 대한정치학회, 『대한정치학회보』 10(2), 2002, 329-347쪽.
375. 홍양희, 앞의 글, 168쪽.

의 혈통을 이어주는 매개체가 바로 호주였다. 가의 연속성은 전 호주와 현재의 호주, 그리고 미래의 호주로 계속 이어지는 단선적인 구조이다.

전통사회의 가족주의는 주로 재산 상속이 가능한 양반 혹은 지주층에서만 작동하는 원리였다. 평민이나 노비 등 서민층은 가족, 혈족관계를 계속 유지할 수 있는 사회적, 물질적 기반이 없기 때문이다.[376] 특히 현대사회는 물질적인 부가 더 중요해졌는데, 교육열과 기복신앙이라는 가족주의 양상이 주로 중간층과 하층을 포함하는 보통의 한국인, 특히 여성의 행동에서 전형적으로 나타났다고 본다면, 성장의 과실이 축적된 1970년대 말 이후에는 부를 가진 사람들이 자녀에게 전적으로 지위를 상속시키려는 지위유지 가족주의가 나타났다.

기업의 승계는 주로 근대적 기업 혹은 직업집단이 생겨난 이후의 특징이다. 자녀 혹은 장남에게 가산을 승계한다는 전통적인 가족 상속의 개념과 공적 성격을 띠는 근대적 주식회사를 자녀에게 물려준다는 것은 다른 문제다. 그런데 한국에는 전통이 근대의 옷을 걸치고 등장했다. 특히 재벌 기업은 자녀에게 기업을 상속시키고, 그 부를 계속 유지하기 위해 재벌끼리 혼인을 하여 지배를 공고히 하는 관행을 갖게 되었다. 교육열이 자녀에게 문화적 정치적 자본을 물려주는 행위라면 재벌체제는 장남 혹은 기업을 관할할 자녀에게 경제적 자본과 지배권을 물려주는 행위로서 한국 지위추구 가족주의의 매우 퇴영적인 행태라 할 수 있다.

조동성은 가족과 혈족이 지배하는 재벌을 한국 기업의 속성으로 정의하며, 대주주와 그의 가족, 혈연에 의한 소유의 집중과 지배권의 2세 또는 다른 혈연의 세습이라고 설명한다.[377] 그에 따르면 1996년 당시 50대 대기업 중 35개 기업을 조사한 결과 전문경영인에게 기업을 승계한

---

376. 이효재, 「전환기에 선 가족주의」, 고려대학교, 『高大文化』 19호, 1979, 43-50쪽.
377. 조동성, 『한국 재벌』, 매일경제신문사, 1997, 272-302쪽.

경우는 1건에 불과했다고 한다. 혈연 승계는 27건이고, 장남 승계는 20건이라고 하니, 장남에게 가산을 승계한 전형적인 한국 가족주의가 기업의 경영승계 과정에서 나타났다고 볼 수 있다. 한국의 재벌조직은 위계적, 가산(家産)적(priminial)이며 소유구조에서 창업자와 그를 이은 상속자의 지분이 상대적으로 크고, 정부와 연결, 투자, 금융 동원, 노사관계 등 중요 의사 결정과정에서도 총수 한 사람을 중심으로 한 중앙집권적, 전제적 성격을 보여준다. 기업집단을 구성하는 하위단위도 재벌의 총수와 혈연으로 연결된 사람들이 책임진다.

원래 혼인이라는 것은 신분, 계급 지위 유지의 가장 핵심적인 통로인데, 지배층에게 혼인은 언제나 가문 간의 결혼 혹은 정략결혼, 즉 당사자 간의 애정에 기초한 것이 아니라 가족 간의 결합의 성격을 띤다. 재벌가는 혼인을 통해서 한 가족 내의 내적인 결속을 다른 가족과 결합해 외적으로 확산시키고 자신의 지배력을 유지 확대할 수 있는 기반을 만든다. 한국의 가족주의 질서에서 혼인은 부계 혈연집단의 수평적 확대를 의미하는데, 이렇게 맺어진 지배집단 전체의 내적인 결속을 도모할 수 있다. 즉, 재벌가의 통혼은 한두 가족이 아닌 자본가 집단의 계급지배를 공고히 하는 효과가 있다.[378] 만약 한국의 재벌기업이 이러한 통혼관계를 형성하고 있다면, 이는 전근대 시절의 신분제가 부활했다고 봐도 좋을 것이다. 법인(法人) 기업이 공적인 조직의 외향을 갖지만, 그 이름이 말해주듯이 사실상 인적 지배의 측면이 있는 이유도 여기에 있다.[379]

그런데 재벌 승계의 가족주의 성격은 단순히 가업의 승계, 혹은 가장

---

378. 공정자, 「한국 대기업가 가족의 혼맥에 관한 연구」, 이화여자대학교 사회학과 박사학위논문, 1989; 오갑환, 「韓國의 財閥: 경제에리드의 社會的 背景, 階層的 狀況과 그 影響力에 관한 社會學的 硏究」, 서울대학교, 『인문사회과학』 제20권, 1975.
379. 服部民夫, 『韓国の企業 人と経営』, 日本経済新聞社, 1985.

의 재산 상속의 형태를 지니는 것만은 아니다. 그것은 가족에서 대표권, 가독(家督)권에 대비되는 기업관할권(경영권), 기업대표권의 승계라는 성격을 띤다. 서구에서도 기업가의 상속이 이루어지지만 이 경우는 주식의 이전, 즉 재산 상속의 양상을 지닌다. 실제로는 소유와 경영이 분리되어 경영권의 세습은 거의 이루어질 수 없기 때문이다.[380] 일본도 비혈연자인 전문경영인이 가업을 계승하는 경우가 많다. 그러나 한국은 반드시 혈연 계승의 형태를 지니고, 주식소유 지분이 낮아도 전체 기업, 그리고 계열기업을 모두 통괄하는 권한을 승계한다는 특징이 있다. 그래서 1980년대 이후 한국식 가족주의의 전형은 재벌의 '경영권' 승계였다. 법에 따라 높은 상속세를 지불하고서 재벌을 승계하기는 어렵다. 그래서 재벌가는 온갖 편법을 동원한다. 그러나 일본은 총유재산으로서 가산이라는 개념이 강하여 상속으로 인한 기업의 분할도 이루어지지 않으며, 상속에 의한 혈연적 계승도 매우 이례적이다.[381]

그래서 한국 재벌대기업의 규모나 외양은 초현대적이고 세계적이지만, 그 조직 운영과 작동방식은 한국식 혈연 가족주의에 기초해 있다. 사외이사가 포함된 이사회도 사실상 총수의 명령을 집행하는 들러리 기관에 불과하다. 계열기업은 거의 일가의 가족 등 혈연집단 내에 있는 사람들이 경영의 전권을 갖고 있으며, 결혼을 한 며느리나 사위가 그 역할을 할 수도 있다. 삼성처럼 심지어 비혈연 가족인 사위에게 큰 재산을 물려줘야 할 경우 이혼으로 이르기도 한다. 그리고 총수일가의 혈연에 속하지 않는 경영자는 사실상 총수 일가의 재산을 관리하는 가신(家臣)의 역할을 한다. 한국의 재벌기업을 옹호하는 사람들이 주로 동원하는 논리

---

380. 박희, 「한국의 가족주의적 조직원리와 공공성의 문제」, 서원대학교 호서문화연구소, 『호서문화논총』 11, 1997.
381. 服部民夫, 앞의 책, 37쪽.

는 의사결정이 효율적이고 거래비용을 줄일 수 있다는 것인데, 즉 한국의 재벌기업이 혈연이라는 가족신뢰에 기초해 있기 때문에 훨씬 효율적으로 운영할 수 있다는 논리인 셈이다. 결국 전문 경영인이 한 가족집단의 특수이익을 위한 도구로 활용된다는 말이다.[382]

재벌 외에 1970년대 이후 한국의 세습은 주로 언론기관이나 사학에서 나타났고, 1990년대 이후에는 대형교회에서도 이런 현상이 나타났다. 이 모든 집단의 공통점은 사실상 공적인 조직이나 자산을 자녀에게 대물림함으로써 부와 권력을 영속하려는 욕망을 띤다는 것이다. 실제 교회, 사학은 법적으로는 공식기구가 실질적인 결정권을 갖는 공조직이기 때문에 제도적으로는 담임목사나 이사장이 자녀에게 그 자리를 상속하는 것이 어렵다. 사학은 학교법인으로 되어 있어서 법인 이사회가 모든 의사결정을 하며, 설립자라 하더라도 자신의 자산을 공익법인화했기 때문에 학교는 더 이상 자신의 소유물이 아니다. 교회를 예로 들면 장로교회는 장로들이, 감리교회는 감독이 모든 의사결정을 담당하기 때문에 목회자가 자기 마음대로 자녀에게 담임 목사직을 물려줄 수 없다. 그러나 실제 학교의 이사회나 교회의 장로, 감독은 이들 이사장이나 목회자의 뜻에 따라 움직이는 허수아비인 경우가 많다.

사실 기독교 정신과 교회 담임 목사를 자녀에게 물려주는 것은 양립하기 어렵다. 예수는 혈연 가족주의를 거부했던 사람이다. 예수는 어머니와 형제가 자신을 찾는다는 전갈을 듣고 "누가 내 어미며 형제냐?" 하고 반문하면서 제자들을 둘러보며 "하나님의 뜻대로 행하는 저들이 내 어미며 형제들"이라고 혈연 가족주의를 비판했다. 그것은 곧 당시 제사장직이나 왕이 세습되던 전통에 철퇴를 가한 것이다. 종교개혁과 개신

---

382. 박희, 앞의 글, 79쪽.

교의 출발 역시 중세 가톨릭 성직자의 타락, 특히 교황의 세습에 대한 비판과 거부에서 시작된 것이다.

한국 개신교 교회의 담임목사직이 세습의 대상이 된 이유는 우선 개교회주의, 즉 서구의 국가교회나 개파 교회가 아니라 개별 교회가 단독 의사결정을 할 수 있기 때문이고, 그 다음에는 교회가 미군정, 반공주의 정권하에서 정권의 지원과 비호 아래 일종의 '원시적인 축적'을 할 수 있었고, 한국전쟁 이후 교세가 크게 팽창해서 막대한 재산 소유자가 되었다는 점에 있다.[383] 이 개교회주의가 한국식 가족주의와 결합되었으며, 그것이 자본주의 소유 질서의 기반 위에서 교회가 하나의 재산으로 취급된 것이다. 과거 일제 식민통지체제하에서 일제당국이 가족주의를 통치술로 활용하였듯이 기독교 교회 역시 목회자나 신도들이 오직 사회문제나 '정치'와 선을 긋고 교회 문제에만 신경 쓰라고 유도하면서 종교 활동의 '자유'를 허용했기 때문에 가족이 정치, 사회와 거리를 두고 자신들의 성채를 쌓았듯이 교회도 같은 방식의 행동을 하게 되었다. 즉, 교회는 신도들의 신앙과 영적(靈的) 문제에만 문제에만 치중하였고, 신도들 역시 교회와 교회 밖 정치 사회를 분리된 것으로 사고하였다.

특히 한국교회는 개발독재 시절의 성장주의와 보조를 맞추어 성장, 대형화에 치중하였다. 그래서 신앙의 내용과 질보다는 헌금을 내는 신도를 확보하는 데 치중하였고, 이는 교회가 일종의 사업체처럼 경영되었고 목사는 경영자처럼 되었다는 말이 된다. 선교 초기 유교적 가부장주의의 극복과 신분타파와 평등주의 이념 때문에 크게 환영을 받았던 기독교는 한국식 가부장주의 가족주의 아비투스를 체화하였고, 교회에서 주요 직책인 장로·집사·권사는 전통적인 신분계층과 유사한 지위로 간

---

383. 설훈, 「한국 개신교회의 종교권력과 교회세습에 관한 비판적 고찰」, 성공회대학교 신학과 박사학위 논문, 2017, 115쪽.

주되었으며, 목회자와 신도의 관계는 가정의 부모와 자식 관계처럼 여겼다. 그래서 목회자는 신자들에게 절대적 권위를 가진 존재로 군림하고 교회 내에는 담임목사의 권력을 견제할 수 있는 세력이 존재할 수 없게 된다. 이런 조건에서 주로 물적인 자산이 큰 대형 교회의 성직자들이 자녀에게 그 자리를 대물림하는 현상이 발생하였다. 1980년대까지는 아직 한국 교회가 성장기에 있었기 때문에 세습이 그다지 두드러지지 않았으나 1990년대 이후, 특히 2000년대 이후 한국의 많은 대형교회에서 세습이 일반적인 현상이 되었다. 한국에 거주하는 독일 출신 루터교의 목사 말테 리노는 다음과 같이 말한다.

> 한국교회는 자본주의와 친하다. 돈을 너무 좋아한다. 교회를 개인의 소유로 여긴다. 목사가 종교 비즈니스의 최고경영자이고 아들한테 그 자리를 물려주려 한다. 루터교회에서 이런 일은 불가능하다. 교회 재산이 총회소유이기 때문이다.[384]

즉, 한국교회의 세습은 교회가 신도들의 헌금으로 큰 재산을 형성하고 목회자가 경영자가 되었기 때문이며, 서구에서 온 종교가 한국식 가족세습제와 결합했기 때문이다.

사실 분단과 냉전은 한국에서 전근대적 문화적 요소를 강화한 점이 있다. 체제위기는 봉건적 요소를 동원할 명분을 주었다. 전쟁 상태에서 이승만과 경찰은 주민에게 거의 왕과 같은 권력을 행사했다. 남북한에서 모두 이런 현상이 나타났는데, 권력의 세습이 대표적이다. 세습은 퇴영적 가족주의의 전형적인 표출인데, 남북한에서 이런 현상이 동시에 나타났다.

---

384. 「루터의 재발견, 질문과 저항의 힘」, 『한겨레 21』, 2018. 1. 8., 1194호.

세습에 관해 남북한을 비교해보면, 남한은 1970년대 이후 형성된 재벌, 사학, 대형교회에서 혈연적 세습이 두드러진 반면 사회주의 북한은 국가권력을 아들에게 세습하였다. 남한사회는 북한을 현대판 왕조체제라 비판한다. 그런데 남한에서 북을 가장 강경하게 비판하는 보수진영을 살펴보면 혈연적 세습이 사실상 북한과 가장 닮은 집단이다. 즉, 이들 세습집단은 한국사회의 체제 유지의 기둥이다. 재벌, 언론, 사학재단은 1950년대 이후 일관되게 극우반공주의 정치세력을 옹호해 왔다. 북한은 거대한 하나의 가족, 혹은 가족국가로 부를 수 있다. 이 점에서 북한의 지배질서는 중국은 물론 과거 존재했던 다른 어떠한 사회주의 국가와도 차별성이 있다. 즉, 김일성 부자에 대한 충성과 효도, 혁명적 동지애, 의리 등 동양적인 도덕률이 하나의 체계를 이룬다.

혈연적 세습을 정당화하는 논리를 보면 북한이나 남한의 재벌, 대형교회나 거의 동일하다. 수년 전 담임목사직 세습으로 비판을 받은 광림교회는 김선도 목사의 아들을 후임자로 선정한 이유를 설명하면서 "광림교회의 전통과 목회 방침을 잘 알지 못하는 목회자가 후임자로 부임하면 성장에 지장을 주고 분열과 분파로 번질 가능성이 있다"고 주장했다. 한편 삼성은 에버랜드 사건 무죄 선고로 이재용 편법 상속을 위한 법률적 장벽이 없어지자 '오너 경영'의 필요성을 제기하였고, 사장단의 입을 빌려 "삼성뿐 아니라 우리 경제를 위해서라도 전임 회장의 경험과 지혜를 활용할 방법이 있으면 좋겠다"는 명분을 들면서 그를 삼성의 후계자로 등극시켰다. 국가와 기업은 분명히 다른 점이 있지만 공적 조직을 한 가족이 사유화한다는 점에서는 동일하다.[385]

현대사회에서 국가나 사회의 법과 제도와 정책 환경, 여러 사회 세력

---

385. 김동춘, 「세습의 문화」, 『한겨레신문』, 2011. 12. 26.

의 집합적 성취이자 타인에게 갈 수도 있는 부를 전취한 결과라고 할 수 있는 재산, 특히 인간의 생존에 가장 중요한 자원인 재산을 온갖 편법이나 불법을 동원하여 그 재산형성에 별로 기여한 바가 없는 자식에게 그대로 물려주려는 행태는 전형적인 지위추구 가족주의다. 북한 주민도 그렇지만 남한 사람도 재벌과 대형교회의 세습에 대해 그다지 비판적이지 않다. 국가의 제도적 지원과 사회 구성원의 총체적인 노력으로 만들어진 대기업, 학교, 언론, 교회 등 공조직의 세습과 부모가 일구어낸 부를 자녀에게 상속하는 것 간에는 어떤 차이가 있는지 배운 적이 없기 때문이다.

4. 기업가족주의[386]

근대 자본주의 시장경제와 더불어 발전한 기업은 이익을 추구하기 위해 모인 법적 사회적 조직이다. 처음에는 한두 가족이 생산과 판매의 단위가 되기도 하지만, 일정한 규모 이상으로 성장하면 다양한 기능과 능력을 가진 종업원을 채용하고, 기업 조직운영이나 기업 내 인간관계는 기업의 이익을 제고하기 위한 계약 관계를 맺는다. 즉, 서로의 필요와 이해관계로 모인 기업 내의 인간관계는 한시적이고, 형식적이며 성과중심적일 수밖에 없다. 따라서 이러한 근대 조직을 운영하기 위해 전통사회와 같은 가족, 친족 유대를 기초로 하기는 어렵다.

그런데 가족주의 전통이 강한 나라는 기업의 규모가 커지고 주식회사의 형태가 되어 창업자의 지분이 크게 줄어들고, 소유가 분산되거나 모기업에서 여러 계열회사가 분리되어도 모기업의 설립자나 그 가족이 이 모든 회사 일을 여전히 통제하는 경향이 있다. 즉, 기업 내 인간관계가 더욱 공식화, 형식화되어도 그러한 기업의 모든 의사결정이 혈연을 매개로 한 일족이 여전히 장악하고, 또 모기업의 경영권이 그 일족의 장자에게 사실상 상속되는 등 가족 간에 유지되는 가부장주의, 상명하복의 질서가 그대로 유지되거나 강조되는 경향이 있다. 한두 가족의 주식 대부분을 소유하고 있는 중소규모의 기업은 그럴 수 있다. 그러나 기업이 공개되고 대규모화되어 더 이상 한두 가족이 압도적인 지분을 갖지 못하여도 일족이 여전히 경영권을 장악하는 일이 한국에서는 흔하다. 이들 일족은 이렇게 커진 기업을 여전히 가족의 확대판으로 생각하거나, 기업을 자기 일족의 소유물이라 생각하고 기업의 종업원은 물론 사회도

---
386. 정이환, 『한국 고용체제론』, 후마니타스, 2013, 40쪽.

그렇게 생각한다.

예를 들면 19세기 유럽이나 미국, 1945년 이전의 일본 재벌, 그리고 1960년대 이후의 한국 재벌 기업이 가장 전형적이다. 일본의 가부장주의는 기업 내의 사용자와 노동자의 관계에 그대로 확대되었다. 그래서 부모나 자식을 다스리듯이 기업주는 사원에게 아버지와 같은 존재로 부각되고, 기업 자체는 확대된 가족과 같은 것으로 간주되기도 한다. 일본의 기업복지(company welfare)나 직장복지(occupational welfare)는 이러한 가부장주의 가족주의가 표현된 것이다. 가부장주의적 가족주의를 근대 기업에 적용할 경우 공공복지는 제도화하기 어렵고, 가족/친족이 모든 위험을 책임지던 방식으로 기업에 확대된다.

특히 한국사회는 기업을 총수일가의 전유물로 여기는 경향이 매우 강하지만 독일의 기업은 일종의 사회적 공기로서 창업자나 경영자 가족은 그다지 부각되지 않는다. 현대의 창업자인 고 정주영 회장도 기업은 "규모가 작을 때는 개인의 것이지만 규모가 커지면 종업원 공동의 것이고 나아가 사회와 국가의 것으로 생각해야 한다"고 주장했다.[387] 그러나 과연 그는 자신이 말한 대로 실천을 했는지 의문이고, 실제 현대의 종업원이나 한국사회가 그렇게 생각했는지도 의문이다.

이미 사회적 성격을 띠는 대기업 집단이 한 가족, 그중 상속인인 최고경영자 한 사람의 판단과 결정으로 움직인다는 점은 근대 사회, 혹은 발전된 자본주의 사회의 기업운영 원리와 맞지 않는다. 20세기 이후 대기업이 보편화된 현대 자본주의하에서는 일찍이 미국의 경제학자 갈브레이스(J. K. Galbreith)가 말한 것처럼 기업가 개인의 힘보다는 테크노스트럭처(technostructure), 즉 하나의 산업체제로 변했다.[388] 주식의 규모가

---

387. 「재벌세습용 계열분리는 정당한가」, 『한겨레신문』, 2013. 9. 28.
388. 갈브레이스, 『새로운 산업국가』(이기욱 옮김), 장문각, 1971.

커지고, 산업이 다각화되고 전문화되면서 점차 소유자들의 권력은 축소되고 경영자들, 그리고 경영조직에 권력이 이양되는 것이 불가피하다. 전후 일본에서 재벌이 전쟁을 일으킨 책임 주체로 지목되어 미군정이 해체한 이후, 노동자가 최고경영자로 승진하는 일도 발생했고, 기업이 한 가족이나 개인 소유라는 관념은 점차 희박해졌다. 그러나 한국은 법인기업의 규모 확대가 가족소유 지분을 축소시키기는 했으나 기업을 관리 통제자로서 전문경영자 체제를 보편화하지도 않았고 원 소유자인 가족 집단의 통제권 약화를 수반하지도 않았다.[389] 오히려 편법 상속, 일감몰아주기, 순환출자 등의 방식으로 거대한 대기업집단이 일개 가족의 전권에 휘둘리는 현상이 발생하고 있다.

한 가족이 대기업을 지배하고 있다는 것은 이들 가족의 지배권, 즉 경영 인사 등의 결정권이 거의 황제의 권력처럼 행사된다는 것을 의미한다.[390] 이들 창업자와 그 자녀 일족이 거대한 기업 집단의 경영과 관련된 최종 의사결정권을 갖고 있기 때문에 이사회는 거의 거수기에 불과하고, 전문 경영자들도 그들의 힘에 맞설 수 없다. 따라서 고위 임원을 비롯한 모든 직원은 회사 내에서 자신의 자리를 유지하고 보상을 받기 위해서는 이들 일족에게 절대적인 충성심을 보여야 한다. 합리적인 계약을 기본 원리로 하는 근대적인 조직에서는 찾아볼 수 없는 일방적 충성, 전인적인 복종 현상이 나타나고, 이들은 생존과 경제적 보상을 위해 노골적 비위맞춤 행동을 하거나 인간적인 굴욕까지 감내해야 한다.[391] 이러한 일방적인 충성 복종의 관계가 유지되는 것은 일개 혈족이 경영권을

---

389. 김윤태, 「가족자본주의와 관리자본주의: 한국재벌의 소유와 통제와 관한 비교 연구」, 『한국의 재벌과 발전국가』, 한울, 2012.
390. 김성철, 「한국 기업과 가족주의: 한국인의 가족에 대한 인식과 기업경영에의 적용」, 한국정신문화연구원, 238쪽.
391. 같은 글, 249쪽.

장악하고 있기 때문이다.

 삼성가족, 대우가족, 현대가족 등으로 불리는 한국의 기업가족주의는 현상적으로 보면 일본의 경영가족주의, 즉 기업을 하나의 공동체로 간주하면서 구성원의 생계를 보장해주는 체제와 유사해 보인다. 1960, 70년대 고도성장기에 일본은 회사주의(會社主義)나 회사인간(會社人間)이라는 용어가 유행했는데 , 이것은 기업의 모든 종업원에게 기업을 한 가족처럼 여기면서 기업의 이익을 위해 헌신할 것을 요구하는 논리다. 이 경우 종업원은 승진을 둘러싸고 구성원 사이에서 치열하게 경쟁을 하기도 하지만, 다른 회사와 죽기 살기 생존경쟁에서 승리하기 위해 기업에 무조건 복종을 요구하는 '기업 민족주의'의 내용이 포함되기도 한다.[392] 즉, 대기업의 지배구조는 경쟁과 보상이라는 기제를 통해 완전히 복종시키고, 기업 내 인간관계는 기업 밖으로도 확대된다는 것이 일본식 기업사회의 주요 작동 원리다. 일본의 기업별 노조는 바로 기업 내의 승진과 보상체계를 전제로 성립하였다. 그런데 이런 기업에서 거의 하루, 일년의 모든 시간을 보내야 하는 인간은 바로 회사인간이며, 그의 모든 정신과 행동은 기업 경영자의 수직적 지배하에 놓인다.

 일본이나 한국이나 대기업의 구성원들, 종합상사에 입사한 화이트칼라는 물론 블루칼라 노동자들까지도 자신의 직업, 직능, 자격보다는 어떤 기업의 직원인가를 더욱 중하게 여긴다. 이것이 나카네 지에가 말한 '자격'보다는 '장(場)'을 중시하는 일본식 가족 개념에서 유래한다고 볼 수 있다.[393] 기술이나 직업의 호환성보다는 특정 대기업에 소속되는 일, 그리고 기업의 충성도와 관련된 근속 연수 등이 임금에 훨씬 중요하게

---

392. 渡辺治, 『現代日本の支配構造分析: 基軸と周辺』, 花伝社, 1988.
393. 나카네 지에(1997), 19-79쪽에서 자세히 언급했지만, 한국과 중국에도 어느 정도 적용될 수 있을 것이다.

작용한다는 의미일 것이다. 이것은 그가 강조하는 것처럼 직업집단의 형성을 기초로 자본주의 문화가 발전하지 않은 동아시아의 근대 자본주의화와 관계가 있지만, 가부장주의 가족주의적 인간관계의 관념이 워낙 강력했기 때문에 특정 가족에 속한다는 것이 개인의 가장 중요한 정체성과 소속감의 기반이 되는 문화적 토양의 산물이라 볼 수 있다. 서구적인 계층이나 계급 개념이 동아시아에 잘 적용되기 어려운 점도 기업가족주의와 연관이 있을 것이다.

일본은 재벌은 해체되어도, 가족 관념을 확대시킨 공동체로서 기업의 관념은 자본주의 산업화 과정에서 살아남았다. 일본과 한국의 재벌대기업에서 강조하는 가족주의 담론은 종업원의 복종과 헌신을 요구하기 위한 이데올로기만은 아니었다. 현대 일본의 기업은 연공과 충성을 강조하지만, 경영자나 종업원 간의 관계도 온정주의적인 유대로 맺어져 있으며, 경영자도 종업원이나 그의 가족까지도 기업을 자신의 집과 같이 아끼는 경향이 있다. 하청기업 노동자와 차별적 보상, 외국 진출 기업의 외국인 노동자에 대한 차별적 보상이나 사내 복지 등과 관련되어 있고, 무엇보다도 종신고용의 시스템이 그것을 지탱했다. 한국도 일부 대기업의 매우 양호한 복리후생 제도, 연공급 보상 체계, 각종 성과금이나 가족수당 등 사내 복지가 구성원들에게 상당한 소속감과 자부심을 갖게 하는 측면이 있을 것이다.[394] 일본식 노사관계를 그대로 도입했다는 삼성은 노동자의 분할통치, 즉 노동자의식의 약화전략은 삼성과 다른 기업을 차별화하려는 방식으로도 나타난다. 즉, 삼성 측은 노동자에 대해 상대적 고임금, 교육을 통한 회사에 대한 자부심을 갖도록 하는 일, 깨끗한

---

394. 한국기업의 사내복지는 자녀 학비 지원, 주택마련 자금 지원, 경조사 지원, 보육비 지원 등의 형태로 이루어진다.

현장과 작업복 등을 통해 엘리트 의식을 심어주려고 하였다.[395]

그러나 경제적 보상을 제외하고 실제로 한국의 재벌 대기업이 가족과 같은 공동체기능을 했다고 보기는 어렵다. 한 혈족을 제외한 임원과 종업원을 가족적 성원으로 대우하는지는 의문이다. 한국의 대기업이 위기에 처했을 때 총수 일가가 종업원이 겪은 고통을 함께 나누거나 책임을 지는 모습을 보여준 적은 거의 없다. 일본의 경영가족주의와도 달리 기업경영상 불리해질 경우 한국의 총수일가는 종업원들의 처지를 무시하고 자신의 살길을 찾는 경향이 있다. 한국의 대다수 재벌기업은 여전히 한두 가족이 소유하고 있고, 가족주의가 원래 그렇듯이 혈연집단인 가족 밖의 존재인 고위 임원 등에 대해서는 매우 차갑고 배타적이다. 임원은 물론 일반사원도 실제 기업을 가족처럼 여길 수 있을 정도의 이익분배나 참여를 실천하고 있다고 보기도 어렵다.[396] 과거 삼성처럼 공장 내의 감시용 무비카메라 설치라든가 5호 담당제를 실시한다는 것이 소문으로 떠돌고, 기숙사 방을 불시 수색한다든가, 노조 설립 바람이 거세게 불 때에는 심지어 종업원 몇 명만 따로 만나 캐묻고 따지거나, 강제사직을 시키는 등 철저한 감시 통제를 실시하기도 했다.

특히 기업가족주의 체제를 지탱하는 물적 기반은 사내 복지의 확대라고 할 수 있는데, 한국에서 공기업, 그리고 대기업 정규직 노동자를 제외하고는 그런 혜택을 받을 수 있는 노동자의 비중이 적기 때문에 기업가족주의가 작동할 가능성이 있는 기업도 매우 적다. 사회적으로 '제도적 가족주의'와 같은 축을 이루는 재벌 대기업의 기업가족주의 혹은 경영가족주의는 사회적으로는 내부자와 외부자의 격차를 확대하여 사회

---

395. 정현우 엮음, 『세계 속의 한국기업 삼성전자』, 자유시대사, 1993 참조.
396. 로저 자넬리·임돈희, 「한국 한 재벌회사의 인간관계에 대한 문화적 이해와 관행 연구」, 한국문화인류학회, 『한국문화인류학』 28(1), 1995, 167-197쪽.

적 통합성을 저해하는 요인이다. 그리고 개인의 운명을 시장의 움직임에 내맡기게 한다.[397] 그래서 기업가족주의, 기업 복지 체계는 공공복지의 정신과 양립하기 어렵다.

물론 일본에서 사용되는 용어인 '경영가족주의'도 시장경제에서 기업의 생존에 도움이 되는 범위 내에서만 인정할 수 있다는 지적도 있다.[398] 일본식 인사노무관리제도 역시 새로 도입된 기술체계에 적응하고 노동운동에 대응하는 과정에서 수립된 것이다. 전후 일본의 연공 임금 체계와 노사협조주의도 일본의 노동조합이 투쟁을 통해 쟁취한 권리의 측면이 있다. 즉, 일본의 경영가족주의도 일본의 전통적 가족주의라는 문화적 전통 속에서 성립된 것이기는 하지만 무엇보다도 전후의 노동자들의 투쟁과 자본주의 시장경제에서 기업이 최대한 이윤을 확보하고 성장을 추구하는 과정에서 여러 조건이 복합적으로 작용하여 현대적 방식으로 새롭게 구축된 것이라 볼 수 있다. 다시 말해 일본식 경영가족주의도 단지 전통의 유제가 아니라 전통이 현대적 방식으로 재창조, 재구축된 것이다. 기업경영에 전통적 가족 관념이 호명된 것이다.

1980년대 이후 한국 재벌대기업이 고착되고, 기업별 노조운동이 활성화된 이후 형성된 기업가족주의는 사회경제적으로는 앞서 말한 기업복지, 그리고 제도적 가족주의의 형성과 하나의 틀로 맞물려 있다. 한국식 혈연적 가족관념, 재벌기업 일족의 지위 영속적 가족주의, 경제 개방 이후 경영권 방어를 위한 목적 등이 기업가족주의 형성에 기여했다고 볼 수 있다.

---

397. "직업복지의 단점은 역진적 차별이다. 그것은 사용자의 자발적 혹은 임의에 따라 제공되는 것이기에…. 서비스의 종류와 비중은 기업이나 회사에 따라 다양할 수밖에 없다…. 따라서 직업복지는 형평의 원칙과 긍정적 차별의 원칙에 엄격히 위배된다. 그것은 개인의 운명이 시장에 의해 결정되는 악순환을 되풀이한다"(김상균, 『현대사회와 사회정책』, 서울대학교출판부, 1988, 235-237쪽).
398. 이종구, 「일본의 기업과 가족주의 담론」, 한국정신문화연구원, 2000, 295쪽.

V. 한국 가족주의의 특징: 비교론적 관점에서

1. 한국의 가족, 개인, 그리고 공공성

(1) 개인의 탄생? '가족 개인'으로서 한국인

서구의 근대화 과정을 '개인의 탄생'이라고 단순화해본다면, 근현대 한국사회도 조선말 서양문화의 도입과 일제 식민지 새로운 가족 제도의 법제화, 기독교와 신교육 도입, 시장경제 확산과 도시화 등으로 분명히 '법적, 제도적으로는' 개인이 탄생하기 시작했다. 그러나 그것은 외세에 의한 시장 개방, 시장경제와 자본주의 생산관계의 도입, 한국전쟁과 남북한 분단으로 인한 가족파괴 등 강압적, 방어적 방식으로 가부장주의하에서 매우 제한적으로 나타났다. 한국에서의 교육은 학생 개인 간의 성취 경쟁처럼 보이지만 그것은 가족단위 프로젝트이자 사실 '전 국민 양반 되기'의 전근대적 의미 구조의 재현이기 때문에, 전통적 사고의 몸통을 버리지 않은 채 현대의 옷을 걸친 것이다.[399] 한국의 교육 목표도 학문과 지식의 습득이나 인격 수양과는 거리가 먼 권력과 부를 얻기 위한 도구나 자격증 획득을 지향한 것이다.

물론 유교적 지배질서, 신분제, 가부장주의 가족 질서는 이미 조선 말기에 흔들리기 시작했고, 기독교의 전파, 서구 계몽주의 사상의 도입과 맞물려 전통적 신분 지배질서, 그리고 그것을 집약하는 가부장주의 친족/가족 질서, 그리고 강요된 씨족/친족 공동체로부터 탈주를 꿈꾸는 '개인'이 탄생했다. 기독교로 개종, 양반 지배질서로부터 탈주, 조혼 거부, 여성들의 이혼 선언 등도 개인화의 다양한 양상이었다. 이것은 전통적 사회질서가 크게 해체되었다는 점에서 홉스적 자연상태에 가깝

---

[399] 장경섭이 이런 현상을 개인주의가 아닌 가족자유주의라고 부르는 이유도 여기에 있다. 개인주의 없는 개인의 개념도 같은 형상을 지칭한 것이다.

다.[400] 그러나 신분상 하층에 속한 사람들, 그리고 인간 혹은 개인으로서 자각을 하게 된 교육받은 여성들의 기존 가족질서에 대한 저항이나 가족 탈출은 강고한 가부장주의 가족을 흔들기에는 역부족이었다. 전통 가족질서나 가족관계는 1920년대부터 전쟁을 거쳐 1960년대에 이르는 기간 동안 서서히 붕괴했고, 이 기간 동안 가족 개념이나 가족관계는 새롭게 구성되었다. 그러나 이 과정에서 가족 자체가 거부된 것이 아니라 모든 국민의 가족 갖기, 즉 형식상의 핵가족을 보편화하였다.

아래로부터 전통적 지배질서를 무너뜨리고 자생적 근대화를 겪은 나라와 외압으로 근대화를 겪은 나라의 '개인화' 메커니즘과 성격은 상이하다. 한국은 중앙집권적이고 억압적 국가의 전통 위에서 일제 식민지 전체주의 국가 통제가 지속되었고, 여기에 신교육 제도를 도입하면서 한편으로는 가족주의가 필요에 따라 강조되었으며, 가족주의는 개인화/탈정치화와 동시에 혹은 그 대체물로 전개되었다. 근대 이후 한국은 시험, 학벌 자격 취득 등 개인의 '능력' 경쟁을 국가가 관장했다. 일제 강점기 이후 한국은 국가가 교육을 통해 '가족' 단위의 경쟁을 유도하고, 항일운동이라는 민주화 운동에 가담함으로써 개인의 선택과 독자성을 표현한 행동을 가족통제를 통해 탄압하였다.[401] 일제 지배권력에게 항일 독립운동은 가족의 일원으로 사는 것을 최고의 가치로 두지 않는 매우 '위험한' 행동이기 때문이다. 1960년대 이후 국가는 노동자나 민중의 집단행동을 폭력적으로 진압했는데, 이처럼 2차 집단의 연대를 차단, 해체하는 작업과 민중을 '가족 개인'으로 '포섭', '유인'하는 작업, 학력, 학

---

400. 최정운, 앞의 책, 2013, 171쪽.
401. 해방으로 인해 지위의 공백이 발생하고, 농지개혁으로 계급유동성이 커졌으며, 남북한 분단으로 노동자, 농민 등 생산계급의 연대의 가능성이 차단됨으로써, 학벌 취득을 향한 수직 상승의 욕구는 발전된 자본주의 국가에서 나타나는 부의 세습, 즉 계급구조화를 대신하는 역할을 하였다.

별 취득을 통한 가족 지위 추구로 행위를 유도하는 작업은 동시에 진행되었다. 이러한 '가족 개인'화로 가족주의의 강화와 '제한적' 개인주의가 공존하였다.[402]

한국은 일제 강점기 이후 '1차 근대'의 과정에서 근대적 민족(nation)의 관념 혹은 민족주의와 근대적 가족, 가족주의가 동시에 형성되었다. 19세기 말 개화기 이후 '개인' 관념이 생겨났고, 앞에서 강조한 것처럼 일제 식민지적 억압 속에서 '민족' 관념이 형성되자 일제는 민법을 통해 법적 개인화를 유도하고, 민족 정체성의 형성을 '차단' 무력화하기 위해 호주 중심의 수직적 위계질서를 내용으로 하는 가족관련 법, 제도, 그리고 통제 체제를 강조하였다. 여기서 전통적 신분제도, 전통적 씨족/친족 응집성이 와해된 공간에 호주를 정점으로 하는 근대적 (핵)가족 관념이 새롭게 정착하기 시작했으며, 민족정체성에 기반을 둔 저항과 개인주의는 오히려 위험시되었다. 벡(Beck)이 1차 근대를 계급화의 과정이라 보았지만,[403] 한국에서는 일제와 한국전쟁 전후의 극우반공주의의 등장으로 사회적 약자의 계급화 차단과 '가족 개인'이 탄생했다.

조선왕조의 붕괴와 일제의 강점으로 왕조국가의 기반, 정당성, 그리고 신뢰는 완전히 무너졌고, 양반층이 주도한 신분질서가 붕괴되었지만, 신분질서가 무너진 자리를 근대적 국민국가와 그것을 구성한 독립적인 개인, 직업집단, 그리고 계급 연대가 채우지 못했다. 개화에 앞장선 선각

---

402. '개인주의 없는 개인화'라는 지적도 이런 현상을 지칭한 것이다. 심영희, 「21세기형 공동체 가족 모델의 모색과 지원방안: 2차 근대성과 개인화 이론의 관점에서」, 숙명여자대학교 아시아여성연구원, 『아시아여성연구』, 50(2), 7-44쪽; Chang, Kyung-Sup, "Individualization without individualism: compressed modernity and obfuscated family crisis in East Asia", *Transformation of the Intimate and the Public in Asian Modernity*, edited by Emiko Ochiai and Leo Aoi Hosoya, Brill, 2014, pp. 37-62.

403. Ulrich Beck, *op. cit.*, 1999 참조.

자들, 일제하 자유주의 사회주의 지식인들은 개인, 사회, 국가의 필요성을 설파하고, 그것을 수립하기 위해 온갖 희생과 고통을 겪었다. 그러나 1960년대 초, 혹은 그 이후까지 보통의 한국인에게 가장 중요한 자신의 정체성은 여전히 혈연, 지연, 학연의 기초가 되는 가족, 친족의 관념이었고, 중국이 그러하였듯이 무정형의 원자화된 가족과 친족집단이 매개하는 시민사회 없이 국가와 직접 연결되었다.

일제 식민지 지배체제와 자본주의 시장경제는 개인을 여전히 가족에 종속시키는 대신, 전통적 씨족 가족주의를 호주제에 기초한 핵가족주의로 변형, 일반화하였다. 여기서 핵가족주의란 전통 가족주의의 일부를 구성하던 공공의 관념을 제거한[404], 도구적이고 물질주의적인 내 가족 제일주의를 의미한다. 일제가 조선인에게 강요한 충과 효도의 관념, 호주제에서 강조한 가부장에 대한 순종의 관념, 그리고 1960년대 이후 박정희 정권 이후의 개발독재체제가 요구한 기업에 대한 노동자의 복종, 가정에서의 여성의 복종은 모두 이러한 한국식 현대 가족주의가 바탕에 깔려 있다. 신분질서의 붕괴와 시장경제의 확산으로 친족/씨족, 마을 공동체를 대신할 수 있는 연대의 형식은 직업집단, 노조, 정당 등이 아니라 새로운 형태의 가족, 연고집단이다. 이 경우 국가가 강조한 '국민'은 권리의 주체인 개인이 아니라 일제시기 이후 신민(臣民)에 가까운 것이었다.

보통의 한국인은 일제와 군사독재하에서 대체로 순응하면서 살았다. 그것은 곧 자기 가족의 안전과 복리를 가장 중요한 가치로 간주하여, 열심히 일하고 돈을 모으고 자녀 교육에 집착했다는 것을 의미했다. 일제 식민지와 전쟁 등 극히 위험하고 불안한 세상에서 한국인이 우선 믿을

---

404. 유교적 가족주의에는 분명히 공공적 측면이 있으나 식민지적 근대 이후 그것은 폭력적으로 배제되었다. 김동춘, 앞의 글, 2002 참조.

수 있는 집단 내부의 응집과, 그 응집의 에너지를 바탕으로 생존을 유지하기 위해 보호막으로 가족이 필요했다. 그래서 가족과 국가로부터 자유로운 개인은 존재할 수 없었다. 사실 21세기에 들어서서도 독자적 판단력과 선택권을 가진 '개인' 혹은 개인주의는 아직 나타나지 않았다.[405] 제도적 차원에서도 자녀는 부모 부양의무를 벗어던질 수 없고, 독자적인 수급자가 될 수 없기 때문이다. 1980년대 이후 30년 동안 지속된 부동산 투기 열풍도 취약한 공공복지와 가족주의 복지체제하에서 자녀에게 물려줄 재산 마련 전략의 일환으로 볼 수 있다.

그러나 시세에 순응하고 가족의 복리를 주로 추구했던 한국인의 삶이 대체로 탈정치적이고 권력에 복종적이 었다고 해서, 경제 사회적으로도 그런 것은 아니었다. 양반에게 눌려 살던 사람들은 해방의 그릇으로 '가족'의 개념을 새롭게 설정했고, 가부장주의에서 차별받던 여성들 역시 (핵)가족 내에서 어머니와 아내로서의 배타적 지위를 확보하기 위해 기존 질서 내에서 투쟁했다. 이렇게 전통사회에서 토지도 없고, 신분 가족질서에서 소외되된 평민들은 근대 이후 인정 투쟁을 벌였으며, 그 결과 가족 구성원으로서 지위를 얻게 되었다. 그들은 가족, 친족, 연고라는 자원, 사회적 자본 혹은 네트워크를 적극적으로 동원하여 지위를 확보, 지속하기 위해 모든 노력을 다했다. 이러한 가족단위 지위 획득 투쟁으로 지난 시절 한국은 매우 역동적인 사회의 모습을 갖게 되었다. 물론 한국이 경제대국으로 우뚝 선 것도 여기에서 기인한다.

---

405. 정수복은 한국에서 개인주의가 제대로 뿌리내리지 못하는 일곱 가지 이유를 제시하였다. 정수복, 『한국인의 문화적 문법』, 생각의나무, 2012, 404-456쪽.

(2) 전통가족주의와 현대가족주의

한국의 가족 관념은 지난 한 세기 동안 크게 변했고, 가족주의의 성격도 변했으나 근대 이전과 이후를 단절로만 보기는 어렵다. 한국의 근대는 전통에 대한 일종의 변형, 변용으로서 동아시아적 한국적 근대의 양상을 보인다. 강한 가부장주의 질서와 수직적 인간관계, 가족을 하나의 유기적 단위로 보는 사고는 근대에 들어와서 거의 달라지지 않았다. 단지 그것이 자본주의적 소유 질서와 결합하여 가족을 하나의 소유물, 가족 복리를 자본주의적인 재산권 개념에 기초해서 본다는 점이 차별적이다. 가정 내 부부, 부모의 관계가 훨씬 더 개인 대 개인의 관계로 변한 것은 사실이나 가족 내 개인의 독립성은 여전히 제한적이다. 이것이 아직 한국이 '2차 근대'로 나아가지 않았기 때문에 생긴 과도기적인 것이라 볼 수도 있다. 그러나 단선적인 역사발전론은 역사적 다양성과 경로의 이질성을 무시하는 경향이 있기 때문에 이러한 변화가 서구라는 표준을 향한 것이라고 단언하기는 어렵다. 서구도 단일한 실체가 아닌 것은 두말할 나위도 없지만 동아시아도 단일하지는 않기 때문이다.

〈표 3〉 한국의 전통(씨족) 가족주의와 근현대(핵) 가족주의의 비교

	전통 가족주의	현대 가족주의
공통점/ 유사점	혈연(씨족/친족 중심) 공공심 부재 여성의 종속성	혈연(핵가족) 공공심 부재 여성의 제한적 독립성
차이점	종교적 단위로서 가족 씨족/친족, 확대가족주의 권력의 획득과 유지 가문, 씨족 중심 남성주도(남성의 지위 획득)	사업단위로서 가족 핵가족 중심주의 물질주의와 소유욕 자녀 중심 남녀(부부) 주도. 여성의 인정투쟁의 성과

1980년대까지 한국 사회의 기본단위는 여전히 혈연적 유대를 갖는 제한적 핵가족이다. 물론 이 핵가족은 부분적으로 '수정 확대가족'의 성격을 띤다. 신분사회에서 가족은 강력한 권력집단, 가문과 씨족 등의 지위 속에서 개인도 그 신분을 누린 것이었다면,[406] 오늘날에도 개인은 가족을 매개로 계층 계급질서에 속해 있다. 즉, 가족공동의 지위 아래 개인의 계급 위치가 규정되는 것이다.

조선시대, 일제 식민지 시기, 그리고 그 이후 1980년대까지 남성 가장은 법과 공권력의 공식 승인, 통념에 따라 가정 내에서 권력을 행사해 왔다. 이것은 아내의 순응과 타협을 전제로 한다. 여성들이 사회참여가 '차단'된 상태에서 가부장주의 질서에 적응하는 길은 가족, 특히 자녀들에게 모든 정열을 쏟는 것이다. 그것은 기존질서에 '충성'하는 보수적인 적응행동이라 볼 수 있지만, 여성들은 이러한 제한 속에서 자녀와 남편의 성공을 위해 엄청난 열정을 발휘했다. 여성들은 여성차별을 구조화하고 제도화한 기존의 가부장주의, 자본주의, 군사주의 체제는 건드릴 수 없는 영역이라 간주하고, 가족을 거의 신앙적 대상으로 삼아 자신의 지위를 극대화하는 전략을 택했다.

지난 '1차 근대' 과정을 거치는 동안 한국의 가족, 가족주의는 형태와 내용 모든 면에서 크게 달라졌다. 그러나 가족 단위를 혈연을 공유한 사람의 유대로 보는 점, 출생과 연관된 연고를 기초로 한다는 점은 크게 변하지 않았다. 근현대 한국 가족은 과거 전통시대의 혈연주의적인 요소를 그대로 간직한 가운데 가족 밖의 시민사회와의 고리를 거의 갖지 못한 '방어적'이고 '폐쇄적' 공동체의 성격을 띤다.

---

406. 최봉영, 「한국 가족주의와 권력욕」, 한국사회학대회 발표논문, 2004. 41-46쪽.

한국인의 혈연적 가족 관념을 가장 잘 보여주는 현상이 입양이다. 한국은 OECD 회원국 중에서 아이를 해외로 입양 보내는 유일한 나라다. 중앙입양원 통계에 따르면 2016년까지 한국에서 태어나 해외로 입양된 사람이 16만 6,512명이었다. 통상적으로 한국인의 해외 입양이 많은 전쟁고아와 가난해서 아이를 기를 수 없는 1950, 60년대에 가장 많다고 추측하지만 실제로 입양이 가장 많은 시기는 한국이 산업화 궤도에 오른 1980년대라고 한다. 그래서 88올림픽 전후 해외 언론은 한국을 '고아수출 1위'라고 질타하였다.[407] 1980년대 이후 해외 입양 아이의 상당 부분은 아마도 혼외 자식일 가능성이 큰데, 그것은 혈연 가족, 즉 '결혼한 부모와 자녀'로 구성된 가족만이 가족이라는 보수적 관념이 지배했기 때문이고, '정상 가족'의 신화가 매우 강고하게 자리 잡고 있었기 때문이다.

혈연 가족주의는 유교적 가족 관념과 조선후기 이후의 동성마을의 형성, 씨족집단의 밀집거주에서 유래한 것이다. 혈연적 유대를 가족의 가장 중요한 전제로 본다면, 그런 가족은 서구의 인종주의가 그러하듯이 매우 폐쇄적이고 배타적일 수밖에 없다. 조선시대에 들어 혼외자식을 엄청나게 차별하였듯이, 직계 가부장 질서 안에 있는 사람과 그 외곽의 형제, 자녀를 차별하면 가족 내에서도 엄격한 차별 질서가 성립되고, 그것은 결코 개인적인 능력과 노력으로 만회할 수 없는 단절선이 된다. 이러한 폐쇄성은 가족 내 구성원과 가족 밖 구성원 간의 단절을 전제로 하기 때문에 대단히 배타적이다.

그런데 이 혈연 가족 관념, 가문 중시의 씨족적 가족주의는 한국인의 인종적, 문화적 동질성에서 기인하기도 하지만 일차적으로 조선후기의

---

407. 김희경, 앞의 책, 107쪽.

관직을 둘러싼 경쟁의 격화와 당쟁으로 인한 정치갈등의 심화, 조선말 이후 전쟁과 위기 속에서 양반층의 권력투쟁의 자원으로 씨족집단을 동원할 필요가 커졌고, 대중이 자기보호를 위해 가용한 자원인 가족연대를 추구하는 과정에서 만들어진 매우 정치적 현상이기도 하다. 혈연가족주의는 식민지 이후 한국 자본주의, 그리고 전쟁과 분단 등 지배체제와 상응하는 습관, 가치관, 이데올로기, 아비투스, 혹은 사회적 응집의 한 양상이라 볼 수 있다. 한반도의 지난 한 세기를 관통하는 개념은 위기와 불안, 국가에 대한 신뢰 부재이다. 전쟁이나 경제위기 등으로 세상이 위태롭고 불안할수록 사람들은 자신의 출생, 그리고 존재의 본바탕인 혈연적 유대에 집착을 한다. 이것은 외적 위기에 대한 하나의 보수적 생존전략이라 할 수 있다.

일제식민지나 군사독재하에서 국가가 효도를 강조하고, 기업이 가족의 비유를 들어 구성원을 통합하고, 회사를 하나의 가족이라고 부르면서 결속과 유대를 강조한 것, 가족주의는 노동자들의 충성을 얻어내고 집단적 저항이나 약자들의 수평적 연대를 차단, 제압하기 위한 지배 이데올로기이다. 즉, 노동조합, 이익집단 등 사회적 연대를 차단하고 개인을 국가나 기업에 종속시키려는 필요 때문에 위로부터 국가나 기업은 조직의 내·외부를 구분하는 혈연 가족주의를 동원했다.[408] 재벌대기업이 강조하는 가족주의도 주로 그러하지만 학자들이 연고주의, 연줄주의를 칭찬하는 경우에도 그런 점이 있다. 이들은 한국경제의 기적의 이면에는 거래비용을 줄이는 이러한 연고주의, 학연주의가 있다고 강조하면서 유교 이데올로기가 근대화에 기여했다고 주장한다.[409] 그러나 근대

---

408. 김동춘, 앞의 글, 1994; 류승무, 「한국 가족주의 문화의 변화과정 연구」, 중앙승가대학, 『論文集』, 제1권, 1992, 253-270쪽.
409. 유석춘의 유교자본주의에 대한 긍정론이 대표적이다. 유석춘, 「유교 자본주의

화에 기여한 것은 사실상은 가족주의였다.

자본주의 한국사회에서 가족이 하나의 자원, 혹은 '자본'이라고까지 본다면 혈연에 집착하는 것은 전통의 유산인 동시에 만성적 위기하에서 자기 보호와 생존, 생산과 재생산, 투자, 자원의 동원, 지위 유지를 위한 전략이라고 할 수 있다. 지난 100년 동안 한국인이 겪은 자본주의 시장경제는 매우 불투명했고, 사용자는 종업원에게 인간적인 대접을 해주지 않았다. 일제가 강요한 개항과 외세의 폭력적이고 억압적인 지배, 근대사회가 가져온 위기 속에서 사람들은 어떤 형태로든 적응과 생존을 해야 했다.[410] 그러기 위해서는 자신에게 가장 익숙하고 소중한 네트워크이자 자원인 혈연 가족(친족)을 동원하고 가족을 발판으로 삼지 않을 수 없었을 것이다. 혈연에 대한 집착은 한국인에게 극히 불안한 세상, 경쟁적인 시장경제에서 버티도록 만드는 가장 큰 안식처요 억압적인 권력, 그리고 약자를 무한 경쟁으로 몰아넣은 한국사회에서 '생존할 수 있는 기반'이자 이런 저런 방식으로 입은 상처를 치유해주는 병원, 그리고 생존경쟁의 충격을 완화해주는 완충제였을 것이다.[411]

1960년대 산업화 이후 노동자, 빈민으로 살던 한국인은 공공복지가 취약하고 모든 위험을 자신이 책임져야 하는 조건을 익히 인지하고, 그 과정에서 겪은 위험, 육체적 정신적 고통, 실직과 해고의 충격을 가정이

의 가능성과 한계」, 『전통과 현대』 통권 1호, 1997 여름호.
410. 장경섭은 가족자유주의는 문화·종교적 유산을 자의적으로 재해석하거나 형식과 내용을 재발명하여 이념적으로 활용하는 다양한 정부정책, 국가법률, 민간관행을 통해 사회적으로 체계화되었다고 지적했다(장경섭, 앞의 책, 2018, 10쪽).
411. 박영은은 한국에서 가족은 생존의 기반이었다고 강조한다. 독일에서도 가족주의 관련 이론은 주로 제1차 세계대전 이후 기업조직이나 사회구성에서 자리 잡았다고 한다. 자본과 노동의 모순상황이 가족주의의 준거가 되었다는 말이다. 박영은, 「산업화와 가족주의」, 한국정신문화연구원, 『정신문화연구』 8(1), 1985; 김동춘, 앞의 글, 1994.

라는 완충제, 스펀지에 기대고 버텨왔다. 그래서 이런 가족주의 아비투스가 제도적 가족주의를 강화하였고, 제도적 가족주의가 거꾸로 문화적 가족주의를 강화하는 상호작용이 작동했다. 그러나 하층 빈곤층 남성들은 그들의 불안한 경제적 조건 때문에 객관적으로는 가족에 의존하지 않을 수 없었으나 실직, 질병 등의 이유로 실제로는 가족에 헌신할 수 없었다. 온 가족이 경제활동을 해야 했기 때문에 가정에서 함께 보내는 시간도 없고, 자녀들 특히 딸들은 학업을 포기해야 했으며, 실직과 질병 등의 고통으로 남성 가장이 일찍 사망하는 경우도 많았기 때문에,[412] 가족은 전혀 안정적인 조직이 아니었다.

　자본주의 경제와 결합한 지위유지, 지위추구적 가족주의는 상속, 즉 부의 대물림에서 집약된다. 경제적 부를 공적으로 형성된 것으로 보지 않고 오직 가족이 노력한 산물로 보면, 그렇게 획득된 부를 오직 가족, 즉 자녀만이 향유할 수 있도록 할 것이다. 여기서 현대사회의 능력주의와 지위의 유지, 특히 가족의 지속성을 위한 재산의 자녀 세습이라는 전근대적인 씨족 가족주의가 변형 강화되었다.

(3) 한국 가족주의의 양면성: 공공성 부재와 역동성의 기반

　혈연 가족주의는 공공질서 내의 구성원이 독립적 존재로서 권리 주장과 책임을 질 것을 요구하지 않는다. 혈연 가족주의는 공익에 대한 관심과 사회성은 거의 거세되어 있다. 이런 점에서 현대 한국의 핵가족주의는 전통 신분질서하의 유교적 가족주의, 씨족 가족주의와 다르다. 서구의 기독교와 비교했을 때 부모에 대한 효도와 임금에 대한 충성을 최고

---

412. 조은, 「도시빈민의 생존전략과 여성」, 여성한국사회연구회, 『한국가족론』, 까치, 1990a.

의 덕목으로 여기는 유교는 절대자로서 신의 관념 혹은 초월성의 개념 자체가 없지만,[413] 가족은 국가와 한 몸으로 연결되어 있기 때문에 이 경우 가족 내의 윤리는 공적인 윤리의 기초가 되며, 그것은 사적인 윤리만은 아니다. 그러나 근대사회로 들어와서 가족과 사회, 국가를 연결하는 고리가 차단되자 가족은 공공성이 거세된 사적 영역이 되기 시작했다.

혈연 가족주의의 내용을 포함하는 제한된 형태의 핵가족주의는 세상의 모든 가족이 동등한 지위와 조건에서 경쟁한다고 전제한다. 토크빌이 미국사회를 관찰한 이후 강조한 것처럼 평등주의는 과도한 경쟁을 낳는다. 그 경쟁이 자본주의 시장경제와 맞물려 원자 간의 전쟁의 양상을 드러낸다. 그래서 현대 한국은 원자화된 가족과 친족, 그리고 연고집단 간의 전쟁터에 가까웠다. 그래서 혈연 가족주의는 집단 이기주의로 나타난다.[414]

혈연 가족, 혈연 가족주의는 페이샤오퉁이 질타한 것처럼 자기 집 앞의 눈도 쓸지 않는 이기적 가족주의, 즉 공공의식 부재 상태를 초래하게 된다. 개화시기에 서구 자유주의 사상에 눈뜬 한국의 지식인도 조선을 서양과 비교하기 시작하면서 본격적으로 이 문제를 제기하였다. 서재필은 다음과 같이 질타하였다.

> (조선인에게는) 공통의 이익의 관념, 공공의식이 거의 없다. 공통이익의 단위는 씨족과 양반사회 내의 당파에 국한되어 있고 전사회적인 전국적인 공통이익의 관념이나 공공이익의 개념은 너무나 희박하다.[415]

---

413. 송재룡, 「유교와 기독교의 초월지평 비교: 좌광두와 토마스 모어의 종교적 삶을 통해 본」, 한국사회이론학회, 『사회이론』 통권 51호, 2017, 141-181쪽.
414. 박희, 앞의 글.
415. 이정식, 『구한말의 개혁 독립투사 서재필』, 서울대학교출판부, 2003, 198쪽.

근대 민족주의, 민주주의 혁명이라고 볼 수 있는 1919년 3.1 운동을 전후하여 이런 비판은 전면화되었다. 당시 근대적 민족주의, 계몽주의, 민주주의 전파에 앞장섰던 지식인들이 한국의 전통적 씨족 가족주의의 반사회성을 주로 비판한 것은 당연한 일이지만, 일제 통치지구와 당시의 언론들도 각각 규율과 통치의 필요성, 혹은 개화론, 민족운동의 입장에 서서 각각 달리 조선인의 씨족 가족주의를 비판하기도 했다.[416] 당시 『동아일보』 논설은 다음과 같이 가족주의를 비판하였다.

> (가족주의는) 민족사회에 대한 공덕의 관념은 전무하였다. 가문일족에 대한 사덕적 관념만은 장족의 진보를 보이고… 우리로 하여금 현재의 승자가 되고 또한 민족적 부활을 원한다면 필히 가족주의에서 해탈하얏서 민족적 의식이나 단결에 일대 수련과 노력을 가하지 않으면 아니된다.[417]

앞서 말한 것처럼 근대 이후에도 지속된 혈연 가족주의는 자본주의적인 사적소유 질서, 소유 의식과 긴밀하게 결합되었다. 가족은 언제나 재산소유 질서, 경제적 자원 획득과 분배의 기본 단위이기 때문이다. 마르크스가 근대 사회에서 완벽한 가족은 지배계급, 부르주아에게만 해당된다고 설파한 것도 바로 가족과 지배질서의 긴밀한 연결성을 주목한 것이다.[418] 김형효는 한국의 가족주의가 어떻게 근대적 소유의식과 결합

---

416. 국가를 공적인 것으로 볼 것인가, 아니면 민족을 공적으로 볼 것인가 간의 차이, 대립이 있었는데, 가족주의를 비판하는 점에서는 같은 논조를 보였다. 이에 대해서는 김현주, 『사회의 탄생』, 소명출판, 2013, 154-198쪽.
417. 「폐습누관(陋慣)부터 개혁하자」, 『동아일보』, 1926. 9. 21.
418. 마르크스와 엥겔스는 일부일처제 가족은 자본주의 사적소유 질서를 반영하는 것이며, 프롤레타리아는 그러한 가족을 가질 수 없다고 강조하였다(엥겔스, 앞의 책 참조).

되어 있는지 다음과 같이 지적하였다.

소유적 경쟁만이 사회생활의 전부라고 여기는 한 인간은 필연적으로 타인과의 전쟁상태로 인생의 모든 것을 바치기에 강박관념의 부자유에서 해방될 수 없다. 그런 강박관념을 심어준 온상은 그 가정에서부터이다. 가정을 부모가 특히 아버지가 자신의 소유지인 봉토로 여기고 자식에게 속물적인 소유의식과 세속적인 승리로서 출세의식만 교육시키는 경우에 자식은 타자와의 존재론적인 친밀성이나 비옥함이나 정신적인 상호주체성의 인정을 위한 여백의 여지를 존중할 리 없다. 오로지 발동되는 것은 자기의 이기심을 충족하려는 전략뿐이다.[419]

그래서 1970년대 자본주의 질서와 맞물린 한국의 가족주의는 유교 가부장적인 전통과 근대화 과정, 특히 현대 자본주의에서 전형적으로 나타나는 소유에 대한 집착과 도구주의가 동시에 나타난다. 앞서 언급한 박영신은 1960년대 이후 한국의 근대화와 자본주의를 이끈 '잘살아보세'의 구호에는 국가, 사회, 공동체가 들어설 자리가 없었고, 기독교 전통을 가진 서구에서 전형적으로 나타나는 초월적인 가치가 개입하지 않았다고 비판했다. 그는 한국 근대화 이데올로기에는 서구 산업사회의 표피적 가치, 즉 능률성과 효율성만을 앞세운 근대 자본주의적인 멘탈리티와 한국의 혈연 가족주의가 결합된 것이라고 본 것이다. 그는 '잘살아보세'의 구호에는 근대적인 것과 전통적, 문화적 유산이 공존한했다고 지적했다.

현대 한국의 가족주의는 한국인의 다른 가치지향 혹은 태도와 뗄 수 없을 정도로 얽혀 있기 때문에 다른 것과 분리하여 별개로 논의할 수

---

419. 김형효, 앞의 글, 25쪽.

있는 현상이 아니다. 현대 가족주의는 전통사회 이래의 씨족주의 문화라는 토양 위에서 번성하였고, 자본주의 시장경제하에서 가족단위의 복리, 가족 구성원의 지위 향상을 도모하고자 하는 가족투자의 열정, 물질주의 가치관과 결합하였으며, 그것이 사회 속에서 표출하면 '가족 개인'의 정체성을 넘어서지 못하는 이기적 가족주의, 혹은 소집단 이기주의가 된다.[420]

서구의 근대가 공(公)과 사(私)의 분리 과정이라면 한국은 전통사회에서 공과 사의 개념 자체가 서구와 다르다. 조선시대의 가족은 단순히 사적 조직이 아니고, 공으로 확대되는 기본 단위다. 그러나 일제의 조선총독부는 '국민'의 의사로 수립된 국가가 아니므로, 대다수의 조선인은 식민지 지배체제에서 도피 혹은 저항의 방식으로 새로운 사적 영역, 폐쇄적 가족에 집착하였으나 소수의 계몽된 사람들은 사립학교 등을 세워 밑으로부터의 공공성을 추구했다. 대다수의 사람은 가족의 생존과 복귀에 치중하지만, 민족교육이나 항일운동은 자생적 공공성의 표현이다. 일제는 공과 절연된 가족 일에만 집착하도록 조선인을 유도했다. 즉, 저항의 공간인 공적 영역은 극히 위험한 실천과 선택을 해야 하는 상황이 되면서 탈정치화된 사적 영역이 확대된 것이다.[421] 다시 말해 근대 가족 관념, 그리고 가족 유대, 가족 집착 등의 의식과 행동은 유교적 가족문화의 유산이 일제 식민지적 근대의 과정 속에서 형성된 것이다.[422]

---

420. 권리와 책임의 주체로서 고립된 '개인'은 탄생하지 않았다. 20세기 내내 모든 한국인은 여전히 페이샤오퉁이 말한 동심원상의 혈연적 친소관계, 그리고 지위가 높은 사람과 자신과의 관계를 중심으로 자신의 존재를 부각시켰다.
421. 이명호, 앞의 글, 2013a, 203쪽.
422. 한국인은 식민지 국가에 충성하고, 가족 일에만 신경쓰는 존재로 살아갈 것을 강요당했다. 즉, 한국에서 부르주아적 공적인 영역은 독립협회 해산, 애국계몽 운동, 물산장려 운동 탄압 이후 형성되기 어려웠다. 김동춘, 앞의 글, 2002 참조.

1970년대 산업화 이후 현대 한국인이 가족 중심적이고 공적인 마인드가 매우 취약해진 것은 사실이나 모든 한국인이 가족의 복리에만 치중하고 이웃의 사정에 무관심했다고 단언할 수는 없다. 기복신앙을 믿는 저학력 저소득층의 농촌적 정서를 가진 한국인에게 가족주의는 폐쇄적이고 배타적이지 않았을지 모른다. 그리고 1970년대 이후에 농촌에서 이농을 한 도시의 빈민이나 하층민들의 생활세계는 이러한 폐쇄적 이기적 가족주의는 오히려 약했으며 상호부조 문화가 오히려 살아 있었다. 한국의 개인주의와 가족주의의 결합, '가족 개인'의 모습, 혹은 가족이기주의, 부정적인 측면이 있는 가족주의는 1970년대 이후 지위 상승을 추구한 도시 중산층, 중상층 등 지배층에서 가장 전형적으로 드러난 현상일지 모른다. 그래서 가족주의는 한국식 근대를 집약하는 한국 중산층과 지배층의 논리, 근대의 모습일 것이다. 이 점에 대해서는 이후 보다 심도있는 연구가 필요하다.

2. 동아시아와 한국의 가족주의

조선시대는 물론 일제에 의한 식민지적 근대화가 추진된 이후에도 한국의 국가나 사회는 가(家)와 가의 결합에 기초하고 있다고 해도 과언이 아니다. 조선을 방문한 선교사들은 "한국인은 개개인이 아닌 가족이나 마을 단위로 사고를 한다. 따라서 새로운 장소에서는 구도자들이 한두 명이 아닌 단체로 온다"[423]고 관찰한 보고서를 제출했다. 1930년대 말 일본에 거주한 사회학자 레더러(Lederer)도 일본사회를 관찰한 후 "가족은 친족집단, 마을, 사회집단의 일차적인 단위이며, 개인은 오직 가족 구성원으로서 존재해왔다"[424]고 지적했다. 가족을 사회의 기본 단위로 보는 관행, 그리고 부모 자식의 관계, 수직적인 인간관계를 가장 중요하게 생각했던 동아시아 국가는 외부의 눈으로 보면 가족, 특히 가부장적 가족이 사회와 개인의 삶에 결정적인 영향을 미치는 사회일 것이다. 근대 국가의 수립과 개인주의를 경험한 근대 서구인이 관찰한 것처럼 개인이 독자적으로 행동하고 판단하기보다는 자신이 속한 무리, 특히 가족의 일원으로 생각하고 행동하는 점에서 일본과 한국, 중국은 어느 정도 공통점이 있다. 그래서 정도의 차이는 있지만 가족주의는 동아시아 여러 나라에서 공통적으로 나타난 현상이라고 봐도 좋을 것이다.[425]

사람들은 동아시아 가족주의는 유교 문화와 관련이 있으며, 유교적 가족주의 전통이 20세기 동아시아 경제발전에 긍정적인 역할을 했다고 생각한다.[426] 일본의 정치학자 마루야마 마사오는 동아시아 모든 국가에

---

423. 세실 허지스 외, 앞의 책, 31쪽.
424. 뒤에서 언급하겠지만, 서양인은 일본에 대해서도 그렇게 설명했다. Emil Lederer, "Fascist Tendencies in Japan", *Pacific Affairs* 7(4), 1934, pp. 373-385 참조.
425. 이만갑, 앞의 글, 1966 참조.
426. 일본의 경제학자 모리시마(森嶋通夫)는 『왜 일본은 성공하였는가』라는 저서에

서 나타난 가족주의는 수직적인 관계의 의무는 민감하나 수평적 사회 관계의 개인의 권리 의무는 무관심한 태도라고 말했다.[427] 동아시아 유교문화권, 가족노동이 필요한 논농사 문화권에 속해 있는 여러 나라, 그 중에서도 한국은 가족제도, 특히 부권을 중시하는 직계가족이 가장 중요한 삶의 단위이자 사회와 국가의 세포이며 기초이다.

중국의 전통적 지배질서, 특히 한나라에서 시작해서 송나라까지 지배의 이념으로 작용해온 유교적 가치와 가족제도는 천년 이상 주변의 다른 나라에도 영향을 미쳤다. 중국의 중앙집권적인 전제군주제도는 가장 중심의 가족제도와 가족 내에서 적용되는 윤리적 토대 위에서 작동했다.[428] 공자와 맹자의 고대 유교의 가르침의 기본은 가족윤리를 동심원상의 원형으로 시작하여 국가, 천하까지 확대한다. 최봉영이 지적하였듯이 유교적 '가'의 원리에서 가장 일차적인 책무는 가족, 즉 친족을 이어주는 통(統)의 계승과 발전이다. 이들 '가'의 규모의 차이나 그것이 각각 대변하는 집합적 정체성의 차별적 수준에도 불구하고 모든 '가'에게서 공통된 바는 '가'로 상상되는 단위의 번영과 성장, 특히 '전체'로서 그

서 일본의 경제성장은 유교에 기반을 두고 있다고 주장했다. 그는 일본의 유교는 중국의 유교와 달리 보편적인 가치인 인을 중시하기보다는 충을 중시하였으며 이데올로기적으로 민족주의적이었다고 주장한다. 모리시마 마치오, 『왜 일본은 성공하였는가』(이기준 옮김), 일조각, 1992. 오늘의 동아시아 여러나라에 유교적 전통이 남긴 특징에 대해서는 Tu, Wei-ming, "A Confucian Perspective on the Rise of Industrial Asia", Silke Krieger and Rolf Trauzettel(eds.), *Bulletin of the American Academy of Arts and Sciences* 42(1), 1991; Tu, Wei-ming, "Family. Nation and the World: The Global Ethic As a Modern Confucian Quest", *Journal Social Semiotics* Vol. 8, 1998a; Tu, Wei-ming, "Confucius and Confucianism", Slote, Walter H. and George A. De Vos(eds.), 1998b.

427. 한편 마루야마 마사오는 "일본 국가주의의 근본적인 특질은 가족의 연장체로서… 즉, 가족국가로 표상되고 있다"고 보았다(마루야마 마사오, 『일본 정치사상사 연구』(김석근 옮김), 통나무, 1995).

428. 이상은, 앞의 글, 245쪽.

가의 외형적 성장과 대외적 지배력에 대한 관심인 것이다. 이러한 '가'의 목표를 위한 구성원의 집단적 헌신은 바로 그러한 총화적 노력에 대한 강조, 즉 구성원을 가족이라는 전체 단위 안에서 하나로 통일시키고 모든 사람을 균일적 상태로 몰아넣은 압력으로 작용한다고 보았다.

동아시아 유교전통에서 가족은 단순히 공(公)과 구분되는 사적인 영역이 아니며, 가(家)는 독립적 개인으로 구성되어 있지 않다. 가족은 공으로 연결되는 하나의 단위이고, 가는 유기적으로 결합되어 있는 관계적 실체다. 이 경우 관계를 부인하는 나 개인을 인정하지 않고, 부분자적인 관계성을 벗어나는 나에 대해 부정적인 생각이 형성된다. 최봉영은 이것을 연계적 인간관이라 말한다.[429] 개아(個我)는 독립적으로 존재하는 개별자를 말하고 개별자가 갖는 속성이 사(私)와 기(己)다. 그래서 가족은 사와 기의 극복을 중요시하고 공으로 연결되는 기초단위가 된다. 가족은 '우리'와 사실상 동일시된다. 나와 너는 엄격히 구분되어 있지 않다. 일상 언어도 주체나 객체가 중요한 것이 아니라 동사(動詞)가 중요하다.[430] 안병무도 이러한 생각에 입각해서 주체와 객체를 구분하는 서구주의를 넘어서는 민중신학을 구상하기도 했다.

그래서 동아시아 여러 나라의 근현대 가족은 개인의 독립성 관념이 발달하기 어려웠다. 이러한 사회는 개체를 씨족·가족 사회의 거대한 집합체의 나사에 불과하다고 취급한다. 전통사회의 삼강오상(三綱五常)에 그러한 생각이 집약되어 있다. 즉, 관계의 준칙을 유지하고 보호하는 것을 최우선으로 삼고, 개체의 행복을 내세우는 것은 대역무도한 것이며, 군주, 부모, 남편, 형 관리의 압박을 순종하며 받아들여야 했다. 중국 역사의 최대의 이단자인 이탁오는 종법적 등급제의 윤리를 수호하는 것

---

429. 최봉영, 『한국인의 사회적 성격 1』, 느티나무, 1994.
430. 김남일, 앞의 책, 2007, 248쪽.

을 본위로 하는 그러한 사회에서 "사회질서에 적응하기 위해 사람은 타고난 신령한 품성을 상실한 채 고분고분하고 마비되어 무감각한, 살아 있는 송장이나 걸어 다니는 고깃덩어리가 되지 않으면 왜곡되어 인격이 분열된 위선자가 될 수밖에 없으며, 도를 지킨다는 것을 남 위의 지위에 올라가는 수단으로 삼고 있으며, 사실상 이기적인 것을 감추고 있다고 질타하였다.[431]

그러나 한·중·일에서 가의 개념은 크게 다르고 그것이 세 나라의 가족주의, 더 나아가 사회 문화, 정치를 차별화하였다. 같은 유교국가라도 중국의 가장은 동거하지 않는 가족 구성원에 대한 통제권이 거의 없으나 조선 양반층은 동거하지 않는 친족까지 친권을 발휘하는 강력한 권한을 갖고 있었다. 조선은 혈족 간의 원근의 한계를 8촌으로 설정하여 같은 고조부를 둔 자손은 5대 봉사(奉祀), 즉 함께 제사를 지내는 넓은 의미의 가족 구성원으로 간주하였다.

일본사회의 기본원리는 중국, 한국과 달리 가족/친족관계에 사업적, 계약적 요소가 가미된 점이 특징이다.[432] 일본의 가족은 1898년 민사법이 제정된 이후 1947년에 또다시 개정되었는데, 민사법 24조는 일본은 가족 내 성적인 평등과 개인의 인격을 존중하는 내용을 포함한다.[433] 그래서 1945년 이후의 일본 가족은 부부와 자녀로 구성된 관계로만 정의하여 부모 혹은 결혼한 자녀는 서로를 독립적인 존재로 간주하였다. 이

---

431. 옌리에산, 『이탁오 평전』(홍승직 옮김), 돌베개, 2005(원저는 『中國第一思想犯: 李贄傳』, 鄢烈山·朱健國』.
432. 그래서 혈연을 기반으로 한 중국 사회는 일본의 이에(家)보다 열등하기 때문에 자율적으로 근대화에 성공하지 못했다는 지적도 있다. Francis Hsu와 같은 학자(한경구, 「동아시아적인 것을 찾아서」, 『문학과 사회』 1996년 겨울, 문학과지성사, 729쪽에서 재인용).
433. 有賀喜左衛門, 『日本の家族』, 至文堂, 1965.

로써 일본의 가족은 근대화되었다. 물론 법이 변화하여도 관습상의 가족은 이것과 차이가 있고 전통은 근대와 공존하였다.[434]

1990년대 초의 조사에 따르면 한국과 일본은 가족의 범위, 가족 결속력의 정도에서 상당한 차이가 있다.[435] 현대 한국은 배우자나 자녀는 물론 부모(95.5%), 배우자의 부모(84.9)도 가족으로 간주하였고, 친손자도 주로 가족으로 생각했다(71.6%). 그러나 일본 사람 중 부모를 가족으로 보는 사람은 55.2 %에 불과하고, 배우자의 부모(22.4%), 친손자(15.3%)는 거의 가족으로 보지 않았다. 이것은 이미 산업화가 고도화된 상황에서 일본 사람의 가족 개념이 한국보다 훨씬 협소할뿐더러 부모와 자녀로 구성된 가구를 곧 가족으로 간주한다는 사실을 말해준다. 그리고 가족 결속에서도 일본은 한국보다 개인의 독자성을 훨씬 중시하는 경향을 보였다.

한국인이 '우리' 집, '우리' 가족이라 하는 것과 일본인이 말하는 '우리' 사이에는 개념상 큰 차이가 있음을 알 수 있고, 그것이 한·일 간에 상이한 가족주의를 만들어 낸다. 심리학자 최상진은 한국인에게 '우리'의 관념은 일본인의 우리의 개념, 즉 '와레와레(われわれ)'와는 다르다고 주장한다. 그는 한국인의 '우리'는 가족관계가 가족 밖으로 확장된 의식과 경험체계를 의미하지만, 일본의 '와레와레'는 공동 목표와 공동 활동에서 비롯되는 집단 공동체 의식과 그 경험을 의미한다고 주장하였다. 그리고 한국인의 '정(情)'은 인간적 심정주의에 기초한 인간관계에서 발현되는 반면 일본인의 '닌조(情操)'는 집단규범에 기초한 공동 활동 상황에서 발현된다고 주장하였다.[436]

---

434. Kumagai, *op cit.*, 1995.
435. 변화순·김현주, 『가족의식에 관한 한국과 일본의 비교연구: 서울과 후쿠오카현을 중심으로』, 한국여성개발원, 1992.
436. 최상진, 「한국인과 일본인의 '우리'의식 비교」, 한국심리학회 '93연차대회 학술발표논문집, 1993, 229-244쪽.

이러한 차이는 한·일의 가족 제도의 차이, 일본과 한국에서 가, 혹은 집의 개념의 차이에서 기인하는 것일 것이다.[437] 한국에서 가족을 엮어 주는 가장 기본적인 접착제는 혈연이기 때문에 한국은 일본보다 혈연의 공유를 훨씬 강조한다.[438] 식민지 시기 조선 민속을 연구한 앞서 언급한 무라야마 지준은 일본과 한국의 가족주의를 대비해서 관찰했는데 그는 조선인이 "조상의 유해를 길지에 매장함으로써 그 목적을 이루려는 열렬함은 다른 나라에서는 유래를 찾아볼 수 없는 특징이다"고 지적하면서 "이것은 본디 자기 혈족 이외의 사람을 신뢰할 수 없던 조선 사회성의 특질에서 유래하는 것이며, 생활의 보증은 오직 부모 내지 가장의 지위에 있는 존속에 의해서만 이루어진 조선 가족제도의 특성이 귀결된 것이다"고 진단하였다.[439] 그는 조선 사회사상의 특징을 "가족주의에 순치된 전통적 사회사상"에서 찾았으며 그것을 조선의 일관된 특질로 보았다.

일본어 '이에(家)', 즉 집은 '한솥밥을 먹은 사람들'이라는 의미로 생활 집단의 의미가 강하기 때문에 반드시 혈연집단으로 구성되지는 않았다.[440] 일본과 비교해보면 한국의 산업화 이전은 친족, 씨족 간의 유대가 매우 강력하지만 마을이나 지역단위의 유대는 그다지 강하지 않다.[441]

---

437. 이만갑, 앞의 글, 1989, 109-110쪽.
438. 변시민, 「일본문화와 한국문화」, 민족지성사, 『민족지성』 통권 20호, 1987년 10월호, 256쪽.
439. 村山智順, 『朝鮮の風水』, 朝鮮總督府, 1931, 4-5쪽. 윤해동 외, 앞의 책, 320쪽에서 재인용 ; 鈴木榮太郎, 『朝鮮農村社会の研究』, 鈴木栄太郎著作集 5, 未来社, 1973, 66-88쪽에서 일제하 조선에서 동족간의 강력한 혈연적 유대가 일본과 다른 점이라는 점을 언급한다.
440. 문옥표, 앞의 글, 60쪽.
441. 물론 한국도 戶가 반드시 직계, 방계 혈족으로만 구성되는 것이 아니라 노비까지 포함되기도 하였다. 식구라는 개념에서 그것이 나타난다.

원래 무인(武人)사회의 전통을 가진 일본은 혈연 여부가 아니라 능력과 실적, 그 집단에서 봉사한 연공 등을 존중하기 때문에 이 무사의 행동 양식이 오늘까지 연결되는 일본문화의 특징이다.[442] 그래서 상속인도 반드시 혈연관계가 있어야 할 이유가 없었다. 조선사회의 단위 중 순수하게 변하지 않은 것은 종가(宗家), 말가(末家)를 통합한 가족뿐이라는 지적이 있다. 즉, 조선은 국가에 대한 도덕적인 충과 부모, 조상에 대한 도덕적 효를 분립하였으며, 효를 충 위에 두었다. 조선에서 충을 효 위에 놓은 것은 허용될 수 없었다.[443]

일본은 주자학도 조선에 비해 늦게 도입하였지만, 그것이 사회 기층까지 침투하지는 않았다.[444] 그리고 일본은 실용성을 강조하는 양명학을 받아들였다. 그래서 일본은 능력이나 실적으로 평가하는 관행이 정착되었으나 한국은 혈연적 친소관계, 문벌중심주의를 강조하였으며, 인간관계를 정(情)으로 평가하는 경향이 있다. 라이샤워(Edwin O. Reischauer)는 일본은 가족 외의 집단, 특히 지역사회 내의 집단성과 통합성을 추구한다고 보았다.[445] 일본의 가족제도는 가족 밖의 집단에 대한 강한 충성심을 보일 가능성이 있으며 그것이 민족주의로 발전했다고 지적했다. 어느 일본 지식인은 아예 일본은 친족원리에다 계약적 요소를 가미하였기 때문에 혈연 중심의 중국, 한국보다는 서구와 유사하다고 주장하기도 한다. 이들은 일본이 근대화에 성공한 것도 사실 동아시아 국가라기보다는 서구와 유사하기 때문이라고 주장한다.[446]

---

442. 변시민, 앞의 책, 254쪽.
443. 조선총독부, 앞의 책, 204-205쪽.
444. 그래서 한국에서는 단 하나의 주의주장이 강조되거나 흑백논리가 성행한다는 지적이 있다.
445. 라이샤워, 『일본 근대화론』(이광섭 옮김), 1997, 소화, 109쪽.
446. 우메사오 다다오(梅棹忠夫) 등이 이런 주장을 했다고 한다. 한경구, 앞의 글,

한·일 간의 가족 관념의 차이는 전통사회의 정치경제 질서의 차이에서도 유래한다. 한국과 중국의 중앙집권적인 전통과 소농경제는 유럽과 일본의 분권적, 봉건적 정치경제와 거리가 있었다. 한국의 가족질서와 관련해서 보면, 토지와 상속 등은 주로 양반층의 관직 획득, 그리고 가족의 지위 유지와 연관되어 있지 봉건 영주의 소유와 무관하다. 이 경우 가족, 친족적 유대, 특히 조선후기의 씨족(동족)부락의 형성은 경제적 생산, 재생산의 측면보다는 지위, 즉 관직 획득의 필요와 연관되어 있다. 자본주의 시장경제하의 근현대 사회에서 한국의 교육열이 개인의 성취가 아닌 가족의 입신출세 문제로 간주되는 것도 이러한 전통의 유산이라 볼 수 있다.

혈연보다는 가구의 영속성을 중시하는 일본식 가족제도하에서는 한 집에서 장기간 고용살이하는 사람은 가족과 동일한 대우를 받았다.[447] 이것이 일본식 기업문화, 지금은 많이 허물어졌지만 고도 성장기에 주로 주요 대기업에서 적용한 종신고용제의 기초가 된다. 일본은 기업을 집과 같은 것으로 강조하는 경향이 있고, 이것이 앞에서 언급한 경영가족주의로 불린다. 즉, 에도(江戶)시대의 대규모 상가의 전통에서 유래한 경영가족주의는 기업경영이 소유자로부터 상대적으로 독립되어 있고, 기업운영의 목적도 소유자를 위한 이윤추구가 아니라 기업조직의 계승과 발전에 두고 있다. 따라서 임원이나 직원이 기업을 '우리 회사'라고 생각하는 의식이 발전했다. 고용인은 이에의 일원으로 장기간 고용되며 의식주를 보장받고 연공 절차에 따라 승진했으며, 다른 이에로 전직은 금지되었다. 그래서 일본의 기업가족주의는 온정주의와 협조주의에 기초한다고 볼 수 있다. 이러한 온정주의적인 협조적 노사관계는 러일전쟁

729쪽.
447. 변시민, 앞의 책, 254쪽.

후 노사협의회를 만들었을 때부터 나타났고, 제2차 세계대전 중에는 직원(사무원)과 직공(블루칼라)까지 포함하는 협의기구가 형성되었다. 1955년 이후 일본의 기업별 노조주의(enterprise Unionism)는 이러한 문화적 전통과 기업체제에서 생긴 것이다.

한국의 기업별 노조주의는 일본의 것을 따왔지만, 일본과는 달리 1987년 민주화 이후 한국의 노조는 회사와 대립적이거나 매우 적대적이었다. 그것은 창업주와 그의 가족 구성원이 아닐 경우 회사에서 '손님'과 같은 존재로 취급되었기 때문일 것이다. 한국의 일부 대기업이 기업을 '가족'이라 강조해도 실제 피고용자들이 회사에 대해 일본과 같은 소속의식을 갖지는 않는다. 종업원 간의 일체감이나 유대감도 일본에 비해 훨씬 떨어진다. 일본적 기업경영 모델을 직접 받아들인 삼성도 기본적으로 무노조주의 원칙을 여전히 고수하고 있다.

일본의 법학자이자 가족사회학자인 가와지마 다케요시(川島武宜)는 『일본사회의 가족적 구성』에서 "가족을 지탱하는 관념 형태가 일본을 구성하는 지배원리다. 가족질서가 권위로 간주되고 질서와 서열이 그대로 권력 서열을 낳았다. 그래서 가족 구성원의 권리는 의식되지 않는다. 강압에 의한 복종이 아니라 자발적인 복종을 발생시켰다"고 주장했다.[448] 전통사회에서 일본의 계급은 직업집단 차원에서 칸막이가 작동했기 때문에 직업집단이 자기 분야에서 두각을 나타내고, 직업 집단 내의 윤리를 만들어내는 데 치중했다.[449] 그래서 현대 일본은 지위 지향보다는 목표지향성이 강하게 나타났으나 한국은 목표지향보다는 지위지향이 훨씬 강했다. 그리고 한국에서 이 지위지향은 주로 가족단위의 자기보호, 지위유지 전략으로 실천되었고 가족은 지위 확보를 위한 기반이었다.

---

448. 川島武宜, 『日本社會の家族的構成』, 岩波書店, 2000, pp23-26.
449. 라이샤워, 앞의 책, 59쪽.

한국의 전통 가족의 성격과 원리는 일본보다는 중국에 가깝다는 것이 통설이다. 중국의 향촌사회의 가족, 즉 친족집단은 관료이거나 부유한 사람을 시조로 해서 그 후손으로 구성되어 있다. 이러한 친족은 특정 지역에 군집해 거주했으며, 유교정통론의 이념과 가치를 중심으로 제사의 필요성 때문에 결속했다. 한국의 임진왜란 이후의 동성부락과 유사하게 이들도 특정의 조상을 시조로 해서 이웃의 다른 성씨들과의 관계 속에서 자신들의 지위와 권위를 과시하였다.[450] 결국 전통사회의 중국의 가족도 매우 정치적인 성격을 띤 인공적 단위이다.

부계혈통에 속한 집단을 '찌아(家)'로 보는 중국의 가족개념은 한국과 유사하게 공동의 재산과 가계를 갖고, 하나의 찌아에 속한 사람들은 공동재산에 대해 일정한 권리가 있다.[451] 이 찌아는 자녀들에게 균등하게 재산을 분할해서 분가를 하기 때문에 실제 가족은 대체로 핵가족의 형태지만 전통사회에서 근대 초기까지 가, 혹은 가문은 매우 신축적이어서 '집안사람'의 범위도 그때그때마다 달라진다. 사회주의 이후에도 이러한 가족구조나 연고관계는 크게 달라지지 않았다. 즉, 사유재산 제도가 없어져서 가족의 유대와 결속은 약화되어도 일상생활에서 부계 혈통으로 연결되는 근친의 유대는 크게 약화되지 않았다고 한다.[452]

한·중·일 모두 가부장권이 가족의 중심적인 개념인데, 일본과 한국은 가장권과 부권이 통합되어 있으나 아버지 사후에 별도의 연장자, 즉 장자가 가장이 되어 재산을 균분하는 점에서 아버지와 남성 가장은 일치하지 않는다. 한국은 장자가 가를 계승하는 것이 원칙이고, 장자의 지위

---

450. 윌리엄 T. 로(William T. Rowe), 『(하버드 중국사 청) 중국 최후의 제국』(기세찬 옮김), 너머북스, 2014, 197-211쪽.
451. 중국의 전통가족에 대해서는 서양걸, 『중국가족제도사』(윤재석 옮김), 아카넷, 2000.
452. 장수현, 「사회주의 중국의 가족」, 한국정신문화연구원 편, 2000.

는 태어날 때 주어진 것이다.

한국 전통사회 지배층의 가족과 가족주의는 강한 신분적 위계질서, 신분의식에 기초한 것이었다. 사농공상(士農工商)의 분류는 직업분류의 성격도 있지만 그 경계는 대단히 엄격해서 양반층이 상업에 종사하는 것은 거의 생각할 수 없었다. 그러나 중국은 달랐다. 이미 송대에 이르러 사민(四民)은 신분이 아니라 직업의 의미를 갖기 시작했다. 홍대용은 청나라를 여행하면서 중국은 명분을 중시하지 않아 이미 사농공상 간에 엄격한 구분이 없다는 사실을 목격하였고, 그것에 크게 감화를 받아 이후 조선에 돌아와서 평등주의 사상을 갖게 되었다.[453]

앞에서 강조한 것처럼 중국과 한국의 근현대 가족주의는 공공정신이 크게 결여되어 있다. 중국 근대 선각자 엄복도 중국의 가부장제와 군주제가 인민의 도덕적 육체적 능력을 부정했다고 보면서, 공공정신이 결여된 이유가 여기에 기인한다고 보았다.[454] 그것은 사실 몽테스키외가 이미 지적한 내용이다.

> 서양 사람들은 자신의 개인적인 일과 관련해서 자유로우며 다른 사람들은 이에 간섭할 수 없다. 사회 전체와 관련된 문제는 모든 사람이 관심을 가질 수 있다. 중국은 그렇지 않다. 사회의 문제는 국가에 한정되며 군주와 관리만이 그 일에 관여할 수 있다.[455]

박영신이 강조하는 것처럼 일본과 한국의 공(公) 개념은 초월적이거나

---

453. 박희병, 『범애와 평등: 홍대용의 사회사상』, 돌베개, 2013, 126쪽.
454. 벤저민 슈워츠(Benjamin Schwartz), 『부와 권력을 찾아서』(최효선 옮김), 한길사, 2006, 221쪽.
455. 몽테스키외, 『법의 정신』(한상범 옮김), 대양서적, 1981.

보편주의적인 원리가 취약하다. 일본의 '공' 의식은 번(藩), 국가, 천황, 회사 등 집단을 언제나 전제로 한다. 한국의 공 개념은 '개인'과 '사회'의 관념은 없고, 제사를 가장 중요한 행사로 여겨온 가족이 (준)종교적 성격을 갖는다. 군주와 그를 둘러싼 신료들이 좌우하는 국가 정책은 사실상 양반지배층의 사적 이익을 포장한 경우가 더 많았다. 그리고 그러한 사익의 내용을 가진 국가는 가족 내의 사적인 원리를 공적인 관계에서도 지키는 충성을 일방적으로 요구한다. 가족 윤리는 국가 윤리와 연동되어 있지만 둘 다 공적인 것과는 거리가 먼 경우가 많다. 군주와 양반지배층의 결합으로 움직이는 조선은 효의 가치가 다른 모든 것에 우선하였다. 그래서 신채호는 유교의 윤리가 국가와 민족을 망하게 할 도덕이라고 공격하였다.[456]

동아시아 모든 나라에서 농촌사회에 작용하던 친족/씨족의 연고는 크게 사라졌지만, 1차 집단의 연고 네트워크는 강하게 작동한다. 앞에서 언급한 한·일 간의 가족관념 비교를 보면 일본인은 지역공동체(59.3%), 운동 여가 취미단체(24.4%)에 가장 많이 참가하고 있으나 한국인은 여전히 친목회, 향우회(28.2%), 동창회(27.7%) 등 1차 집단에 가장 많이 참가하고 있어서 전통적 친족관계 대신에 고향과 동문 등 연고집단에 주로 참가하는 것으로 나타났다.[457] 물론 일본인도 동창회 참가가 매우 높은데 (24.3%), 이는 서양 사람과 가장 뚜렷하게 구별되는 점이다. 이렇게 본다면 동아시아에서 1차집단 혹은 연고집단에 집착하는 것은 역시 과거의 유물만이 아니라 현대 도시사회에도 변형되어 잔존한다고 볼 수 있다. 혹자는 일본의 대학이 다양한 사적인 연줄망을 확대시키는 것을 두고

---

456. 박영은, 『현대와 탈현대를 넘어서: 한국적 현대성의 이론적 모색』, 역사비평사, 2004, 293쪽에서 재인용.
457. 변화순·김현주, 앞의 글, 81-82쪽.

〈표 4〉 한·중·일의 전통적 가족 관념과 가족주의

	한국	중국	일본
가족관념	운명 공동체 강한 가부장주의 (준)종교적 단위	사업단위 약한 가부장주의	사업단위 지위 중심 강한 가부장주의
가족주의	혈연·친족중심	혈연·친족, 이웃중심	가구, 집단주의

현대적 종족주의라 보기도 한다.

결국 한·중·일 동아시아 전통사회의 가족주의는 유교적 충·효의 윤리를 기초로 한 초개인적인 가부장주의의 가족 공동체를 전제한다는 점에서 매우 유사하지만, 나라에 따라 가족 관념이 약간씩 상이하며, 각 나라의 가족주의도 차별성이 있다. 한국의 가족은 조상과 미래의 후손으로 연결되는 운명 공동체이자 거의 (준)종교적 성격이 강하며, 지위와 혈연중심주의가 바탕에 깔려 있다. 이에 비해 일본은 혈연보다는 지위를 중시하고, 중국은 한국과 유사하게 서열을 중시하지만 한국보다는 가족을 사업 단위로 여기는 점이 더 크다.[458]

동아시아의 근현대사는 근대 이전의 가족 관념이나 문화를 민족 혹은 국가라는 거대 집단으로 확대시켰다. 일본의 천황제, 사회주의 중국의 대가족론,[459] 박정희의 국가주의, 그리고 북한의 가족 국가의 관념이 대표적이다. 물론 전후 일본은 가족법을 근본적으로 개혁하여 핵가족, 균분상속 중심으로 가족을 변형했고, 사회주의 중국도 전통 가족을 해체

---

458. 조선 중기 이후 한국은 장자 상속 위주였으나 중국은 자녀 균분상속이 유지되었고, 형제나 종족 구성원 간의 평등성이 유지되었다. 미야지마 히로시, 앞의 책, 214-231쪽.
459. 1980년대까지 중국도 국가를 전통적인 대가족에 비유해왔다.

하였으며 여성의 진출을 확대했다.

그러나 냉전의 규정을 강하게 받아 분단된 남북한은 오히려 전통의 유산이 더 강하게 남았다. 남한의 산업화가 과거의 혈연적 친족중심주의에서 벗어나 핵가족의 외향을 지녔으나 내용적으로는 가부장주의를 아직 벗어나지 못하는 가족중심주의와 세속적 물질주의가 결합된 것이라면, 북한도 국가와 형태상으로 핵가족이 된 현대 가족을 수직적으로 국가 아래 위치에 설정하여 아버지의 자리에 수령을 앉힌, 가부장주의를 그대로 간직한 채 국가를 가족의 확대판으로 재개념화하는 방식으로 전통적 가족 관념을 다시 불러왔다. 남한은 전통적인 친족질서, 가부장적인 전통 가족을 거부하거나 정신적, 신체적으로 떠나려 했던 사람들이 자본주의화된 사회경제 질서 속에서 혈연주의 핵가족으로 다시 돌아오는 과정을 겪었다면, 북한은 국가 자체를 가족화한 경우라 볼 수 있다.[460] 이것은 앞의 바네트와 메킨토시가 강조한 것처럼 가족이 사회화될 뿐 아니라 '사회가 가족화'된 경우다.

국가를 하나의 거대 가족으로 본 북한은 과거의 다른 사회주의 국가와도 다르다. 북한에는 과거 김일성 부자에 대한 충성과 효도,[461] 혁명적 동지애, 의리 등 동양적인 도덕률이 하나의 체계를 이루고 있었다. 즉, 북한은 가부장주의 가족에서 볼 수 있는 최고지도자에 대한 절대적인 충성과 헌신, 완전한 일체감과 운명 공동체성, '아버지'에 대한 절대적 권위 부여 등을 강조하고 있다.[462] 유교에서는 아버지가 아무리 실수하더라도

---

460. 강진웅, 앞의 책.
461. 『조선중앙년감』 1993년판에는 「당을 받드는 충신, 효자들」이라는 항목을 두어 북한 사회가 요구하는 이상적인 인간이 어떠한 모범적인 행동을 하는가를 소개하고 있다.
462. 왕과 지주에 대한 농민의 복종주의, 일제의 억압과 반일 민족해방운동의 경험에서 형성된 민족주의적 정서, 사회주의적인 집단주의는 김일성주의라고 하는 종교적

아버지를 버릴 수 없고 가족질서를 떠날 수 없는 것처럼 북한의 정치사회질서 체계 역시 거대 가족인 국가의 공식적인 원칙이나 규율을 아버지인 수령이 독점하고 있으며, 수령을 비판할 수 없다. 국가가 가족화되면 개인은 국가에 충성하고 국가의 지도자에게 효도한다. 이로써 동아시아 국가 중에서도 가장 엄격한 유교 도덕률이 강고했던 분단하의 한반도에서 전통적 가족관념은 지배질서 유지의 원리로 지속 강화되었다.[463]

남북한의 국가, 최고권력자가 1960년대 이후 가족이라는 이념, 이데올로기, 제도를 다시 호명하여 경제건설과 체제 유지의 자원으로 동원할 수 있었던 것은 이미 과거 전통사회에서 착근한 가부장적 가족주의라는 강한 문화적 전통 혹은 관습이 있었고, 일제강점기 천황제라는 일종의 가족국가의 경험과 일본이 이식한 호주제도의 경험이 한국인에게 내면화되어 있었기 때문이다. 즉, 한국의 전통 친족/씨족 제도는 일본식 (반)근대 가족국가의 개념에 따라 유지 변형되었고, 그것이 1948년 이후 남북한에 다른 방식으로 연결되었다고 볼 수 있다. 이승만을 국부로 추앙한 사고방식이나 북한 김일성의 일인숭배와 '백두 가족'론은 이러한 문화적 토양 위에서 만들어진 것이다.

결국 남북한은 근대 이후에도 일본에 의한 식민지화, 전쟁 등 정치적 격변, 경제개발, 사회주의 개혁 과정을 겪으며 가족의 성격과 의미도 크게 변했다.[464] 다른 동아시아 여러 나라의 전통적 가족 관념과 가족주의

성격을 지닌 가부장적인 지배논리를 만들어내는 풍부한 토양이 되었다고 생각한다.
463. 북한지배질서의 전통론적 유교의 측면에 대해서는 이종석, 「조선노동당의 지도사상과 구조변화에 관한 연구」, 성균관대학교 정치외교학과 박사학위논문, 1993, 76쪽에서 이미 강조하였다.
464. 그러나 이광규는 한국의 가족을 친족관계의 틀에서만 설명하였기 때문에 다른 요인과의 상관성을 충분히 고려하지 못했다. 즉, 가족을 사회적 현실로 보기보다는 문화체계의 표현기제로 간주함으로써 역사적 과정보다 구조와 체계의 분석에 치중한 결과다. 김광억, 「국가와 사회, 그리고 문화: 가족과 종족연구를 위한 한국 인류

는 각 나라의 근대화의 경로에 따라 차별화되면서 새로운 가족주의로 탄생했다. 대만, 홍콩, 중국 본토는 각각의 정치 경제 체제의 경험이 크게 작용해서 차별화된 가족 관념이 형성되었고, 동아시아 국가는 가족주의와 시장주의가 결합하여 제도적 가족주의가 정착했다.

사회주의를 경험한 중국은 자본주의인 한국과 대만, 홍콩과 상이한 양상을 보인다는 지적도 있다. 대표적인 것이 '동반자살'인데, 한국, 대만, 홍콩에서는 이러한 자살이 발생하고 있지만 중국 본토에서는 부모가 자살할 때 자녀를 살해하는 일이 거의 없으며, 그런 일이 발생해도 그것을 '동반자살'로 부르지 않고 윤리참극이라고 부른다고 한다. 중국 본토는 자녀를 부모의 소유물로 여기지 않으며 따라서 함부로 부모가 그 생사 여부를 결정할 수 없는 국가의 성원이라는 점을 강조한다. 사회주의의 경험을 가진 중국은 이러한 유교적 가족주의를 어느 정도 극복했다고 평가할 수 있다.[465] 교육이나 노후 복지를 어느 정도 국가가 책임지는 사회주의 체제에서 개인의 성공은 부모에게 덜 의존할 수 있었고, 부모도 자식에게 의존하는 정도가 약화되었다고 할 수 있다. 또 1명의 자녀만을 허용하는 엄격한 인구 통제를 실시했기 때문에 부모와 자녀의 관계도 달라졌을 수 있다. 그러나 1980년대 개혁 개방 이후 시장경제가 확산된 중국의 가족관계 변화는 한국과 유사한 방식, 즉 개인의 독립성과 가족의존도가 오히려 약화되는 경향이 있다.

일본식 경영가족주의도 제2차 세계대전 이후 재벌 해체, 전문경영인 주도의 법인자본주의 시대가 열리면서 온정주의적 기업문화가 퇴색하고, 서구화된 문화에 익숙해진 세대가 개인주의적 가치관을 형성하며 더 이상 지배적인 기업문화로 남아 있지 않다는 평가가 일반적이다. 중

학의 패러다임 모색」, 한국문화인류학회, 『한국문화인류학』 35(2), 2002.
465. 김희경, 앞의 책, 94쪽.

국의 가족주의 역시 개혁개방 이후 개인주의의 확산으로 과거와 같은 방식으로 작동하지 않는다는 지적이 많다. 즉, 동아시아 특성을 강조하는 유교자본주의론이나 그와 유사한 문화론적 설명이 점점 설득력을 상실하고 있다.[466]

---

466. '개인화'와 관련하여 동아시아 가족주의에 대해 논한 연구서로는 홍찬숙, 「동아시아 가족주의의 현재와 미래: 압축적 근대성. 성찰적 근대성」, 서울대학교 아시아연구소, 『아시아 리뷰』 4(2), 2015b, 283-301쪽.

3. 가족주의는 한국과 동아시아만의 특수한 현상인가?

서구 여러 나라에서도 이러한 강력한 가족유대, 모성애, 가족에 대한 집착이 사회와 조직운영의 기본원리나 중요한 에너지로 작용하기도 한다. 영화 「대부」에서 잘 드러났듯이 이탈리아 시칠리아 출신의 마피아 집단은 강력한 가족애를 기반으로 미국 이주자 사회에서 범죄 기업조직을 일구기도 했다. 예로부터 전쟁, 집단이주 등이 빈번하던 남 스페인, 이탈리아 남부 등지는 강한 가톨릭 전통과 결합된 유별난 가족애와 지역주의를 자랑하는 곳이기도 하다. 한편 '외로운 늑대'로 불리는 러시아의 소수민족 체첸인 역시 러시아의 지배에 맞서는 전사(戰士)의 이미지지만, 그것은 그들의 강력한 가족, 친족애가 기반이다. 즉, 산악 유목민족이던 체첸족은 험난한 자연과 투쟁하고 주변 이민족과 전쟁을 하며 생존해왔고, 대가족을 중심으로 소농목축 경제구조이던 관계로 가족은 생산단위이자 전투단위였던 것이다. 지금도 모스크바 등 러시아에서 가끔씩 발생하는 체첸인의 보복 테러 역시 바로 남편과 아내를 잃은 체첸인의 가족사랑, 민족사랑 없이는 설명할 수 없다는 지적도 있다.

이런 극히 유별난 가족주의의 사례를 제외하더라도 근대 이후 세계 각지에서는 가족애와 가족주의가 사회 유지나 발전의 가장 중요한 동력으로 작용했으며, 제도적 가족주의로 정착한 경우도 많다. 핵가족이 보편화되면서 많은 자본주의 국가는 가족주의라는 재생산의 기반과 활용하여 정치경제질서를 유지한다. 신중간층의 가족 이데올로기, 남성 부양자/여성의 가사전담 등의 가치나 관행은 상당수 자본주의 국가에서 나타난다. 그런데도 서구의 가족주의, 특히 남유럽이나 폴란드와 같은 동유럽 등 비교적 가족주의가 강한 나라들과 동아시아 국가의 가족주의 간에는 차별적인 점이 있다.

물론 '서양', '동양'의 지리적, 문화적 구분은 서구인이 정한 것이고 일본을 필두로 동아시아인이 내면화한 이분법이다. 동양 혹은 동아시아 지역은 합리적 서구에 대비하기 위해 만들어진 '역상(inverse images)'으로서 서구가 아닌 모든 것이라는 의미도 포함되어 있다.[467] 그렇게 본다면 아시아는 단일한 공간, 문화의 단위라 볼 수 없으며 동아시아의 3국 역시 마찬가지일 것이다. 동아시아 자본주의라는 것도 오히려 서구적인 것, 후발자본주의 국가의 일반적 특징이라는 지적도 있다.[468]

동아시아를 지리 문화권 개념으로 정의한다면 동아시아란 중국, 한국, 일본, 베트남 등 소농경영, 논농사 중심의 유교 문화권으로 제한할 수 있다. 이 지역은 대체로 오래 전부터 논농사를 기반으로 생활해왔으며, 중국의 문화 전파를 받아 한자를 사용해왔고, 가족을 중시하는 유교문화권에 속한다. 따라서 인간, 그리고 가족을 보는 관점이 이슬람, 불교 혹은 서아시아 인도 문화권과 매우 다르다. 특히 가부장적인 가족개념을 지켜온 유교문화권과 가족관계를 단절할 것을 요구하는 불교의 인간관은 정면으로 충돌한다.[469]

동서양의 모든 문명권에서 가족은 가장 중요한 사회적 단위가 분명하나 친족 간의 유대 등 혈연에 기초한 전통은 동아시아에 비해 그다지 강력하지는 않았다. 로마 문명은 초대 기독교의 신앙공동체의 전통을 통

---

467. 한경구, 앞의 글.
468. 한경구, 앞의 글, 727쪽. 공동체의 개념 같은 것이 대표적이다. 이 개념은 전형적으로 서구에서 수입된 것이라고 본다. 일본과 영국의 노사관계를 비교한 도어(Ronard Dore)도 일본과 영국의 차이는 문화적 차이라기보다는 산업화 시기의 차이에서 기인한다고 주장하기도 한다(Ronald Dore, *Taking Japan Seriously: A Confucian Perspective on Leading Economic Issues*, London: Bloomsbury Academic, 2013).
469. 이상백, 「한국인의 사고방식의 연구방법론」, 미완성 유고, 『한국사회학』 2, 1966.

해서 가족중심의 종교의례적 배타성은 크게 약화되었다. 즉, 신앙공동체로서 연대의식은 강했으나 씨족 혈연적 유대의식은 이 지역에서는 이미 중세에 크게 약화되었다. 막스 베버가 강조했듯이 중세도시와 시민사회를 형성하는 데 모태가 된 것은 바울이 가족주의적인 폐쇄적 관계를 책망하고 이방인과도 함께하도록 권유한 일이라고 한다. 이후에 중세도시는 씨족 중심이 아니라 개별 시민 간의 연합체가 되었으며 개인 간의 서약을 바탕으로 한 공동체가 되었다는 것이다.[470]

중세 유럽의 신은 동업조합이나 마을의 구심으로 존재했다. 일본도 동네 신이 있었다. 유럽의 동업조합의 예배의식은 곧 축제였다. 불행한 일을 당한 사람은 동업조합이 제공하는 장려금에 의존하였다. 이에 반해 한국은 어떤 점에서 국가가 최고의 윤리, 도덕을 집약했기 때문에 국가가 서구 기독교 전통의 신의 자리에 있는 존재였다. 가족 신, 즉 조상신의 관념이 있었으나 마을 단위의 신, 혹은 계나 직업단위의 신의 관념은 없었다. 한국에서는 가족의 행사인 제사가 곧 축제였으며 불행한 일을 당한 사람이 있으면 가족, 친족이 후원하였다. 가족 구성원은 이미 사망한 조상을 언제나 두려워했으나 가족 외의 집단에서 두려워할 '신'은 없었다. 즉, 행위를 규율하는 체계는 가족 외에는 존재하지 않았다.[471] 또 가족을 떠난 사람은 이런 주변 조직으로부터 아무런 후원도, 정신적 지원도 받지 못했다. 유럽의 매우 부유한 동업조합은 공동의 납골당이 있으나 한국은 가족묘가 있다. 공동의 예배, 공동의 연회, 공동의 축제, 공동의 묘지 같은 것이 로마인에게는 가족과는 구분되는 조직이다. 동업

---

470. Max Weber, *The Religion of India: The Sociology of Hinduism and Buddhism*, 1967, pp. 37-38, 98-99, 박희 논문에서 재인용.
471. 에밀 뒤르켐, 앞의 책, 31쪽.

조합은 일종의 대가족이었다.[472] 그러나 한국에는 이러한 전통이 없다. 가족이 언제나 이 모든 것을 포괄한다. 기독교가 전파된 이후 현대에 와서는 교회가 그러한 역할을 부분적으로 담당하고 있다.

소농적 생산방식, 농촌 공동체의 전통이 남아 있는 중동부 유럽이나 러시아는 가부장주의, 가족주의가 매우 강력한 힘을 발휘한다. 앞의 라이히가 가족 유대와 하층, 중산층, 소농의 생산방식의 연관성에서 언급하였듯이, 독일에서 나치즘의 등장은 바로 가부장주의적 가족주의와 무관하지 않다. 이러한 농촌적 가부장주의 의식을 가진 사람들이 도시의 중산층이 된 경우 이들은 경제적으로는 육체 노동자보다 더 궁핍했지만 가족 도덕주의와 성적 억압으로 그것을 보상하였다.[473] 여성과 어린아이에 대한 대단히 엄격한 성적인 억압, 가족의 명예를 매우 중요시하는 태도는 그러한 생산방식과 가족 관념의 산물이라는 것이다. 이러한 권위주의적인 성격구조는 사회나 국가로 곧바로 연결된다. 그러한 성격구조가 히틀러의 민족주의, 그리고 러시아 민족주의의 기반이 되었다는 것이다.

밴필드 등이 조사 연구했듯이 남부 이탈리아 등 유교문화와 무관한 세계 여러 곳에서도 유사한 형태의 가족주의가 존재하였다.[474] 이들 나라는 공식적인 조직이나 관계, 특히 법과 행정이 작동하고 있지만, 가족 이웃 등 1차 집단 간의 유대, 그리고 그러한 네트워크를 활용하는 문제 해결 방식을 주로 선호한다. 이것은 후쿠야마라 분류한바, 공공기관에 대한 신뢰 수준이 비교적 낮은 지역, 즉 동아시아 국가, 이탈리아, 그리스, 아일랜드 등 유럽 국가, 그리고 미국의 아시아 소수자 집단과 라틴아

---

472. 같은 책, 31쪽.
473. 빌헬름 라이히, 앞의 책, 83쪽.
474. E. Banfield, *op. cit.*

메리카 소수자 집단과 일치한다.[475] 주로 소농체제, 즉 생산을 위한 가족 유대의 필요성이 강한 곳에서 이러한 현상이 나타날 수 있다. 그리고 공공기관의 신뢰가 취약한 경우, 1차 집단 외의 사회참여의 기회가 제한된 경우, 즉 조직 노동의 힘이 매우 약한 경우 문화 혹은 제도로서 가족주의가 나타날 수 있다.[476] 반대로 시민참여의 기회나 계급정치가 활성화되고 공공부문의 비중이 큰 복지국가인 북유럽 국가에서는 가족주의 현상이 나타나지 않는다.

동유럽은 1989년 사회주의 붕괴 이후 대단히 급진적 민영화 조치가 실시되었고, 공권력에 대한 신뢰가 상실되었고, 시민사회로 간주될 수 있는 조직이나 영역이 거의 발전되어 있지 않았기 때문에 비공식적인 사적인 관계망을 활용한 문제해결, 즉 '제도적 가족주의'가 실제 사회를 움직이는 사회적 자본이나 동력으로 작용하게 되었다.[477] 현상적으로 드러나는 행동방식에서 동아시아와 남부, 동부 유럽 사이에는 유사한 점이 있지만 가족주의 배경이나 기반의 측면에서는 큰 차이가 있을 것이다.

동아시아는 근대 이후 가족주의 형성에 유교문화의 영향이 큰 반면, 라틴아메리카나 이탈리아 등 남유럽은 가톨릭 보수주의, 소농경제 등이 관련되어 있다고 판단된다. 특히 이탈리아는 프로테스탄트 개혁의 부재, 헤게모니적인 국가 계급이나 문화의 결여, 중간계급의 취약성, 진정한 민주혁명의 부재 등이 관련되어 있고 그중 일부는 한국이나 동아시아 국가와도 공통점이 있다는 게 특징이다. 남부 이탈리아, 러시아 등의 마

---

475. Bron B. Ingoldsby, "The latin American Family : Familism vs Machismo", *Journal of Comparative Family Studies* 22(1), Spring 1991.
476. 이탈리아의 시민사회와 정치에 대해서는 R. D. Putnam, *Making Democracy Work. Civic Traditions in Modern Italy*, University of Princeton Press, 1994.
477. Pichler & Wallace, *op. cit.*, 남유럽은 비공식 자본 중에서도 가족의존도가 높다면 동유럽은 주로 비가족 1차 집단 의존도가 높다.

피아 자본과 한국의 재벌구조는 자본주의와 가족구조가 결합된 점에서 유사하다. 이 점은 가족주의가 현대의 기업조직과 어떻게 연관되는지를 살펴볼 수 있는 중요한 지점이다. 이탈리아 등 남유럽에 나타나는 가족주의는 동아시아 유교문화권과 달리 부계조상 중심의 남아 혈통 계승을 중시하거나 국가나 사회를 하나의 대가족처럼 여기지는 않는다. 즉, 가족을 부계 직계가족으로 여기는 사고나 가족과 국가 관념이 결합되는 것은 오직 오랜 중앙집권적 전통, 유교적 문화를 가진 동아시아에서 특수하게 나타나는 현상으로 볼 수 있다.

그러나 유럽 지역은 동아시아에 비해서는 여전히 개인주의 전통이 강하기 때문에 양자 간에는 큰 거리가 있다. 앞의 레더러 역시 일본의 집단주의 현상을 주목하면서 개인주의 성향이 강한 유럽의 노동자들이 일본처럼 집단의 일원으로 유대감을 형성한다면 그것은 혁명적일 것이라고 보았다.[478]

에스핑 앤더슨이 말했듯이 남부 동부 유럽이나 동아시아 국가에서 제도적 가족주의가 정착되어, 가족이 사회적 자본으로 역할을 하는 것은 국가나 공공복지, 혹은 시민사회 차원의 자발적 시민단체의 지원이 취약하기 때문일 수도 있고, 가족주의의 전통이 강해서 공공복지의 발전이 뒤처졌을 수도 있다. 그의 복지국가 분류법은 '사회적 자본'의 유형론으로 본다.

물론 동아시아 국가 중에서도 가족주의의 가장 중요한 표출인 근대 이후 교육열은 한국이 중국이나 일본보다도 유독 심한 경향이 있다. 중국이나 미국 등지에 거주하는 해외 한민족과 그 나라 국민들과 비교해도 이 점은 두드러진다. 이것은 한국의 과잉 교육열과 학력주의가 단순

---

478. Lederer, *op. cit.*, p. 373.

히 동아시아 일반에서 나타나는 유교문화의 유산만이 아니라 다분히 일제 강점, 전쟁, 분단, 개발독재 등 '1차 근대' 과정에서의 정치경제 상황과 연관되어 있다는 것을 의미한다.

앞서 언급했듯이 한국인의 교육열, 입시열은 일제강점기에는 주로 상층에서 나타난 현상이고, 해방 후에는 모든 국민의 것이 된 점에서 대체로 근대적인 현상이다.[479] 여기서 학벌, 학연이라는 사회적 자본과 그것을 기반으로 한 경제적 자본이나 정치적 자본에 접근하는 가장 확실한 방법으로 교육을 택하는 것이 반드시 유교적인 전통을 가진 나라에만 적용될 수 있는가 하는 질문이 제기될 수 있다. 대체로 국가주의 전통이 강한 후발국가는 국가가 다른 모든 자본을 배분하는 실질적인 중심이 되기 때문에 국가관료, 사법 엘리트 등 정치계급이 상대적으로 독자적인 '계급'으로 형성된다. 따라서 국가 권력의 장악은 부를 얻는 가장 확실한 통로가 되고, 이러한 정치계급의 일원이 되기 위해서는 국가 공인의 일류학교 졸업 자격증을 얻는 것이 가장 확실한 방법이 될 것이다.

전형적인 학력주의 사회인 미국과 한국은 이 점에서 유사하다. 미국은 자수성가와 계층상승의 신화가 지배하는 자영업 마인드가 강하고 사회주의 전통이 취약한 '미국 예외주의(American exceptionalism)'가 교육을 계층상승의 가장 중요한 통로가 되게 만들었다면, 한국 역시 과거시험과 신분제 폐지 후 학력 자본이 신분제를 대신하고 식민지 시기 이후 수평적 연대나 진보정치 운동이 심각하게 탄압을 받아 거의 궤멸했기 때문일 것이다. 한국의 입시열과 학력주의는 전통사회의 유산인 가족주의 문화와 핸더슨(G. Henderson)이 표현한 바와 같이 '소용돌이의 정치', 즉 지주계급의 급격한 몰락, 1945년 8.15 이후 일본인이 있던 '자리'의 공

---

479. 정순우, 「한국사회 교육열에 관한 역사·문화적 접근」, '98 교육사회학회 연차대회 발표논문, 1998.

백, 한국전쟁 후 극우반공주의 정권이 교육을 통한 지위 상승 외의 모든 사회정치적 변화의 기대를 차단한 점 등에 주로 기인하는 것으로 보인다.[480]

한편 한국의 '학력병'은 미군정기에 도입된 미국식 학력주의 이념과 분단하의 교육 자격증에 대한 국가의 독점적 통제의 이중적인 산물인 점도 있다. 미국과 한국의 학력주의는 학력경쟁을 유도하고, 개인화(individualization) '무계급주의'의 이념을 통해 지배질서의 재생산을 기도한다는 점에서는 공통되나 그 역사 사회적 기반은 매우 다르다. 미국은 분권화된 정치와 유럽 이민자의 대거 유입 등의 배경이 학력 경쟁의 기반이 되었다면 한국은 반공주의로 인한 이익표출의 '차단' 효과, 그러한 '차단' 상황에서 정치계급의 형성, 교육이념의 국가통제의 필요성 등에 뒷받침되고 있다. 한국의 교육열은 능력주의와 거리가 멀다.

근현대 한국사회의 가족주의 강화, 특히 앞에서 말한 해방 후 2차 가족주의 강화 과정에서 식민지적 근대, 국가, 시장, 개인화 등이 가져다 준 평등주의를 동력으로 한 강력한 계층 상승의 열망, 가족단위 입신출세주의를 무시하고서는 설명될 수 없으며, 그 지향점은 곧 가족단위의 부와 권력 획득이라는 세속적 목표의 성취였다. 즉, 일제 강점기 이후 전통 사회에서 신분지위의 갖고 있었던 위상을 이제는 경제적 부(富)가 대체하게 되었고, 조선시대 소수 양반층의 전유물이던 과거시험을 통한 관직 획득의 전통적 상승의 방법 대신에 모든 사람에게 교육, 학력을 통한 새로운 지위 상승의 기회가 열리면서 '좋은 대학'의 졸업장은 부의 축적과 경제력 과시, 고위 관직 획득 등과 같은 목표를 성취하여 '현대판 양반 되기' 전략의 필수 관문이 되었다.

---

480. Gregory Henderson, *Korea: The Politics of the Vortex*, Harvard University Press, 1968.

복지의 수준과 형태가 정치적 지배질서와 연관된 현상이듯이 가족주의, 즉 제도적 가족주의 역시 분명히 정치경제적 지배질서와 연관된 현상이다. 이 점에서 동아시아나 남부 유럽, 동부유럽의 가족주의는 그 나라의 정치경제 체제를 설명해준다.

VI. 맺음말

1. 근현대 한국 가족주의 강화의 메커니즘

　생존과 지위의 유지, 성애, 결혼, 정서적 의존과 공동체 형성의 욕구, 친밀성의 열망은 모든 인간에게 공통된 것이다. 이것은 각 나라의 정치경제, 그리고 문화 조건 아래에서 다양한 형태의 가족, 친족 질서로 나타나고, 그것이 오래 지속되면 하나의 문화적 습속, 일상적 실천 혹은 아비투스로 정착하여 재생산된다. 각 나라나 문화권의 문화적 습속은 근대화 과정, 특히 '1차 근대' 시기인 자본주의 시장경제와 국민국가의 건설 과정에서 다양한 방식으로 유지, 변형, 강화되기도 한다. 단순화해보면 가족 만들기 혹은 가족유대 강화의 실천은 근대 자본주의 질서, 국민국가의 수립이라는 거시적 체제 변화 속에서 생존과 자기 보호, 재산과 지위 상속을 위한 욕구와 적극적인 기획이 집약되어 표현된 것이다.

　근대 국가와 자본주의 경제 질서는 유순한 노동력의 공급, 인구의 통제, 남녀의 성역할 분업, 그리고 가족 밖의 빈민과 약자 등을 일정한 틀 속에 가두는 것이 필요하다. 근대 이전의 가족, 친족, 가족 실천이 대체로 가부장주의 형태를 지닌 것이라면 근대 이전의 가부장주의는 근대화, 즉 자본축적의 재생산 요구와 맞물려 부르주아(중산층)적 가부장주의를 구조화한다. 그러나 이 국민국가와 자본주의의 틀과 결합된 1차 근대 시기의 가족주의는 국가나 자본주의가 강요한 것만은 아니며, 신분해방, 평등, 개인주의, 지위상승의 열망과 친밀성의 욕구를 가진 근대 인간이 적극적으로 요구하거나 투쟁하여 쟁취한 결과이기도 하다. 그것은 주로 근대 이전 차별받던 상민, 평민층 출신의 사람들이나 여성들이 '기성의 가부장주의의 틀 내에서' 인간으로서 자신의 존재를 인정받기 위한 투쟁의 결실이기도 했다.

　근대 초기단계에서 두드러진 가족주의는 위기에 처한 구지배계급, 도시로 이주한 농민들의 생존과 자기 보호를 위한 이데올로기이기도 하고 근대화, 산업화가 일정 정도 성숙한 조건에서는 부와 지위를 세습하려는 지배(층)의 이데올로기이기도 하다. 그래서 가족주의는 지금까지의 문화연구자나 인류학자들이 주로 말하듯이 단순히 역사문화 현상이나 의식과 행위의 특성으로만 보아서도 안 되고 알튀세르 등 마르크스주의 연구자들이 말하듯이 국가의 지배 이데올로기로만 봐서도 안 된다. 정치경제와 결합되어 형성된 문화적 실천 혹은 아비투스는 정치경제 변화보다는 훨씬 더 장기 지속적이다. 그것은 모든 구성원의 실천이나 시기와 맥락에 따라 그 주도세력이 달라질 수 있고, 특정 계층이나 계급의 행태에서 가장 전형적으로 드러나기도 한다.

가족주의는 위기 상황에서의 보호, 재산과 지위의 획득, 유지를 일차적인 동력으로 삼는다. 가족주의는 사회의 기본단위를 개인이 아닌 가족으로 보고, 가족을 하나의 유기적 실체로 간주한다. 부부나 자녀 등 개인의 독자성을 인정하기보다는 가족 자체를 운명 공동체로 전제하고, 가족을 사회적 응집(social cohesion)의 우연한 결합이 아니라 운명적인 단위, 사람에게 가장 중요하고 중심적인 응집체로 본다. 자본주의 시장경제는 독립적 개인을 요구하고, 공동체로서 씨족 친족체제를 무너뜨린다. 그러나 근대 국가의 법, 국가, 시장, 신용 체계에서 낮은 신뢰는 '개인주의'가 아니라 가족주의를 강화할 수 있다.[481] 전쟁 등의 대재난이 방어와 보호의 필요성 때문에 가족유대를 강화하기도 하고, 가부장주의적 자본주의하에서 여성의 공적 참여 기회 '차단' 혹은 차별이 여성의 남녀 성별 분업구조를 전제한 상태에서 가족에 집착하도록 유도하기도 했

---

481. 후쿠야마는 한국 등 동아시아 국가를 저신뢰의 대표적인 사례로 강조했다. 물론 가족주의가 저신뢰의 표상인지, 아니면 국가에 대한 저신뢰가 가족주의를 강화하는지에 대해서는 논란의 여지가 있다. Fukuyama, *op. cit.*, 1995 참조.

다. 근대 이후 공식적인 사회집단, 기업, 협회, 정당 등 2차 집단이 일반화되면서 씨족/친족적 결속 방식은 사라지거나 약화될 수밖에 없다. 그러나 근대 이후에도 가족이나 유사가족적 결속은 가장 중요한 사회적 네트워크(social network), 혹은 사회적 자본이 되어 2차 집단에서 동원된다. 그래서 공식 조직 내에서도 비공식 네트워크 혹은 소집단, 지연 혈연 등 유사 가족적 이해관계가 작동한다.[482] 국가, 시장경제 활동 등이 합리적 행정 집행, 공정한 법 집행과 예측 가능한 규칙에 의거하여 운영되지 않을 때 과거의 가족유대의 관념은 보호적 가족주의의 형태로 새롭게 구축 강화된다.[483]

전통은 근대화 과정에서 유제로 남거나 그냥 사라지는 것이 아니라 근대라는 거대한 단절과 혁명의 물결 속에서 다른 방식으로 탄생하거나 오히려 강화되는 경우가 많다.[484] 마르크스가 『루이 보나파르트의 브뤼메르 18일』에서 매우 설득력 있게 묘사했듯이 과거의 '기억'은 현대라는 옷을 입은 채 언제나 다시 호명되어 등장한다.[485] 민족이라는 신화가 근대 제국주의 침략과 식민지 저항, 종족 간의 갈등 과정에서 탄생하여 강화되었듯이 가족, 씨족, 친족 유대의 공동체적 '기억'은 근대의 위기와 기회 속에서 현대적 필요와 맞물려 핵가족 단위의 가족주의로 재탄생하였다. 전통시대의 (씨족) 가족주의와 현대 (핵)가족주의, 혹은 신가족주의는 분명히 다른 성격이며, 그것은 상이한 정치경제적 토대 위에 서

---

482. 일본인의 소집단주의에 대해서는 나카네 지에, 앞의 책, 1997 참조.
483. 라이샤워는 일본의 가족주의를 친권주의라고도 표현하였다. 라이샤워, 앞의 책, 100-101쪽.
484. 미야지마 히로시, 앞의 책, 83쪽.
485. "모든 죽은 세대들의 전통은 악몽과 같이 살아 있는 세대의 머리를 짓누리고 있다", 마르크스, 『루이보나파르트의 브뤼메르 18일』(허교진 옮김), 프랑스 혁명사 3부작, 소나무, 1987.

있다. 그래서 오늘의 자본주의 정치경제 질서 위의 가족주의가 전통 시대의 유습이라고 단순하게 결론을 내려서는 안 된다. 우리는 전근대 가족주의가 어떻게 근대화, 산업화, 도시화 이후의 '문화적 문법', 혹은 아비투스의 준거로 작동했는지 살펴보아야 한다.

한국의 전통적 씨족 가족주의는 가족노동의 협동이 필요한 소농사회의 가부장주의 가족제도, 관료지위 획득과 기득권 공고화를 위한 문중, 씨족 단위의 결속의 필요, 더 거슬러 올라가면 유교의 가족 관념과도 깊이 연관되어 있다. 근대화는 전통시대 양반층에게 해당하던 친족/씨족 연계, 대가족을 핵가족으로 일반화 재편하였는데, 이 형태상의 핵가족은 자본주의 시장경제 및 임노동, 성별분업 노동시장, 중간층의 형성이라는 조건과 결합된 것이다. 한국의 현대 가족주의 혹은 신가족주의는 유교적 가부장주의 혈연적 가족 관념이 일제 강점기 이후 근대국가의 수립, 자본주의 시장경제의 확산 과정에서 새롭게 구축된 것이다. 동아시아 근대화 과정의 특수성, 제국주의에 의한 식민지화와 전쟁, 개발독재, 급속한 도시화와 압축 산업화 등이 보호 방어, 재생산의 단위로서 가족적 유대나 응집이 필요했고, 지위의 유지와 상승을 위해 가족 동원을 객관적으로 요청했기 때문에 한국에서 근대라는 시기는 개인을 탄생시킨 것이 아니라 '가족 개인'을 탄생시켰다. 이 '가족 개인'은 계급, 직업집단 결속 등의 사회적 응집을 대신해 나타난 것이었다.

우리가 '전통적'인 것으로 알고 있는 씨족적 가족주의도 사실 임진왜란 이후 17세기 이후에 본격적으로 형성된 것이며, 전통과 단절된 '근대'로 알고 있는 20세기는 사실상 "온 국민이 양반이 되고자" 하는 경쟁과 투쟁, 즉 전통의 기억과 사고 틀 속에서 지위상승을 도모하려 했던 한국의 전략이자 '양반 가족'이 보편화되는 과정이기도 했다. 현모양처의 논리 역시 유교적인 전통과 무관한 근대 가부장주의 핵가족의 이념을 표현한 것이다. 신분 해방, 여성 해방, 일제 식민지 지배 혹은 국민적 정체성 형성 등 기회의 확대 과정에서 개인과 현대 '가족'이 동시에 형성되었다.

한국의 전통 가족주의는 신분 질서, 혈연적 유대를 기초로 하였으며, 주로 양반 지배층에 해당되는 문화, 관습, 행동방식이었다. 반면에 현대 가족주의는 식민지적 근대의 정치적 위기, 그리고 신분해방과 자본주의 시장경제, 도시화, 임금 노동자와 계층이동의 보편화라는 '기회'와 맞물려 핵가족 혹은 수정 확대가족의 가족주의의 양상을 지녔다. 혈연주의, 반개인주의, 재산 세습이라는 점에서 양자는 유사하나 후자는 도구주의, 물질주의, 사적 이해의 극대화를 추구하는 점이 다르다. 전자는 지배층의 기득권 유지의 이데올로기의 성격을 띠나 후자는 중간층에 전형적으로 나타나지만 하층에게까지 일반화되어 대중적 성격을 띤다.

가족주의를 단지 문화적 현상으로만 보면 왜 근대화의 물결이 거세게 불어닥친 20세기 초반, 한국전쟁 후 1950년대에 왜 그렇게 족보의 편찬이 왕성하고 문중 모임이 활성화되었는지, 1945년 일제로부터 해방된 이후, 특히 한국전쟁 이후 1950년대에 왜 그렇게 입시열기가 비등하여 오늘날까지 지속되었는지 제대로 설명하지 못한다. 그리고 1980년대 후반 이후 민주화가 되고 산업화가 성숙단계에 이르러도 왜 사람들은 지역, 연고주의에 집착하고, 계급연대나 공공복지의 확대에 관심을 두기보다는 가족 복지에 여전히 집착하는지 설명하지 못한다. 즉, 씨족적 가족주의나 핵가족주의 모두 정치경제와 연관된, 그것에 의해 유도된 현상이며 한국의 근대 지배체제, 국가주도의 압축산업화와 긴밀히 연결되어 있다.

19세기 말 이후 가족주의는 지배집단의 통치 전략이자 이데올로기였다. 가족주의는 일제의 식민지적 근대화, 분단과 전쟁, 그리고 국가주도의 경제성장을 위한 지배집단의 전략이자 지배 이데올로기이고, 그것은 가부장주의적 핵가족을 형성, 지탱, 지속하는 정치경제적 지배이데올로기이며 여러 가지 법과 제도로 구체화되었다. 일제 식민지 지배와 이승만, 박정희, 전두환 정권은 공식적으로 충성과 효도, 즉 가족주의를 강조, 장려하였으며 각종 법적 제도적 장치를 통해 사람들이 그렇게 행동하도록 유도하거나 강요하였다. 가족주의는 일제의 식민지 지배의 통치 필요성에 따라 본격화되었고, 이후 박정희 정권의 개발주의적 동원과 체제유지의 필요성에 따라 위로부터 강요되었다.

20세기 한국에서 전통적 씨족/친족 가족주의가 새로운 옷을 입고 핵가족의 가족주의로 강화된 역사적 배경은 일제의 식민지적 근대, 대참변인 한국전쟁이라는 1차 계기가 있었고, 1960년대 중반 이후 산업화와 도시화라는 2차 계기가 있었다. 조선 말 이후 신분해방과 정치적 억압, 시장의 불투명성과 예측 불가능성, 법의 지배의 혼미, 도시화, 자본주의적인 시장경제와 임노동의 일반화 등이 현대 가족주의를 강화한 조건 혹은 배경으로 작용했다. 이것은 위기이자 기회이기도 했는데, 이 국면에서 신분적 특권을 유지하려는 구양반층은 물론 억압에서 해방된 보통의 한국인, 가부장주의의 질곡에서 제한적으로 해방된 여성이 과거 씨족적 가족주의를 현대적인 핵가족 가족주의로 만들었다. 1980년대 말 이후 정착된 제도적 가족주의는 앞의 1, 2차 가족주의 강화의 결과였다. 즉, 취약한 공적 신뢰, 취약한 공공복지, 시장 의존적 교육, 의료, 저축을 통한 주택 마련 등의 제도적 기제는 가족의존적 복지, 위험 회피 전략에 호소하게 만들었다. 1990년대 후에는 이렇게 구축된 제도적 가족주의가 역으로 자녀 교육에 대한 지속적인 투자 심리, 재벌과 교회 등의 세습, 기업별 노조활동과 기업복지의 강화, 성별 노동시장 강화와 중산층 여성들의 탈정치화와 가족 이기주의 강화 등을 구조화하는 유인구조가 되었다.

가족주의, 가부장주의적 핵가족주의는 가족의 번영을 위한 교육열, 기복신앙, 세습 등에서 가장 전형적으로 드러났다. 이는 대다수 한국인이 1차 근대의 확대된 '기회'를 적극적으로 활용하여 자식 교육과 출세를 통해 가족지위를 상승시키려는 행위와 실천이었다. 그것은 주로 도시 중산계급, 중간층에서 가장 전형적으로 나타났으며, 빈농, 노동자 혹은 하층집단은 그 열정의 강도가 이들보다 약했다. 즉, 가족 형태와 관계가 계급 계층에 따라 차별적이듯이 가족주의 역시 모든 계층 계급에 동일한 방식으로 나타난 것은 아니다. 한국의 1970, 80년대가 도시 중간층이 가장 크게 확대된 사회라고 한다면, 이 시기에 가족주의가 가장 전형적으로 드러난 시기인 것도 이 점과 관련이 있을 것이다. 그러나 한국에서 계급, 계층별로 가족의 형태나 가족관계의 내용이 어떻게 차별적인지에 대한 본격 연구가 거의 없기 때문에 가족주의의 계급적 차별성은 하나의 가설 형태로 남겨둘 수밖에 없다.[486]

전통적 가부장주의, 남성 중심의 종법질서가 후퇴하고 핵가족을 단위로 하는 현대 가족주의는 전통시대의 가족주의와는 다른 방식으로 한국의 국가 및 자본주의 질서에 순응하는, 반공주의 정치적 지배질서에 맞게 행동을 조정한 결과, 혹은 '충성'하는 행동이다. 따라서 이 가족주의는 과거 관료지배 체제인 조선시대의 가족주의가 그러했듯이 근대 가부장주의, 국가주의 자본주의와 짝을 이루는 매우 보수적인 아비투스다. 즉, 근대 미국이나 유럽의 가족주의 역시 가부장주의 요소가 있으나 개인주의, 권리의식과 부분적으로 결합되어 있어서 공공성의 내용을

---

[486]. 그러나 조주은의 『현대가족이야기』는 고임금 제조업 정규직 노동자들의 가족관계와 의식을 다룬 보기 드문 연구이다. 여기서 고임금 제조업 노동자들은 유사한 소득의 대졸 화이트칼라들과 유사한 방식으로 교육열이 높다는 것을 보여주었다. 조주은, 『현대가족이야기』, 이가서, 2004 참조.

어느 정도 갖추고 있다. 그러나 정치참여 혹은 사회 연대의 '대체'의 행동으로서 일제강점기, 한국전쟁 이후 강화된 가족주의는 무도덕성과 이기주의의 성격을 강하게 갖고 있다. 예컨대 한국의 현대 핵가족 가족주의는 집합적 저항이나 계급 연대의 '차단', 즉 분단 전쟁, 반공주의 체제가 강화되면서 노조, 농민조합 등 계급연대 조직이 해체되고 계급 기반의 정치세력화가 억압 차단된 조건에서 그 '대신' 가족, 연고를 동원한 지위 보장을 추구한 '조정적 선택'의 결과이기도 하다.

특히 개발독재 시기 이후 동아시아의 성장주의나 국가주의는 폭증하는 사회복지의 수요를 가족에게 전가하였는데, 여기서 제도적 가족주의가 요구되었다. 보호적 가족주의나 지위추구 가족주의 모두, 그리고 그 결과 구축된 제도적 가족주의도 분단반공체제가 사회적 연대를 해체한 조건에서 가족 단위의 무한 경쟁, 사적인 복지, 사적인 주택, 교육, 의료비용 지출, 기업노조 활동 등을 대체의 길로 추구한 것이다. 핵가족의 일원이 된 한국인은 생존과 출세를 도모하기 위해 가족, 연고라는 자원, 자본을 동원하였고, 교육과 세습을 통해 권력과 부를 지속하려 하였다. 동아시아나 한국에서 1차 근대는 곧 가족주의의 강화, 가족주의와 개인주의의 동시 탄생의 특징이 있고, 그것이 국가주도 추격발전, 압축성장의 사회적 기반이 되었다.

근대 한국인에게 가족과 가족주의는 극히 불안하고 위험한 세상에서 자신을 보호받을 수 있는 안식처이자 도피처요, 국가와 시장의 폭력을 견뎌내는 울타리였다. 전통적 가부장주의는 남성 단독 생계 부양 모델에서 살아남았고, 남성의 노동과 여성의 가사가 결합된 현대 핵가족의 모델은 한국적 가족주의, 즉 공적인 의제들과 절연된, 공공도덕으로부터 고립된 섬이라는 가족의 관념을 만들어냈다.

가족주의는 현대 한국사회의 역동성의 가장 중요한 기반이다. 가족을 하나의 유기적 구성체로 보고, 자식을 자신의 분신으로 본 부모들의 미친 듯한 교육열, 남편과 아내의 가족 헌신은 신분상승, 좋은 삶, 행복한 생활을 위한 열정과 결합되어 엄청난 에너지를 발휘하였다. 과거 양반층이 그러했듯이 현대 한국인에게도 가족은 거의 준 종교적 단위이고, 가족주의는 일종의 신앙이었다. 가족헌신은 기복신앙과도 결합되어 있으며, 1960년대 이후 한국 '산업 전사'들의 헌신의 기반이며, 한국을 아시아의 최빈국에서 벗어나 선진 자본주의 대열에 들어서게 만든 가장 큰 동력이다. 한국가족주의의 혈연중심주의와 반개인주의적 성격은 개인의 독립성과 인격, 인권을 무시하는 부정적 측면이 있지만, 다른 편으로는 헌신과 열정을 유도하는 공동체적 유대를 가능케 한 힘이기도 하다. 이러한 열정은 위기와 기회에 대한 한국인 부모와 자녀의 생존 전략이자 출세에 필요한 기획이었다.

가족, 가족주의의 측면에서 보면 한국에서 전통과 근대를 단절적인 것으로만 보기는 어렵다. 일본도 식민지 경험은 없지만 메이지 유신 이후 위로부터의 군사관료적 근대화, 1950년대 이후 전체주의화와 국민 총동원, 그리고 1950년대 이후 성장지상주의와 대기업의 기업별 노조와 기업사회로의 변화 등 정치경제적 조건이 그 이전의 유교적 가족주의와 맞물려 진행되었다. 일본 연구자인 로널드 도어가 일본적 생산방식의 특성은 바로 후진성이 아니라 후발국의 추격 발전을 위한 필요의 산물이라는 주장도 이러한 맥락에서 이해할 수 있다.[487]

조선시대의 강한 가부장주의 질서와 수직적 인간관계, 혈연 가족을 하나의 유기적 단위로 보고 개인의 독자성을 인정하지 않은 혈연 가족주의는 일제강점기 이후 1980년대까지 거의 변하지 않았다. 물론 산업

---

487. 이종구, 앞의 글, 268쪽.

화 도시화 이후 가정 내 부부, 부모의 관계가 훨씬 더 개인주의화된 것은 사실이나 개인의 독립성은 여전히 제한적이고, 권리의식은 아직도 매우 약하다. 이것은 한국이 탈산업사회로 진입, 평생직장 혹은 남성 가장 부양 모델의 해체, 여성의 사회진출과 남녀평등의 실현 등 2차 근대의 과정으로 진입하기 이전의 과도기적 현상이라고 볼 수도 있다.

2. '가족'의 해체, 가족주의의 해체?

　1990년대 중반 이후 특히 1997년 외환위기 이후 한국은 '2차 근대', 혹은 후기 근대 시기에 진입했다. 그 이후 가족의 형태는 급격히 변하였으며 핵가족 이데올로기는 급격히 무너지기 시작했다. 객관적으로는 독신가구의 증대와 부부와 자녀 중심 핵가족 비중의 축소, 다양한 형태의 가족 등장 등으로 집약할 수 있다. 2000년대 이후 한 부모 가족, 동성가족, 동거가족, 공동체 가족 등 신가족 혹은 대안 가족이 나타나기 시작했다. 서구에는 이미 오래전부터 동거관계, 안식년 가족, 다세대 가족 등 새로운 가족이 나타났는데 한국에도 1인 가구나 한 부모 가족이 모여서 사는 '사회적' 가족도 나타났다. 결혼 그리고 혈연관계가 없는 사람들이 가족을 구성하기 시작했고 또 동성애자들이 가족을 구성하기도 한다.

　기존의 가족이나 가족관계에 대한 회의적인 시선은 1990년대 이후 대중문화에서 나타나기 시작했다. 1992년에 개봉한 「결혼 이야기」, 「마누라 죽이기」 등의 영화는 결혼과 가족이 갖는 무게감에서 완전히 벗어나는 양상을 보여주었다. 1990년대 중후반 이후 가족의 유대와 공통체성은 급격히 해체되는 양상을 보이고, 고립된 개인의 존재가 문학작품이나 영화에서 더욱 빈번하게 부각되기에 이르렀는데, 이것은 여권 신장, 탈산업사회, 혹은 신자유주의 경제질서가 기존의 가족적 응집력을 극히 약화시켰기 때문일 것이다. 1999년 12월 18일 한국문화복지협의회는 '저 집 대문을 열면'이라는 토크 쇼를 개최하였는데 이 자리에서 여러 대안 가족의 모델이 소개되기도 했다. 여기에 참석한 가족은 모두 비혈연 가족인데, 이들은 "가족은 마음이 가 있는 곳, 그곳이 가정이다"라고 말한다.[488]

---

488. 「신가족이 온다」, 『한겨레 21』, 1999. 12. 30.

1990년대 이후 우리나라의 주된 가구유형은 3·4인 가구에서 1·2인 가구로 점차 변화하였다. 전체 가구에서 4인 가구가 차지하는 비율을 보면 1995년 31.7%에서 2010년 22.5%로 떨어졌다가, 2015년에는 20% 아래로 떨어졌다. 1·2인 가구는 각각 12.7%에서 23.9%, 16.9%에서 24.3%로 증가하면서 2000년 이후 1·2인 가구가 우리나라의 주된 가구 유형으로 자리 잡기 시작했다.[489] 특히 2015년 현재 1인 가구의 비중은 27.2%에 이른다. 2017년, 부부와 자녀로 구성된 전형적인 핵가족의 비중은 전체의 30% 정도에 지나지 않으며 결국 1인 가구와 비슷한 상태에 도달했다. 2045년에는 1인 가구가 36%를 차지하는 반면 부부·자녀로 구성된 가구는 16% 정도에 지나지 않을 것으로 예상한다.[490] 1·2인 가구의 증대는 기존의 부부와 자녀로 구성된 가족 개념을 근본적으로 뒤흔들고 있다.

이것은 압축성장을 겪은 후발자본주의 한국에서 형태나 내용상의 핵가족(한국형 핵가족 혹은 수정 확대가족)이 단기간에 형성되자마자 이완, 해체되는 징후라고 해석할 수 있을 것이다. 한국보다 산업화에서 앞섰던 나라도 1980년대 이후에는 이러한 근대가족, 가족관계가 해체되는 현상이 나타났다.[491] 그러나 세계화로 이미 동시대 세계 자본주의의 틀에 들어가서, 탈산업사회로 진입한 한국은 외환위기 이후 양극화와 빈곤, 미비한 공공복지, 여성의 교육확대와 사회 진출, 개인주의화 등에 의해

---

489. 도시의 1인 가구는 미혼, 저연령, 낮은 주택 자가점유율이 특징이다. 농촌에서는 기혼, 고연령, 높은 자가점유율이 눈에 띈다. 1인 가구 비율 자체는 농촌이 높지만 증가 규모는 도시가 더 컸다. 2010년 시도별 1인 가구 비율은 전남(28.9%), 경북(28.8%), 강원(27.9%) 순으로 높았다. 경기(20.3%), 울산(20.7%), 인천(20.8%) 순으로 낮았다. 「女 1인가구 200만 넘었다」, 『서울경제』, 2012. 3. 21.
490. 「내후년에는 1인 가구가 대세… 복지·소비 지형이 바뀐다」, 『중앙일보』, 2017. 8. 23.
491. 예를 들어 영국은 1981년 당시 22%가 독신가구이고, 결혼한 부부와 자녀로 이루어진 핵가족이 26%에 불과했다고 한다. 기틴스, 앞의 책, 22쪽.

가부장주의, 핵가족(주의)이 더 강력하게 도전받았다. 탈산업화, 생산의 서비스화, 평생직장 개념의 후퇴, 계층양극화에 따라 '전업주부'는 중상층 이상에서나 찾아볼 수 있는 현상이 되었고,[492] 상층에서는 가족 투자에 더 전력투구하는 모성의 양상도 나타났다.

앞에서 언급한 것처럼 사실 한국에서 1960년대 이후 형태상의 핵가족의 보편화가 내용, 즉 '관계의 질'에서의 핵가족, 부부중심, 사생활 중시, 개인주의, 자녀의 독립성 등을 수반하지는 않았다. 형태상의 핵가족이 보다 일반화되었다고 하더라도 한국 가족은 나름대로의 특성, 즉 '수정 확대가족'의 성격 혹은 한국형 핵가족의 내용을 여전히 간직하였다. 이러한 한국형 핵가족은 도시 중산층 가족에서 전형적으로 나타났지만 1980년대 이후 한국사회 전반으로 확대되었다고 봐도 좋을 것이다. 그러나 산업화가 정점에 이르고 이제 '2차 근대' 단계로 진입한 1990년대 중반 이후 이러한 산업사회의 '전형적' 가족 모델은 무너졌다.

1980년대까지 한국 산업노동자, 중간층은 여전히 농촌사회의 가족, 친족 네트워크를 가장 중심적인 관계망으로 삼아 사회활동을 해왔고, 특히 도시는 교회가 보호, 친밀성, 친교, 복지 등의 유사가족으로서 사회적 기능을 하기도 했다. 그러나 기존의 도시 내 친족 연계망, 교회는 물론 노동조합 등의 사회조직도 가족의 경제적 지지, 보호, 돌봄을 대신할 수는 없었다. 그래서 탈산업사회 노동시장 유연화, 대량의 실업 등으로 그나마 공공복지도 취약한 조건에서 핵가족의 물질적 기반이 와해되면 가족주의는 더 이상 지탱하기 어렵다.

---

492. 배은경, 「경제위기와 한국여성: 여성의 생애전망과 젠더/계급의 교차」, 『페미니즘 연구』 9(2), 한국여성연구소, 2009 가을, 39-82쪽; 조주현, 「한국의 신자유주의적 지구화와 여성 주체성의 변화, 실천이론의 관점」, 『정체성 정치에서 아고니즘 정치로: 여성학 방법론과 페미니즘 정치의 실천적 전환』, 계명대학교출판부, 2018.

한국에서 1990년대 이후 2차 근대의 시기에 접어들면서 근대 자본주의의 전형적인 가족 형식인 핵가족이 흔들리게 된 것은 놀라운 일이 아니다.[493] 사실 각 역사 시기, 각 사회의 지배층이 주로 정상적인 가족관계를 모델로 설정해서 일반화했지만, 핵가족이 가장 보편적인 산업화 시기에도 모든 사회구성원이 그러한 정상 가족을 형성했다고 보기는 어렵다. 서구도 그러했지만 한국도 근대 이전의 하층민은 사실상 가족을 이루지 못한 경우가 많았고, 근대 이전의 확대가족이나 오늘의 핵가족도 그 시대에 지배적이고 전형적인 가족이기는 했으나 모든 사회 구성원이 그러한 가족관계를 누린 것은 아니었다는 점을 주목할 필요가 있다. 가족의 위기나 해체는 현대 가족을 지탱해온 자본주의 시장경제, 자본-임노동 관계, 인구의 대다수가 임금생활자로 살아가던 산업사회 해체의 징후이자 결과일 수 있다.

핵가족, 핵가족주의가 변화, 해체되면 근현대 이후 한국사회의 중요한 동력이 되어온 현대 가족주의, 즉 '보호적 가족주의'나 '지위추구 가족주의' 모두 존립하기 어려울 것이다. 가족주의가 필요했던 사회경제적 조건의 변화와 더불어 가족 관념 자체의 변화와 관계의 성격변화가 그러한 변화를 추동할 것이다. 즉, 자본주의 사회에서 핵가족의 가족주의는 전통적 가부장주의와 국민국가, 그리고 자본주의의 재산 소유, 분배 상속 질서와 결합되어 있다. 이런 조건에서 다른 나라와 마찬가지로 한국도 자본주의와 가족주의는 불안하게 결합되었고, 포스트 자본주의, 혹은 신자유주의 하에서 그 결합은 크게 흔들린 셈이다. 과거 자본주의 위기의 산물인 파시즘의 국가 관념은 '가족 국가'이고, 1980년대 미국 레이건의 신자유주의적 시장만능주의도 다른 편으로는 가족 가치를 내

---

493. 핵가족이 흔들리고 개인화의 경향이 두드러진 것은 당연한 결과다. 2차 근대의 개인화 경향에 대해서는 Beck, Ulich and E. Beck-Gernsheim, *op. cit.*, 2002.

세웠다. 그러나 가족이 더 이상 국가와 세계화된 시장질서 내에서 보호나 지위 유지의 그릇의 기능을 할 수 없다면 가족주의는 흔들리거나 해체될 것이다.

2000년대 이후 한국 여성운동, 특히 급진적 페미니즘은 바로 이 가부장주의 가족, 남성지배 구조에 대한 전면적인 반격이며, 거대한 성혁명이라 봐도 좋을 것이다. 이제 여성은 더 이상 가정 내 아내와 어머니의 존재로서 만족하지 않고, 사회적 인정투쟁을 통해 자신의 개인적 독자성을 보장받으려 한다. 사실 만혼, 비혼인구의 증가, 1인 가구의 증가, 미투 운동은 이러한 가부장주의적 가족주의에 대한 항의나 거부감의 표현이라고 봐도 좋을 것이다. 한국의 초저출산은 동서고금을 통해 사례를 거의 찾아볼 수 없을 정도로 심각한 현상인데,[494] 그것은 사실 가족을 형성할 수 없는 사회경제적 조건에서 가부장주의가 지속되는 모순을 반영한 것이다. 압축성장과 짝을 이룬 한국의 제도적 가족주의가 외환위기 이후 지탱될 수 없게 되었기 때문이다. 보통의 한국인에게 결혼과 가족 형성은 재정적으로 큰 부담이 되는 일인데, 가족생계를 책임진 가부장의 지위가 경제위기와 고용불안 속에서 흔들리고, 젊은 여성이 더 이상 제도적 가족주의 질서의 주부로서 지위를 유지할 수 없거나 그런 지위를 얻을 수 없다고 판단한 결과이자 가족주의 재생산 구조에서 이탈하려는 몸부림이다.[495]

지금까지 한국의 강력한 가족 응집은 산업사회, 대량생산체제, 제조업 발전과 중산층의 형성으로 가능했기 때문에 신자유주의적 경쟁 질서는 형식적으로 가족관계 속에 있는 사람들도 더욱 개인화할뿐더러, 가족관

---

494. 이삼식, 「출산율 0명이 말하는 것들」, 지방자치실무연구소, 『참여사회』 통권 258호, 2018. 9.
495. 장경섭, 앞의 책, 2018, 240쪽.

계 밖에 있는 청년과 노인, 그리고 그런 경쟁에서 탈락한 대다수의 사람으로 하여금 혼자 이 모든 경제적 어려움을 감당하지 않을 수 없게 몰아간다.[496] 높은 이혼율과 가정파괴, 청소년 범죄와 폭력은 그 결과일 것이다. 무력한 개인의 모습을 극단적으로 보여주는 것이 일본에서 '무연사', '고독사'로 불리는 현상이고, 이제 한국도 일본처럼 '무연사회'로 진입했다. 고독사의 전 단계는 대체로 이혼이며, 이혼으로 이르는 과정은 경제활동의 단절 혹은 경쟁질서에서 탈락이라는 조건에 강하게 작용했다고 볼 수 있을 것이다. 가족, 가족관계, 가족주의는 이제 이들 고독한 사람들에게는 '사치재'가 되었다.

가족이 변하고, 핵가족주의가 무너져도, 사회경제적 재생산의 필요 때문에 제도적 가족주의의 정치경제질서는 그대로 남아 있고, 지배층의 가족지위 세습을 위한 각종 반사회적 행태는 더 강화되는 경향이 있다. 그리고 개인화 경향은 확대되어도 그것을 개인주의의 확산이라고 단언하기는 어려우며, 이미 한국이 2차 근대의 지구적 국면에 진입했기 때문에 과거의 유럽처럼 계급화의 경향이 강화되는 징후도 찾아보기 어렵다.

단지 사회적 파편화 경향과 그로 인한 사회문제가 점점 심각해지고 있기 때문에 여러 대안 가족의 실험, 돌봄의 탈가족화, 탈상품화 등 기존 가족주의를 공적 실천으로 유도할 수 있는 제도 개혁의 요구가 높아졌다. 특히 돌봄의 기능, 정서적 안정의 기능을 담당할 수 있는 가족과 공공영역의 재구조화가 필요하다. 그래서 김한수 박사는 가족 돌봄 기능

---

496. 부산의 『국제신문』은 부산지역 고독사 108건을 분석한 결과 고독사 위험군은 50대 남성이라는 사실을 밝혔다. 2013년 경찰청 변사보고서도 고독사 전체 건 중에서 남성이 73%를 차지하고 있으며 50대의 비율이 가장 높다는 사실을 밝혔다. 「인연이 끊긴 사회: 그들은 왜 혼자가 되었나」, 『국제신문』, 2013. 11. 26.

과 더불어 사회적 돌봄이 필요하다고 제기한다.[497] 제도적 가족주의는 기저의 남성 부양자-여성 가사 전담의 가족주의 아비투스, 교육, 의료 복지 다른 사회적 재생산 구조와 맞물려 있기 때문에 앞으로의 가족 정책도 교육, 노동, 복지 등 사회정책과 맞물려 진행될 수밖에 없다. 부부와 자녀를 구성원으로 하는 핵가족을 가장 정상적이고 유일한 가족의 형태로 전제해온 기존의 모든 법, 사회 질서는 이제 근본적인 변화를 겪지 않을 수 없다. 따라서 개발독재 이후 가족에 과부하된 복지, 사회경제적 지위 유지의 기능을 전면적으로 재구조화해야 할 것이다. 가족을 구성하지 못한 사람들, 특히 중하위 계층 청년과 자식의 부양을 받지 못하는 노인 대다수는 더욱 고독한 삶을 살아갈 가능성이 크기 때문에 사회적 관계 형성을 공적인 사안으로 취급하여 적극적인 사회정책을 펴야 할 것이다.

---

497. "가족은 가장 기본적인 사회 단위입니다. 가족의 돌봄 기능을 회복해야 합니다. 아이들이 가족 관계에서 행복과 편안함과 안락함 같은 느낌을 충분히 받고 사회에 나와야 자기 주변을 따뜻하게 만들 수 있습니다. 지금 우리 사회는 부모들이 너무 피곤합니다. 사교육비와 정보를 부모에게 지나치게 많이 요구하는 상류층 방식을 좇기 때문이죠. 새로운 학부모 문화가 필요합니다. 또 사회복지 차원에서 공공 영역이 부모 역할에 지원을 많이 해야 합니다. 내 자식만 잘 키우면 된다는 개인적인 생각에서 벗어나 함께 노력해야 할 일입니다". 김한수, 「엘리트의 타락한 인성은 투자로 전락한 상류층 교육 때문」, 『한국일보』, 2016. 11. 17.

3. 가족주의를 넘어서

유교는 효의 윤리가 동심원상의 밖으로 확대되어 곧 공공적 실천으로 연결된다고 가르쳤다. 중국의 주자학의 가족주의는 원래 유사무공(有私無公), 유가무국(有家無國)의 사상에서 나온 것이다. 이것이 현대 동아시아 가족주의의 문화적 기반이 되었다. 주자학은 가(家)가 공(公)을 실현할 매개체이며, 공 그 자체라 주장하기도 한다.[498] 이는 국가나 마을을 확대된 가족으로 보고, 가족에 공적인 가치를 결합할 때 가능할 것이다. 씨족뿐만 아니라 각종 계, 마을의 조합도 이러한 이웃을 도와주고, 공공의 대의를 위해 헌신하는 정신은 있었다.

물론 조선시대에 반상(班常)의 차별을 넘어서 이웃, 마을의 공동체성이 유지된 것은 아니었을 것이다. 그러나 달레는 『조선교회사』에서 "조선 사람은 아무리 빈궁하다고 하더라도 가족을 먹여 살리고 남은 쌀이 있는 이상 나그네를 먹여 살리는 데 주저하지 않는다. 조선인은 손님대접을 가장 신성한 의무의 하나로 생각한다."[499] 그는 "이 우의 감정은 친족과 협동조합의 한계를 넘어서 확대되었고, 상호구제나 타인에 대한 후대는 (조선인) 국민성격의 특이한 특성"이라고 보았다.[500] 이런 특성은 조선인으로 하여금 현대문명의 이기주의로 인하여 침해된 제 국민의 훨씬 우위에 서는 것이다. "아는 사람이나 알지 못하는 사람이나 식사 시에 방문하는 자에게 밥 주기를 거절하는 것은 관습에 어긋나는 부끄러운 행동이다"[501]라고 보았다.

---

498. 이승연, 「유교 가족주의와 공사론: 주자학의 종법주의와 관련해서」, 한국사회학회, 『사회학대회 논문집』, 2004, 51-52쪽.
499. 조선총독부, 앞의 책, 292쪽.
500. 달레, 앞의 책, 251쪽.
501. 달레, 앞의 책, 256쪽. 그가 본 조선은 이기적 가족주의에 물들지 않은 조선이었

그러나 실제로 효도나 유교적 가족(친족)주의는 공적 가치와 충돌하는 경우가 더 많았고, 충과 효가 충돌할 경우 대체로 효, 즉 가족을 우선시하였다. 근대화 과정에서 충과 효의 긴장과 충돌은 전면적으로 확대되었다. 일제 식민지 체제는 근대의 기본요소인 국가와 민족의 불일치, 혹은 충돌 상황이었고, 씨족 가족주의는 당면 정치사회 현실을 외면하는 사적영역 중심주의였으며, 민족적 대의, 즉 공공성을 추구하는 사람은 유교적 가치를 원리대로 고수하거나 씨족 가족주의는 거리를 두어야 했다. 조선 말기에 지역사회에서나 중앙의 재야 선비들의 상소, 민란과 같은 농민들의 집단행동은 그러한 공공적 실천의 맹아였다. 당시 의병전쟁에 나선 유생들, 자결을 한 매천 황현과 같은 전통적 지식인도 유교적 원리 위에 서서 가족보다는 민족적 대의를 앞세우던 사람들이라 볼 수 있다.[502]

우리는 앞서 살펴본 것처럼 19세기 말 20세기 초 한국의 여러 선각자가 왜 유교적 가족 관념을 비판하면서 그 극복을 주장했는지 이해할 수 있다.[503] 그러나 그들이 (서구식) 개인주의를 찬양한 것은 아니었다. 즉, 그들은 이 책 앞부분에서 언급한 가족주의의 유형 중에서 2)의 가족주의, 즉 가족이기주의나 공공심의 결여를 주로 비판했지 1)의 가족주의, 반개인주의적 가족주의의 관습과 행동방식에서 벗어난 것은 아니었다. 민족주의 운동, 항일운동에 나선 사람들도 2)의 가족주의를 주로 비판했지 1)의 가족주의를 버리

다. 조선인은 남자나 여자나 천성이 매우 정열적이다. 그러나 정열은 단순히 육체적이고 정신적 정열은 무시되어 있다.
502. 안중근이 순국한 이후 안중근의 아들은 일제의 회유에 넘어가 가족과 자신의 생존을 위해 아버지를 버렸다. 이 경우 아들로서 아버지로 인해 입은 피해의식이 사실상 아버지의 공적 대의를 부인하게 된 점에서, 공의 논리를 압도했다고 볼 수 있다.
503. 그러나 가족주의가 강하면 공공성이 약해진다는 통설이 반드시 입증된 것은 아니라는 주장도 있다. 김승현, 「가족주의와 공공성: 전통적 가치와 현대적 가치의 측정에서 소망성 편향」, 한국정치학회, 『한국정치학회보』 44(3), 2010.

지는 않았다. 이들도 가부장주의를 극복하거나 가족 내에서 개인의 독립성을 인정했다고는 보기 어렵다. 그러나 2)의 가족주의 개념을 비판하고 그것을 적극적으로 넘어서려 했던 사람들의 정신과 주장을 통해 한국사회에서 공적 시민의 형성 가능성을 찾을 수 있다.

초기 천주교와 기독교, 그리고 동학 운동에서 유교적 씨족 가족주의를 넘어서는 급진적 탈가족주의의 정신을 읽을 수 있다. 중인이나 백정 출신도 천주교 공동체에서는 양반과 함께 방을 썼는데 이들이 양반을 물리치고 총회장에 선출되기도 했다. 이들은 모두 신분이나 정치적 지향을 넘어서 평등의식을 기반으로 강한 유대의식을 형성했다. 이들이 새롭게 생각하고 만들어낸 인간관계 혹은 사회는 조선의 전통적인 가족, 씨족 유대와는 전혀 다른 것이다. 그들은 이렇게 새로운 사회를 작동시켜 씨족질서를 바꾸려 하였다.[504] 가톨릭 신자이던 안중근은 전통적인 효도의 가치, 그리고 가족을 버리고 독립이라는 대의를 따랐다. 안중근의 어머니 조마리아 여사 역시 유교의 효도 사상을 지키려는 나머지 아들이 자신의 뜻을 굽혀서 살려고 하지 않을까 걱정하면서 떳떳하게 죽으라고 격려했다.

일제 식민지 시기 이후 한국의 공공영역은 국가가 아니라 사실상 항일독립운동, 민주화 운동의 집합적 의지와 정신에 집약되어 있었다. 일제 하에서 공의 개념은 항일운동 과정에서 형성되었다. 심산 김창숙은 한일합방 직전 황제가 한일합방에 동의할 경우 그것을 따를 것인가에 대한 일본 경찰의 물음에 대해, "사직이 임금보다 중요하다. 난명(亂命)은 따르지 않는 것이 충성하는 길이다"[505] 하고 답변했다. 즉, 지배자인 개인에 대한 충성이 아니라 공적인 질서에 대한 충성이 중요하다고 보았

---

504. 김현주, 앞의 책, 117쪽.
505. 심산사상연구회, 『심산 김창숙 문존』, 성균관대학교 출판부, 2001, 261쪽.

다. 그런데 해방 후 분단, 반공체제 형성 과정에서 또다시 국가는 국민에게 충성과 효도를 요구하였다. 그래서 가족 사랑과 가족 집착은 경제발전과 역동성의 자원이었으나 대체로는 사회적 불의에 대한 침묵, 공공적 덕목에 대한 무관심 속에서 가능했다.

과거 양반층의 씨족 가족주의는 씨족중심적인 상호부조, 복지의 체계로서의 성격을 갖고 있었지만, 지역사회, 민족, 공공적 가치와 절연된 오늘날의 핵가족주의는 일제 식민지 시기 이후 특히 산업화가 본격화된 1960, 70년대 이후에 본격화된 현상이다. 지역, 공공 차원의 복지는 지지부진하고, 개인의 권리의식의 형성도 미약한데 씨족 친족적 결속이 사라지자 (핵)가족주의가 그 자리를 차지한 셈이다.

한국에서 지난 1950년대부터 1980년대까지 두드러진 중산층의 가족주의, 즉 가족, 가(家)에 대한 이기적 집착, 내 가족 중심주의를 넘어서서 사회적 인간, 즉 공의 정신이 작동하는 사회문화적 질서가 만들어질 여지는 없는가? 근대 자본주의는 핵가족질서가 필요했지만, 이제 2차 근대, 혹은 신자유주의 질서는 이러한 핵가족주의도 위기에 빠트리고 있다. 그래서 사람들은 신가족 실험 등 새로운 친밀성의 공동체를 실천하기도 한다. 이제 한국의 청년 세대는 100여 년 전의 가족주의 비판자들과 달리 앞의 1)의 가족주의를 전면 거부한다. 그러나 2)의 가족주의는 기존의 기득권 재생산 구조와 맞물려 의연히 건재하거나 강화되기도 한다. 이제 21세기에 전통적 가족은 해체될 것이기 때문에 1)의 가족주의, 그것과 더불어 연고주의도 쇠퇴할 것이다. 그러나 제도적 가족주의가 한국 자본주의와 정치경제 질서와 긴밀히 결합되어 있는 한 2)의 가족주의는 지속될 가능성이 크다.

가족주의가 강화된 메커니즘을 거꾸로 반추해보면, 8.15 이후 가족주의 행동을 유도하던 정치사회적, 가부장주의적 '차단'구조를 제거해야 공적 인간이 만들어질 것이다. 즉, 가부장주의와 여성의 사회참여 제한, 분단 반공체제하에서의 정치참여, 계급연대, 일상적 사회참여의 차단, 정치권과 정부 사법부 등에 대한 심각한 불신 등이 모두 가족주의를 강화한 요인으로 작용했기 때문에 이러한 차단구조를 거꾸로 뒤집어야 새로운 사회질서를 만들 수 있다. 또 교육기회의 불평등, 재산의 세습구조 차단, 가족에게 과도하게 집중된 돌봄, 보호, 복지의 부담을 완화할 수 있는 법 개정, 사회지출의 획기적인 확대 등이 필요하다. 가족주의가 문화적 습속이 아니라 정치경제적으로 유도된 실천 양식이었기 때문에 탈가족주의를 위해서는 거시 정치사회 개혁이 일차적으로 필요하다.

가족 내 개인을 가부장주의나 가족 전제주의에서 해방시키려면 부모의 능력이 자식에게 상속되지 않도록 상속세를 인상하고, 가족 내 구성원인 모든 개인을 독자적이고 동등한 권리의 주체라는 점을 인정하며, 가족을 친밀 공동체의 유일한 단위가 아닌, 매우 중요한 '하나의 단위'로 부하를 줄이고, 우애와 사랑, 그리고 최소한의 양육의 책무를 부과한다면 가족은 공공 영역과 완전히 분리되지 않을 것이다.

물론 인간은 정서적 욕구를 충족하기 위해 새로운 형태의 공동체나 가족을 만들어낼 것인데, 그들이 새롭게 만들어낸 가족이 씨족, 혈연주의에 기초한 가족주의와는 무관한 것이 될 것이다. 그러면 어떤 친밀 조직, 돌봄 조직이 이 한국식 혈연 가족주의를 대신할 수 있을까? 결국 지금 실험되고 있는 사회적 가족에 대한 법적인 보호와 지원도 중요할 것이다. 즉, 디지털 경제 질서와 맞물린 새로운 경제조직, 근린 공동체, 마을과 이웃의 형성, 공공 의료의 확충 등은 그 전 단계의 필수조건이 될 것이다. 캉유웨이가 『대동서(大同書)』에서 강조했듯이, 자기 부모만을 부모로 전적으로 섬기지 말고, 자기 자식에게만 모든 정열을 쏟는 관행을 극복하는 것이 필요하다.

국가주의적인 공(公) 개념은 해체되었다. 오늘날은 시민운동, 지역운동도 새로운 공공영역이라 부를 수 있다.[506] 여기서 '사회력의 활성화'라는 대안을 생각해볼 수 있다. 즉, 역동적인 사회는 사회력이 작용하는 사회이며 역동성이 상실된 사회는 사회력이 고갈된 사회다. 여기서 역동성은 과거의 가족주의 역동성과는 달리 변화의 가능성에 대한 집합적인 기대와 신념에 기초한 대중의 개혁 지향적인 행동, 혹은 상승 지향적인 행동이다. 일찍이 백남운은 「조선 사회력의 동적 고찰」이라는 글에서 국가가 개인에게 복종을 요구할 가능성을 사회력이라고 정의한 다음 사회의 기본재산, 즉 주식회사 등 자산은 물론이고 무산자들의 단결력, 즉 사회운동도 사회력이라고 보았다.[507] 사회력을 형성하기 위해서는 사회적 공통자산을 확대할 필요가 있다. 사회력은 가족을 구성하지 않은 사람을 포함하여 모든 사람이 일정한 자산과 수입, 이용 가능한 공통 자원을 갖지 않고서는 형성되지 않는다. 그래서 가족 밖의 개개인의 생존 기반을 마련하여야 사회력이 형성될 수 있다. 예를 들어 재벌이 경제를 지배하고 부를 상속하면 사회력은 약화한다. 재벌 대기업이 시장뿐만 아니라 정치와 사회까지 지배하면 사회력이 형성되기 어렵다. 재벌 대기업의 활동이 노조, 소비자, 공공의 이익을 억제하지 않고 민간 복지기관, 협동조합, 각종의 시민기금이 약자의 버팀목이 되어주는 경제 질서하에서라면 사회력이 보장될 수 있다.

현대 가족주의가 씨족적 가족주의의 기억에서 영감과 에너지를 빌려왔듯이 탈가족주의와 사회력 확대를 위해서도 전통 사상에서 영감을 얻을 필요가 있다. 전통사회의 가족은 국가나 사회, 특히 자연과 분리되

---

506. 이시재, 앞의 글, 65-82쪽.
507. 백남운, 「조선사회력의 동적 고찰」, 『조선일보』, 1926. 1. 3. 신년호, 『백남운 전집』에서 재인용.

지 않는다는 점을 주목해야 한다. 과거 가족은 자연의 일부이고 사물의 본성을 온전히 실현할 수 있는(盡物之性) 단위다. 즉, 만물은 서로 양육하면서 해치지 않는다는 정신, 세상의 모든 것과 협조하면서 공존하는 것이 기본적인 가치이다.[508] 만물의 본성을 온전히 실현하는 것이 곧 인간이 사는 길이기도 하다. 이렇게 보면 사회력은 자연력과 결코 분리할 수 없으며, 단순히 가족 에너지를 합한 것이 사회력이 되지도 않는다. 가족 관계에서 만들어진 사랑과 열정이 타 가족을 해치지 않고, 자연을 해치지 않으며 상호 협력할 때 가족주의는 사회력의 증강에 도움을 준다.

정치사회 차원에서 사회력이란 곧 자치능력이다. 자치능력은 많은 사람의 행동을 공적인 관심으로 유도 조정할 수 있는가에 달려 있다. 조직을 운영할 수 없다는 것은 정치적 진보를 이룰 수 없다는 것과 같다. 그래서 사회력은 곧 조직 운영 능력이고, 그것이 자치의 기반이 된다. 사회력이 강화되면 시민사회의 자생력과 자기치유력에 의해 가족에 부과된 하중을 줄이고 사회적 낭비를 줄일 수 있다. 산업안전 보장, 공공 체육, 갈등 조정기구가 작동을 하면 국가가 지불해야 할 의료비, 보험료, 산재 보상료, 보상비, 소송비 등 각종 갈등 치유 비용을 줄일 수 있다.

가족은 본능 혹은 자연적 인간관계에 기초한다. 어느 정도 생물학적 본능적 요소를 갖고 있다. 근대국가, 자본주의 질서 속에서 보편화된 핵가족은 여성의 지위향상과 인정투쟁을 반영한 것이기는 하나 이러한 정치경제 질서와 맞물려 체제 유지 혹은 소유, 즉 도구적 단위가 된 점이 있다. 그래서 가족의 자연적 생물학적인 요소를 어떻게 현대사회가 요구하는 사회적, 보편적인 요소와 결합하여 가족을 재구성할 것인가가 한국뿐만 아니라 현대 문명의 큰 숙제다. 그래서 모든 사회개혁의 과제

---

508. 위잉스(余英時), 『동양적 가치의 재발견』(김병환 옮김), 동아시아, 2007, 85쪽.

는 가족의 재구조화에 대한 비전과 대안이 있어야 한다. 필자는 그러한 대안을 제시할 능력은 없지만 그 필요성을 강조하는 정도로 이 글을 맺고자 한다.

참고 문헌

<국내 문헌>

가와모토 아야. 1999. 「한국과 일본의 현모양처 사상: 개화기로부터 1940년대 전반까지」. 심영희·정진성·윤정로 엮음. 『모성의 담론과 현실: 어머니의 성·삶·정체성』. 나남출판.
갈브레이스. 1972. 『새로운 산업국가』(이기욱 옮김). 장문각.
강준식. 2004. 『다시 읽는 하멜 표류기』. 웅진닷컴.
강진웅. 2010. 「남북한의 국가와 가족: 체제변화와 가족주의의 변형」. 『한국사회학』. 44(5).
강창동. 2004. 『한국의 교육문화사』. 문음사.
고황경. 1963. 『한국농촌가족의 연구』. 서울대학교출판부.
공덕귀. 1994. 『나 그들과 함께 있었네』. 여성신문사.
공정자. 1989. 「한국 대기업가 가족의 혼맥에 관한 연구」. 이화여자대학교 사회학과 박사학위 논문.
구자혁. 1993. 『근대한국인물사 307. 장지연』. 동아일보사
구해근. 2002. 『한국 노동계급의 형성』. 창작과비평사
권내현. 2016. 「조선후기 부계 가족·친족의 확산과 몇 가지 문제」. 『한국사학보』 제62호.
권문상. 2011. 「한국 교회 연합과 '가족신학'」. 『성경과 신학』 제57권.
권태환·박영진. 1995. 「가구 및 가족유형」. 『한국의 인구와 가족』. 일신사
그리피스. 1999. 『은자의 나라 한국』. 집문당
기무라 간. 2007. 『조선/한국의 내셔널리즘과 소국의식』(김세덕 옮김). 산처럼.
김경동. 1979. 「공업화의 사회적 충격과 미래의 과제: 한국사회의 전통적 요소와 상호작용을 중심으로」. 한국정신문화연구원 편.
김경일. 2000. 「일제하의 신여성 연구」. 『사회와 역사』. 57권.
_____. 2012. 『근대의 가족, 근대의 결혼』. 푸른역사.
김광억. 2002. 「국가와 사회. 그리고 문화: 가족과 종족 연구를 위한 한국 인류학의 패러다임 모색」. 한국문화인류학회. 『한국문화인류학』. 32(2).
김남일. 2002. 『통일 할아버지 문익환』. 사계절.
_____. 2007. 『안병무 평전』. 사계절.

김도균. 2013. 「한국의 자산기반 생활보장체계의 형성과 변형에 관한 연구: 개발국가의 저축동원과 조세정치를 중심으로」. 서울대학교대학원 사회학과 박사학위논문.

김동춘. 1994. 「한국자본주의의 성격과 지배질서」. 한국산업사회연구회 엮음. 『한국 사회의 변동: 민주주의, 자본주의, 이데올로기』. 한울.

_____. 1998a. 「1950년대 한국 農村에서의 家族과 國家: 한국에서의 '近代'의 肖像」. 역사문제연구소. 『1950년대 남북한의 선택과 굴절』. 역사비평사.

_____. 1998b. 「노동, 복지 체제로 본 한국자본주의의 성격」. 『역사비평』 통권 43호.

_____. 1999. 「가족이기주의」. 『역사비평』 통권 47호.

_____. 2000. 「한국의 근대성과 과잉 교육열」. 『근대의 그늘』. 당대.

_____. 2002. 「유교와 한국의 가족주의: 가족주의는 유교적 가치의 산물인가」. 『경제와 사회』. 통권 55권.

_____. 2006. 『전쟁과 사회: 우리에게 한국전쟁은 무엇이었나』. 돌베개.

_____. 2013. 『이것은 기억과의 전쟁이다』. 사계절.

_____. 2015. 『대한민국은 왜』. 사계절.

김두헌. 1968. 『한국가족제도연구』. 서울대학교출판부.

김병서. 1989. 「안주한 기복신앙」. 『신앙세계』 제249호.

김부태. 1995. 『한국학력사회론』. 내일을여는책.

김상균. 1988. 『현대사회와 사회정책』. 서울대학교출판부. 1988

김상봉. 2005. 『도덕교육의 파시즘: 노예도덕을 넘어서』. 도서출판 길.

김상용. 2004. 「호주제는 우리 민족의 전통가족제도인가?」. 『법조』 53(7).

김상준. 2005. 「대중유교로서의 동학: 유교적 근대성의 관점에서」. 『사회와 역사』 통권 68호.

_____. 2014. 『맹자의 땀 성왕의 피: 중층근대와 동아시아 유교문명』. 아카넷.

김성례. 2002. 「기복신앙의 윤리와 자본주의 문화」. 『종교연구』 제27집.

김성철. 1979. 「한국 기업과 가족주의: 한국인의 가족에 대한 인식과 기업경영에의 적용」. 한국정신문화연구원.

김성택. 1970. 「제주시 학부모의 교육열」. 『제주시』. .

김승현. 2010. 「가족주의와 공공성: 전통적 가치와 현대적 가치의 측정에서 소망성 편향」. 한국정치학회. 『한국정치학회보』 44(3).

김여수. 1961. 「농촌의 가족과 상속: 공주군 우성면의 실태」. 경희대학교. 『경희법학』 제3집.

김영덕·서광선 외. 1972. 『한국여성사: 개화기~1945』. 이화여자대학교출판부

김용복·박영신·최종고·신대균. 1984. 「한극 근대화와 기독교」. 대한기독교서회. 『기독교 사상』 28(7). 1984.

김원. 2005. 『그녀들의 반역사, 여공』. 이매진.

김윤수. 1985. 「소련 거주동포의 활약상 2. 자녀들에 대한 교육열도 대단」. 『통일』 49호.
김윤용. 1991. 「가족이기주의에 편승한 망국병. 학부모의 과잉 교육열」. 우리교육 편집부. 『초등 우리교육』 1991년 12월.
김윤태. 2012. 「가족자본주의와 관리자본주의: 한국재벌의 소유와 통제와 관한 비교연구」. 『한국의 재벌과 발전국가』. 한울.
김은우. 1963. 『한국 여성의 애정갈등 원인 연구』. 한국연구원.
김인회. 1978. 「한국교육의 무속사상적 연원」. 『韓國敎育史學』 2호. .
＿＿＿. 1979. 『한국인의 가치관: 무속과 교육철학』. 문음사.
＿＿＿. 1991. 「한국인의 교육열, 그 허와 실」. 『대학교육』 50.
김자혜·김미숙. 2002. 「화이트칼라 가족연구」. 한국가족학회. 『가족과문화』 14(1).
김정임. 2003. 「한국 교회 성도들과 목회자들의 '복' 개념에 대한 목회 상담적 접근」. 『복음과 상담』 제31호.
김중환. 1998. 「혈연-물질주의에 적은 가족 이기주의의 극복」. 『기독교사상』 42권 5호.
김태길. 2001. 『유교적 전통과 현대 한국』. 철학과현실사.
김태길·김동인·박세일·황경식. 1988. 『한국사회와 시민의식』. 문음사.
김현주. 2013. 『사회의 탄생』. 소명출판.
김형효. 1997. 「한국인의 사회적 불행과 가정의 존재론적 가치」. 한국정신문화연구원. 『형성과 창조 2-3: 가정의 정신문화적 의미와 가족주의 문제』.
김혜경. 1998. 「일제하 '어린이기'의 형성과 가족변화에 관한 연구」. 이화여자대학교 박사학위논문.
＿＿＿. 2006. 『식민지하 근대가족의 형성과 젠더』. 창비.
김흥수. 1999. 『한국전쟁과 기복신앙 확산연구』. 한국기독교역사연구소.
김희경. 2017. 『이상한 정상가족: 자율적 개인과 열린공동체를 지향하며』. 동아시아.
김희복. 1990. 「한국인의 교육열 탐색: 부산지역의 고등학교 학부모를 중심으로」. 『경희대학교 논문집』 11(3).
＿＿＿. 1992. 「학부모문화연구」. 서울대학교 박사학위논문.
나영균. 2004. 『일제시대, 우리 가족은: 어느 가족의 삶을 통해 본 식민지 한국 지식인 사회의 풍경』. 황소자리.
나카네 지에. 1979. 『日本社會의 性格: 농촌의 친족과 경제조직』(이광규 옮김). 일지사.
＿＿＿＿＿. 1997. 『일본사회의 역학』(김난영 옮김). 소화.
니코스 풀란차스. 1985. 『정치권력과 사회계급』(홍순권·조형제 옮김). 풀빛.
다이애너 기틴스. 1997. 『가족은 없다: 가족이데올로기의 해부』(안호용·김흥주·배선희 옮김). 일신사.

다카하시 도루. 2010. 『식민지 조선인을 논하다』(구인모 옮김). 동국대학교출판부.
대한가족계획협회. 1991. 『가족계획운동 30년의 회고』.
라이샤워. 1965(1997). 『일본근대화론』(이광섭 옮김). 소화.
로버트 니스벳. 1997. 『에드먼드 버크와 보수주의』(강정인·김상우 옮김). 문학과지성사.
로저 자넬리·임돈희. 1995. 「한국 한 재벌회사의 인간관계에 대한 문화적 이해와 관행연구」. 한국문화인류학회. 『한국문화인류학』. 28(1).
루스 베러클러프. 2017. 『여공문학: 섹슈얼리티 폭력 그리고 재현의 문제』(김원·노지승 옮김). 후마니타스.
류승무. 1992. 「한국가족주의문화의 변천과정 연구」. 중앙승가대학. 『論文集』 1호.
류재형. 2015. 「'국제시장', 가부장적 가족주의의 재현」. 『현대영화연구』 22호.
리영희. 1977. 『우상과 이성』. 한길사.
마루야마 마사오. 1995. 『일본 정치사상사연구』(김석근 옮김). 통나무.
모리시마 미치오. 1992. 『왜 일본은 성공하였는가: 일혼양재』(이기준 옮김). 일조각.
몽테스키외. 1981. 『법의 정신』(한상범 옮김). 대양서적.
문소정. 2003. 「일제하 농촌의 인구와 가족의 변화」. 한국농촌경제연구원 연구자료.
문옥표. 2000. 「일본의 가족, 전통적 제도와 현대적 변용」. 한국정신문화연구원 엮음. 『동아시아 문화전통과 한국사회: 한·중·일 문화 비교를 위한 분석 틀의 모색』. 백산서당.
문준영·이승일. 2018. 「한국 민법전의 탄생, 그 혁신의 논리 속의 의용 민법」. 정근식·이병천 엮음. 『식민지 유산, 국가형성, 한국 민주주의 1』. 책세상.
미야지마 히로시. 2013. 『나의 한국사 공부: 한국사의 새로운 이해를 찾아서』. 너머북스
박경리. 1993. 『시장과 전장』 1권. 나남.
박근수. 1991. 「벼랑에 몰린 농민. 어디로 가야 하나」. 『월간 우리교육』 1991년 8월호.
박남기. 1994. 「한국인의 교육열 이해를 위한 대안적 관점」. 『교육학연구』 32(5).
박문수. 2002. 「한국 가톨릭 신자의 기복신앙」. 『참여불교』 통권 7호.
박미해. 2007. 「조선중기 수령의 가족부양으로 본 장자(長子)의 역할과 가(家)의 범위: 오희문가의 평강생활(1596~1600년)을 중심으로」. 『사회와 역사』 75권.
_____. 2014. 「다산 정약용의 가(家)와 가(家)의식: 『거가사본(居家四本)』을 중심으로」. 『사회와 역사』 103(0).
박영신. 1978a. 「독립협회 지도세력의 상징적인 의식구조」. 『동방학지』 20권 9호.
_____. 1978b. 『현대사회의 이론과 구조』. 서울. 일지사.
_____. 1983. 「한국사회발전론 서설」. 『한국사회 어디로 가고 있나』. 현대사회연구소.
_____. 1987. 『역사와 사회변동』. 한국사회학연구소/민영사.
_____. 1995. 『우리 사회의 성찰적 인식. 현상과 인식사.

박영은. 1985. 「산업화와 가족주의」. 한국정신문화연구원. 『정신문화연구』 8(1).
_____. 2004. 『현대와 탈현대를 넘어서: 한국적 현대성의 이론적 모색』. 역사비평사.
박유진. 2008. 「새로운 가족사의 추구: 근대 한국의 족보편찬과 중인층의 반응」. 『역사문제 연구』 20(2). 역사문제연구소.
박종홍. 1991. 『한국사상사(불교편)』 박종홍 전집 제4권. 서문당.
박준식. 1999. 「1960년대의 사회환경과 사회복지정책: 노동시장 문제를 중심으로」. 한국정신문화연구원 편. 『1960년대 한국의 사회변동』. 백산서당.
박혜인. 1989. 「한국여성의 가족주의 가치 분석: 대구·경북지역의 도시 농촌 비교」. 『여성문제연구』 17(0).
_____. 1994. 「한국사회의 교육열에 대한 역사적 고찰: 과거시험이 가족, 사회에 미친 영향을 중심으로」. 한국가정관리학회. 『한국가정관리학회지』 12(1).
박훈탁. 2002. 「조선후기 적장자 상속의 역사적 기원: 시장과 벌렬의 정치 경제」. 대한정치학회. 『대한정치학회보』 10(2).
박희. 1997. 「한국의 가족주의적인 조직원리와 공공성의 문제」. 『호서문화논총』 11호.
박희병. 2013. 『범애와 평등: 홍대용의 사회사상』. 돌베개.
배용광·변시민. 1984. 『한국사회의 규범문화』. 한국정신문화연구원.
배은경. 2009. 「경제위기와 한국여성: 여성의 생애전망과 젠더/계급의 교차」. 한국여성연구소. 『페미니즘 연구』 9(2) 2009 가을호.
백종구. 2003. 「한국 초기 개신교 선교부의 기복신앙: 구한말 민간신앙의 기복적 요소 수용과정을 중심으로」. 『한국교회사연구』 13(13).
벤저민 슈워츠. 2006. 『부와 권력을 찾아서』(최효선 옮김). 한길사
변시민. 1987. 「일본문화와 한국문화」. 민족지성사. 『민족지성』 20호.
변화순·김현주. 1992. 『가족의식에 관한 한국과 일본의 비교연구: 서울과 후쿠오카현을 중심으로』. 한국여성개발원.
빌헬름 라이히. 1986. 『파시즘의 대중심리』(오세철·문형구 옮김). 현상과인식.
샤를 달레. 2015. 『벽안에 비친 조선국의 모든 것: 조선교회사 서론』(정기수 옮김). 탐구당.
서양걸. 2000. 『중국가족제도사』(윤재석 옮김). 아카넷.
설훈. 2017. 「한국 개신교회의 종교권력과 교회세습에 관한 비판적 고찰」. 성공회대학교 신학과 박사학위논문.
세로셰프스키 바츨라프. 2006. 『코레야 1903년 가을. 러시아 학자 세로셰프스키의 대한제국 견문록』. 개마고원.
세비지 랜도어. 1999. 『고요한 아침의 나라 조선』. 집문당
세실 하지스 외. 2009. 『영국 성공회 선교사의 논에 비친 한국인의 신앙과 풍속』(안교성 옮

김). 살림.

손병규. 2014. 「20세기 전반의 족보편찬 붐이 말하는 것」. 수선사학회. 『사림』 제47권.

_____. 2015. 「20세기 초 한국의 족보(族譜) 편찬과 '동족집단(同族集團)' 구상: 경상도 단성지역(丹城地域) 안동권씨(安東權氏) 몇 가계의 사례」. 『대동문화연구』 91(0).

송재룡. 2002. 「가족주의와 한국사회의 삶의 유형: 두 언어의 게임 사이에서」. 『현상과 인식』 2002 봄/여름호.

_____. 2017. 「유교와 기독교의 초월지평 비교: 좌광두와 토마스 모어의 종교적 삶을 통해 본」. 한국사회이론학회. 『사회이론』 통권 51호.

송현강. 2006. 「초기 한국 기독교 수용 주도층 문제: 19세기 연구성과의 반영」. 『한국기독교역사연구소소식』 74호.

신수진. 1998. 「한국의 가족주의 전통과 그 변화」. 이화여자대학교 박사학위논문.

신인철. 2017. 「한국인의 가치관과 감정을 서베이로 읽기」. 한국학중앙연구원 학술토론회 자료집. 『한국인의 가치변화와 감정양식』.

심산사상연구회. 1986. 『김창숙 문존』. 성균관대학교 대동문화연구원.

_____. 2001. 『심산 김창숙 문존』. 성균관대학교 출판부.

심영희. 「21세기형 공동체 가족 모델의 모색과 지원방안: 2차 근대성과 개인화 이론의 관점에서」. 숙명여자대학교 아시아여성연구원. 『아시아여성연구』 50(2).

아담 스미스. 2009. 『도덕감정론』(박세일·민경국 옮김). 비봉.

안병직 편. 1979. 『한국 근대사상가 전집: 신채호』. 한길사.

앙드레 뷔르기에르 외. 2001. 『가족의 역사 1: 오래된 세계, 이질적인 선택』. 이학사.

야마다 마사히로. 『우리가 알던 가족의 종말』(장화경 옮김). 그린비. 2010.

야마다 소지. 2002. 『가네코 후미코: 식민지 조선을 사랑한 일본 제국의 아나키스트』(정선태 옮김). 산처럼.

양현아. 1999. 「한국의 호주제도: 식민지유산 속에 숨쉬는 가족제도」. 『여성과 사회』 제10호.

_____. 2011. 『한국 가족법 읽기: 전통. 식민지성. 젠더의 교차로에서』. 창비.

어네스트 겔너. 1988. 『민족과 민족주의』(이재석 옮김). 예하.

에도 피브체비치. 1989. 『훗설에서 싸르트르에로』(이영호 옮김). 지학사.

에밀 뒤르켐. 2012. 『사회분업론』(민문홍 옮김). 아카넷.

엠마뉘엘 토드. 1997. 『유럽의 발견: 인류학적 유럽사』(김경근 옮김). 까치.

옌리에산. 2005. 『이탁오 평전』(홍승직 옮김). 돌베개.

오갑환. 1975. 「韓國의 財閥: 경제에리뜨의 社會의 背景. 階層의 狀況과 그 影響力에 관한 社會學的 硏究」. 서울대학교. 『인문사회과학』 제20권.

오천석. 1964. 『한국신교육사』. 현대교육총서출판사.

오치아이 에미코. 2013. 「21세기 초 동아시아의 가족과 젠더 변화의 논리」. 조주현 엮음. 『동아시아의 여성과 가족변동』. 계명대학교 출판부.
왕혜숙. 2013. 「가족 인정 투쟁과 복지정치: 한국의 의료보험 피부양자 제도의 변화과정을 중심으로」. 『한국사회학』 47(4).
요네야마 도시나오. 1997. 『일본인의 집단의식』(김필동 옮김). 소화.
위잉스. 2007. 『동양적 가치의 재발견』. (김병환 옮김). 동아시아.
윌리엄 T. 로. 2014. 『(하버드 중국사 청) 중국 최후의 제국』. 너머북스.
유동식. 1965. 『한국 종교와 기독교』. 대한기독교서회.
유동우. 1983. 『어느 돌멩이의 외침』. 청년사.
유석춘. 1997. 「유교 자본주의의 가능성과 한계」. 『전통과 현대』 1997 여름호.
윤근섭. 1987. 「농촌인구의 이출과 적응에 관한 연구」. 전남대학교 박사학위논문.
윤재수. 1983. 「연좌와 연좌제」. 『석당논총』 제3집.
윤태림. 1964. 『한국인의 성격』. 현대교육총서출판사.
_____. 1974. 『한국인』. 현암사.
_____. 1981. 「韓國社會에 照明된 韓國人의 心理」. 世界平和敎授協議會. 『廣場』 92호.
_____. 1990. 『한국의 가족과 친족』. 민음사.
윤해동 외. 2013. 『식민지 공공성, 실제와 은유의 거리』. 책과 함께.
윤형숙. 2000. 「가족사를 통해 본 지방사」. 『한국문화인류학』 33(2).
_____. 2003. 「전쟁과 농촌사회 구조의 변화」. 표인주 외. 『전쟁과 사람들: 아래로부터의 한국전쟁 연구』. 한울아카데미.
윤홍식. 2012. 「가족주의와 가족정책 재유형화를 위한 이론적 논의」. 『한국사회복지학』 64(4).
이광규. 1975. 『한국가족의 구조분석』. 일지사.
_____. 1993. 「인류학에서의 가족연구」. 『가족학 논집』 제5집.
_____. 1994. 「한국사회의 가족주의 전통과 그 변화」. 『청소년 연구』 제47호.
이광수. 1971. 『이광수 전집』 10권. 삼중당.
이기웅 역편. 2000. 『안중근 전쟁, 끝나지 않았다』. 열화당.
이능화. 2008. 『조선무속고: 역사로 본 한국무속』. 창비.
이만갑. 1959. 『한국 농촌사회의 구조와 변화』. 한국연구원.
_____. 1966. 「한일양국의 민족성과 그 사회적 성격」. 서울대학교 동아문화연구소. 『동아문화』 제5호.
_____. 1989. 「가족제도연구의 몇 가지 문제점」. 한림대학교 아시아문화연구소. 『아시아문화』 제5호.
이만규. 1988. 『조선교육사2』. 거름.

이명호. 2013a. 「가족 관련 분석적 개념의 재구성: 가족주의에서 가족중심주의로」. 동양사회사상학회. 『사회사상과 문화』 28집.
_____. 2013b. 「한국 가족중심주의의 역사적 기원: 조선후기 근대전환기의 종교영역과 생활양식을 중심으로」. 한양대학교 박사논문.
이병천. 2003. 「개발독재의 정치경제학과 한국의 경험」. 『개발독재와 박정희 시대: 우리 시대의 정치경제적 기원』. 창비.
이사벨라 버드 비숍. 1994. 『한국과 그 이웃나라들: 백년전 한국의 모든 것』. 도서출판 살림.
이삼식. 2018. 「출산율 0명이 말하는 것들」. 지방자치실무연구소. 『참여사회』 통권 258호.
이삼식·최효진·서문희·박세경·윤홍식·진미정. 2010. 「2009년도 전국 결혼 및 출산 동향 조사 심층분석: 저출산 원인과 정책방향」. 보건복지부·한국보건사회연구원.
이상백. 1966. 「한국인의 사고방식의 연구방법론」. 미완성 유고. 『한국사회학』 2.
이상은. 1975. 『유교와 동양문화』. 범학도서.
이선이. 2001. 「근대 초 조선민족성담론의 형성배경과 논의방식」. 『동아시아 근대 한국인론의 지형』. 소명출판.
이성호. 2010. 「한국전쟁과 지역주민의 대응: 임실 지역주민의 전쟁경험을 중심으로」. 한국구술사학회. 『구술로 읽는 삶』(2010. 6.18. 학술대회 논문집)
이수건. 2003. 『한국의 성씨와 족보』. 서울대학교출판부.
이승연. 2004. 「유교 가족주의와 공사론: 주자학의 종법주의와 관련해서」. 한국사회학회. 『사회학대회 논문집』. 35-39쪽.
이시재. 2003. 「한·일 시민사회 성격의 비교연구」. 가톨릭대학교 사회과학연구소. 『사회과학연구』. 제19집.
이영춘. 1995. 「종법(宗法)의 원리와 한국 사회에서의 전통 사회와 역사」 46(0)호.
이인효·박현정. 1993. 「교육열의 구조에 대한 문화기술」. 『교육진흥』 20호.
이임하. 2004. 『(한국전쟁과 젠더) 여성, 전쟁을 넘어 일어서다』. 서해문집.
_____. 2010. 『전쟁 미망인, 한국 현대사의 침묵을 깨다』. 책과함께.
이재경. 2015. 「가부장제 이후의 한국가족」. 『한국문화연구』 29호.
이정식. 2003. 『구한말의 개혁, 독립투사 서재필』. 서울대학교출판부.
이종구. 2000. 「일본의 기업과 가족주의 담론」. 한국정신문화연구원.
이종석. 1993. 「조선 노동당의 지도사상과 구조변화에 관한 연구」. 성균관대학교 정치외교학과 박사학위 논문.
이진구. 2007. 「해방 이후 남한 개신교의 미국화: 복음주의 보수 우파의 신앙수용을 중심으로」. 『한국기독교역사연구소소식』 78호.
이케하라 마모루. 1999. 『맞아죽을 각오를 하고 쓴 한국 한국인 비판』. 랜덤하우스 코리아.

이효재. 1959. 「서울시 가족의 사회학적 고찰」. 이화여대. 『한국문화연구원논총』 제1집.
____. 1971. 『도시인의 친족관계』. 한국연구원.
____. 1979. 「전환기에 선 가족주의」. 고려대학교. 『高大文化』 19호. 43-50쪽.
____. 1990. 「한국 가부장제의 확립과 변형」. 여성한국사회연구회. 『한국가족론』. 까치.
임석재. 1970. 「한국무속연구 서설」. 『아세아문화연구』 제9집.
장경섭. 1992. 「핵가족 이데올로기와 복지국가: 가족부양의 정치경제학」. 『경제와 사회』 15집. 한울.
____. 2001. 「가족이념의 우발적 다원성: 압축적 근대성과 한국가족」. 『정신문화연구』 24(2).
____. 2009. 『가족. 생애. 정치경제: 압축적 근대성의 미시적 기초』. 창비.
____. 2018. 『내일의 종언(終焉)?: 가족자유주의와 사회재생산 위기』. 집문당.
장경섭·진미정·성미애·이재림. 2015. 「한국사회 제도적 가족주의의 진단과 함의: 소득보장, 교육, 돌봄 영역을 중심으로」. 『가족과 문화』 27(3).
장기천. 1997. 「한국교회의 성직 세습 문제」. 대한기독교서회. 『기독교사상』 41(10).
장수현. 2000. 「사회주의 중국의 가족」. 한국정신문화연구원 편.
장자크 루소. 1978. 『사회계약론』. 대양서적.
전라북도. 2000. 『전북여성발전 50년』. 전라북도여성정책관실.
정병설. 2014. 『죽음을 넘어서: 순교자 이순이의 옥중편지』. 서울대학교 인문강이 5. 민음사.
정수복. 2012. 『한국인의 문화적 문법』. 생각의나무.
정순우. 1998. 「한국사회 교육열에 관한 역사·문화적 접근」. 98 교육사회학회 연차대회 발표 논문.
____. 2007. 『공부의 발견』. 현암사.
정원식. 1984. 「교육열」. 『사회과학과 정책연구』 6(3).
정윤수. 2013. 「'골프 대디' 현상과 한국의 가족주의」. 새얼문화재단. 『황해문화』 통권 79호.
정이환. 2013. 『한국 고용체제론』. 후마니타스.
정종면. 1964. 『韓國農村社會學原理』. 富民文化社.
정주영. 1992. 『나의 삶. 나의 이상. 시련은 있어도 실패는 없다』. 현대문화신문사.
정진성·김혜경. 2001. 「핵가족 논의와 식민지 근대성: 식민지 시기 새로운 가족개념의 도입과 변형」. 『한국사회학』 35(4).
정현우 엮음. 1993. 『세계 속의 한국기업 삼성전자』. 자유시대사.
조동성. 1997. 『한국 재벌』. 매일경제신문사.
조선중앙통신사. 1993. 『조선중앙년감』.
조선총독부. 2010. 『조선인의 사상과 성격』(김문학 옮김). 북타임.
조은. 1990a. 「도시빈민의 생존전략과 여성」. 여성한국사회연구회. 『한국가족론』. 까치.

____. 1990b. 「역사적 형태로서의 가족과 계급」. 한국사회사연구회. 『한국사회의 여성과 가족』. 문학과지성사.
조은주. 2018. 『가족과 통치 : 인구는 어떻게 정치의 문제가 되었나』. 창비.
조주은. 2004. 『현대가족이야기』. 이가서.
조주현. 2018. 「한국의 신자유주의적 지구화와 여성 주체성의 변화. 실천이론의 관점」. 『정체성 정치에서 아고니즘 정치로: 여성학 방법론과 페미니즘 정치의 실천적 전환』. 계명대학교출판부.
조혜정. 1986a. 「가부장제의 변형과 극복」. 한국여성학회. 『한국여성학』 2권.
____. 1986b. 「가족윤리: 공리적 가족집단주의와 도덕적 개인주의」. 아산사회복지사업재단. 『현대사회와 가족』.
____. 1999. 『한국의 여성과 남성』. 문학과지성사.
창해거사(滄海居士). 「家族制度의 側面觀」. 『개벽』 제3호. 개벽사. 1920년.
최길성. 1991. 『한국인의 한』. 예진.
최봉영. 1994. 『한국인의 사회적 성격 1』. 느티나무.
____. 2004. 「한국 가족주의와 권력욕」. 한국사회학대회 발표 논문.
최상진. 1993. 「한국인과 일본인의 '우리'의식 비교」. 한국심리학회 '93연차대회 학술발표논문집.
최재석. 1965. 『韓國人의 社會的 性格』. 民潮社.
____. 1976. 『한국농촌사회연구』. 일지사.
____. 1982. 『현대가족연구』. 일지사.
____. 1986. 『한국가족제도사연구』. 일조각.
____. 1994. 『한국인의 사회적 성격』. 현음사.
____. 1996. 『한국가족연구』. 일지사.
최재율. 1990. 『농촌 후진성의 사회학적 해석』. 도서출판 청진.
최정운. 2013. 『한국인의 탄생: 시대와 대결한 근대 한국인의 진화』. 미지북스.
____. 2016. 『한국인의 발견』. 미지북스.
최정호. 1990. 「福의 구조. 한국인의 행복관」. 『계간사상』 2(2) 통권 5호. 1990 여름.
최종욱. 1959. 「내가 고찰한 농촌사회와 학교」. 이화여대 교육학과 교육연구회. 『교육연구』 14호.
최협. 2012. 『판자촌 일기: 청계천 40년 전』. 눈빛.
친후이·쑤원. 2002. 『전원시와 광시곡: 농민학에서 본 중국의 역사와 현실사회 비판』. 이산.
카를 마르크스. 1987. 『루이 보나파르트의 브뤼메르 18일』(허교진 옮김). 프랑스 혁명사 3부작. 소나무.
페이샤오퉁. 1995. 『중국사회의 기본구조』. 일조각.

프리드리히 엥겔스. 1985. 『가족의 기원』(김대웅 옮김). 아침.
피에르 부르디외. 1998. 『자본주의의 아비투스: 알제리의 모순』(최종철 옮김). 동문선.
_____. 2005. 『구별 짓기: 문화와 취향의 사회학』(최종철 옮김). 새물결.
한경구. 1996. 「동아시아적인 것을 찾아서」. 『문학과 사회』 9(4).
한국갤럽조사연구소. 1990. 『한국인의 인간가치관』. 한국갤럽조사연구소.
한국예술정보. 2000. 「가족주의와 어른」. 『한국민속대관』. 한국예술정보.
한남제. 1988. 「도시주민의 친족관계」. 한국사회학회. 『한국사회학』. 22(SUM).
_____. 1995. 「도시주민의 가족의식」. 경북대학교 사회과학대학. 『사회과학』 제7집.
한상권. 2008. 『차미리사 평전: 일제 강점기 여성해방운동의 선구자』. 푸른역사.
한용운. 1990. 『한용운 산문전집』. 정해렴 편역. 현대실학사.
허흥식. 1992. 「고려시대의 부처제도와 그 변천」. 역사학회. 『한국친족제도 연구』. 일조각.
헤겔. 2008. 『법철학』(임석진 옮김). 한길사.
홍강의. 「가정의 정신분석학적 의미와 가족주의 문제」에 대한 논평. 한국정신문화연구원. 『형성과 창조 2-3』. 1997.
홍경준. 2002. 「복지국가의 유형에 관한 질적 비교분석: 개입주의. 자유주의 그리고 유교적 복지국가」. 김연명 엮음. 『한국 복지국가성격논쟁1』. 인간과 복지.
홍승직. 1969. 『한국인의 가치관 연구』. 고려대학교 아세아문제연구소.
홍양희. 2005. 「식민지 시기 호적제도와 가족제도의 변용」. 『사학연구』 제79호.
홍찬숙. 2015a. 『개인화: 해방과 위험의 양면성』. 서울대학교 출판문화원.
_____. 2015b. 「동아시아 가족주의의 현재와 미래: 압축적 근대성. 성찰적 근대성」. 서울대학교 아시아연구소. 『아시아 리뷰』 4(2).
황정미. 2001. 「개발국가의 여성정책에 관한 연구: 1960, 70년대 한국 부녀행정을 중심으로」. 서울대학교 사회학과 박사학위논문.
_____. 2014. 「가족, 국가, 사회 재생산」. 김혜경 외. 『가족과 친밀성의 사회학』. 다산출판사.
황현. 2016. 『오동나무 아래에서 역사를 기록하다: 황현이 본 동학농민전쟁』. 역사비평사.
후지이 다케시. 2011. 「양우정의 사회주의 운동과 전향: 가족. 계급 그리고 가정」. 『역사연구』 20호.
흥사단 출판부. 1983. 『도산 안창호』. 흥사단 출판부.

<외국 문헌>

渡辺治. 1988. 『現代日本の支配構造分析: 基軸と周辺』. 花伝社.
木村幹. 2000. 『朝鮮/韓國ナショナリズムと'小國'意識: 朝貢國から國民國家へ』. ミネルヴァ書房.

服部民夫. 1985.『韓国の企業 人と経営』. 日本経済新聞社.
有賀喜左衛門. 1965.『日本の家族』. 至文堂.
斉藤史朗. 2018.『昭和日本の家と 政治: 日本社会学における家理論の形成と展開』. 弘文堂.
川島武宜. 2000.『日本社會の家族的構成』. 岩波書店.
村山智順. 1931.『朝鮮の風水』. 朝鮮總督府.

Althusser, Louis. 1970. *Lenin and Philosophy and Other Essays*. Monthly Review Press.
Banfield, Edward. 1958. *The Moral Basis of a Backward Society*. Glencoe, IL: Free Press.
Barrett, Michèle and Mary McIntosh. 1991. *The Anti-Social Family* (2nd edition). Verso.
Beck, Ulrich. 1999. *World Risk Society*, Polity.
Beck, Ulrich and E. Beck-Gernsheim. 2002. *Individualization: Institutionalized Individualism and Its Social and Political Consequences*. Sage.
Beck, Ulrich and Edgar Grande. 2010. "Varieties of Second Modernity: The Cosmopolitan Turn in Social and Political Theory and Research". *British Journal of Sociology* 61(3).
Bird, Isabella Lucy. 1905. *Korea and Her Neighbors: A Narrative of Travel, With an Account of the Recent Vicissitudes and Position of the Country*. J. Murray.
Bourdieu, Pierre. 1983. "Forms of Capital". *Handbook of Theory and Research in the Sociology of Education*. J. Richardson(ed.). Greenwood Press.
_____. 1984. *Distinction: A Social Critique of the Judgement of Taste*. Richard Nice(trans.). Harvard University Press.
_____. 1998. *Practical Reason*. Stanford University Press.
Burgess, Ernest W. and Harvey S. Locke. 1945. *The Family: From Institution to Companionship*. American Book Company.
Cavalli, Alessandro and Fabio Luca Cavazza. 2001. "Reflections on Political culture and the Italian National Character". *Daedalus* 130(3).
Champagne, Patrick. 2008. *Pierre Bourdieu*. Les Esstiels Milan.
Chang, Kyung-Sup. 2010a. "The Second Modern Condition? Compressed Modernity as Internalized Reflexive Cosmopolitization". *British Journal of Sociology* 61(3).
_____. 2010b. *South Korea under Compressed Modernity*. Routledge.
_____. 2014. "Individualization without Individualism: Compressed Modernity and Obfuscated Family Crisis in East Asia". Emiko Ochiai and Leo Aoi-

Hosoya(eds.). *Transformation of the Intimate and the Public in Asian Modernity*. Brill.

Coleman, J. 1988. "Social Capital and the Creation of Human Capital". *American Journal of Sociology* 94.

Dallet, Charles. 1874. *Histoire de L'église de Corée: Précédée D'une Introduction Sur L'histoire, Les Institutions, la Langue, Les Moeurs et Coutumes Coréennes*, Palmé.

Deuchle, Martina. 1992. *The Confucian Transformation of Korea: A Study of Society and Ideology*. Harvard University Press.

Dore, Ronald. 2013. *Taking Japan Seriously: A Confucian Perspective on Leading Economic Issues*. London: Bloomsbury Academic.

Elster, John. 2007. *Explaining Social Behavior: More Nuts and Bolts for the Social Sciences*. Cambridge University Press.

Engels, Frederick. 2010. *The Origin of the Family, Private Property and the State* (Penguin Classics) Reissue Edition, Penguin.

Esping-Andersen, Gøsta. 1990. *Social Foundations of Postindustrial Economies*. Oxford University Press.

Farber, Bernard(ed). 1966. *Kinship and Family Organization*. Wiley.

Fei, Xiaotong. 1939. *Peasant Life in China*. Routledge.

Fei, Xiaotong and Zhang Zhiyi. 1945. *Earthbound China*. University of Chicago Press.

Fukuyama, Francis. 1995. *Trust: The Social Virtues and The Creation of Prosperity*. Free Press.

Gellner, Ernest. 1983. *Nation and Nationalism*. Basil Blackwell.

Giddens, Anthony. 1979. *Central Problems in Social Theory: Action, Structure and Contradiction in Social Analysis*.

Gough, Ian. 2014. "Mapping Social Welfare Regimes beyond the OECD". MacLean, Lauren M. and Cammett, Melani Claire(eds). *The Politics of Non-State Social Welfare*(ebook).

Griffis, William Elliot. 1982. *Corea: The Hermit Nation*. Allen.

Ha, Yong-Chool. 2007. "Late Industrialization, the State, and Social Changes: The Emergence of Neofamilism in South Korea". *Comparative Political Studies* 40(4).

Helle, Horst J. 2017. "Familism: A Threat to the Environment". *China: Promise or Threat?*. Brill.

Heller, Peter L. 1970. "Familism Scale: A Measure of Family Solidarity". *Journal of Mar-*

riage and the Family* 32.

Heller, Peter L. and Guatavo M. Quesada. 1997. "Rural Familsim". *Rural Sociology* 42(2).

Henderson, Gregory. 1968. *Korea: The Politics of the Vortex*. Harvard University Press.

Hirshman, Albert O. 1970. *Exit. Voice and Loyalty*. Harvard University Press.

Hodges, Cecil et al. 1917. *The English church mission in Corea*. A. F. Movbray & Co. Ltd.

Ingoldsby, Bron B. 1991. "The Latin American Family: Familism vs Machismo". *Journal of Comparative Family Studies* 22(1).

Kim, Dong-Choon. 2017. "A Permitted Haven in a Heartless World: Colleges and Churches in South Korea in the 1950s". *Journal of American-East Asian Relations*. 24.

Kim, Dong-No. 1990. "The Transformation of Familism in Modern Korean Society: from Cooperation to Competition." International Sociology 5.

Kotkin, Joel. 2016. "How Post-Familialism Will Shape the New Asia." Forbes. Nov. 30.

Kulp, Daniel Harrison. 1966. *Country Life in South China: The Sociology of Familism*. Ch'eng-Wen Publishing Company.

Kumagai, Fumie. 1995. "Families in Japan: Beliefs and Realities". *Journal of Comparative Studies* 26(1).

Lasch, Christopher. 1978. *Haven in a Heartless World: The Family Besieged*. Basic Books Inc.

Lau, Siu-Kai. 1981. "Chinese Familism in an Urban-Industrial Setting: The Case of Hong Kong. *Journal of Marriage and Family* 43(4).

Lederer, Emil. "Fascist Tendencies in Japan". *Pacific Affairs* 7(4)(Dec. 1934).

Leitner, Sigrid. 2003. "Varieties of Familialism: The Caring Function of the Family in Comparative Perspective". *European Societies* 5(4).

Levine, David. 1984. *Proletarianization and Family History*. Academic Press.

Merton, Robert. 1938. "Social Structure and Anomie". *American Sociological Review* 3(5).

Mishra, Ramesh. 1977. *Society and Social Policy*. Macmillan.

Mitchell, Timothy. 1991. *Colonising Egypt: With a New Preface*. University of California Press.

Murdock, George Peter. 1949. *The Social Structure*. Free Press.

Ochiai, Emiko. 2009. "Care Diamonds and Welfare Regimes in East and South-East Asian Societies: Bridging Family and Welfare Sociology". International Journal of Japanese Sociology. Number 18.

_____. 2011. "Unsustainable societies: the Failure of Familialism in East Asia's

Compressed Modernity". *Historical Social Research* 36(2).

_____. 2013. "Paradigm Shifts in Japanese Family Sociology". *International Journal of Japanese Sociology* 22(1).

Osterhammel, Jürgen. 2005. *Colonialism: A Theoretical Overview*. Shelley Frisch(trans.). Markus Weiner Publishers.

Pichler, Florian and Claire Wallace. 2007. "Patterns of Formal and Informal Social Capital in Europe". *European Sociological Review* 23(4).

Poulantzas, Nicos. 1978. *Political Power and Social Class*. Verso.

Putnam, R. D. 1994. *Making Democracy Work. Civic Traditions in Modern Italy*. University of Princeton Press.

Stone, Lawrence. 1977. *The Family, Sex and Marriage in England, 1500-1800*. London: Weidenfeld & Nicolson.

Tu, Wei-ming. 1991. "A Confucian Perspective on the Rise of Industrial Asia". Silke Krieger and Rolf Trauzettel(eds.). *Bulletin of the American Academy of Arts and Sciences* 42(1).

_____. 1998a. "Family, Nation and the World : The Global Ethic As a Modern Confucian Quest". *Journal Social Semiotics* Vol. 8.

_____. 1998b. "Confucius and Confucianism". Walter H. Slote. and George A. De Vos(eds.). *Confucianism and the Family*. State University of New York Press.

Zimmerman, Carle C. and Merle E. Frampton. 1966. "Theories of Le Play" in Bernard Farber(ed.). *Kinship and Family Organization*. John Wiley & Sons Inc. New York; University of Illinis.

<신문 기사>

「세습의 문화」. 『한겨레신문』. 2011. 12. 26.
「건전 애국영화 '국제시장'을 띄워라?」. 『시사인』. 2017. 5. 4.
「공교육에조차 돈 많이 쓰는 한국 부모들…OECD 교육지표 보니」. 『경향신문』. 2018. 9. 11.
「교육열과 지방관청」. 『동아일보』. 1922. 6. 2.
「국민학교에 불어닥친 치맛바람」. 『경향신문』. 1961. 4. 5.
「기사연 무크 2호」. 『한겨레신문』. 1990. 7. 15.
「김홍도 목사. 이번에도 십일조 안 하면 암 걸려」. 『뉴스앤조이』. 2014. 8. 4.
「내후년에는 1인 가구가 대세… 복지·소비 지형이 바뀐다」. 『중앙일보』. 2017. 8. 23.

「대치동 거지들. 행복은 자식의 성적순」, 『도깨비뉴스』, 2005. 5. 31.
「대한민국을 '개한민국'으로 …'쓰레기 시민의식' 도마 」, 『국민일보』, 2014.10.20.
「루터의 재발견. 질문과 저항의 힘」, 『한겨레 21』, 2018. 1. 8.
「스포츠 국가주의와 가족주의」, 『경향신문』, 2014. 3. 3.
「신가족이 온다」, 『한겨레 21』, 1999. 12. 30.
「씨족의식과 감투욕」, 『경향신문』, 1958. 6. 27.
「엘리트의 타락한 인성은 투자로 전락한 상류층 교육 때문」, 『한국일보』, 2016. 11. 17.
「女 1인가구 200만 넘었다」, 『서울경제』, 2012. 3. 21.
「영동학부모 교육열」, 『동아일보』, 1921. 4. 17.
「동아경제 모형, 여전히 유효하다」, 『매일경제』, 1998. 3. 10.
「이상교육열은 무속영향」, 『동아일보』, 1979. 8. 1.
「인연이 끊긴 사회: 그들은 왜 혼자가 되었나」, 『국제신문』, 2013. 11. 26.
「재벌세습용 계열분리는 정당한가」, 『한겨레신문』, 2013. 9. 28.
「조선사회력의 동적 고찰」, 『조선일보』, 1926. 1. 3. 신년호, 『백남운 전집』에서 재인용.
「족보를 폐지하라」, 『동아일보』, 1928. 2. 2.
「중학입시와 부모의 마음」, 『경향신문』, 1961. 11. 21.
「청산곡」, 『경향신문』, 1960. 11. 9.
「타파가족적 관념(打破家族的觀念)」, 『대한매일신보』, 1908. 9. 4.
「폐습누관(陋慣)부터 개혁하자」, 『동아일보』, 1926.9.21.
「한국인 교육관 문제 있다」, 『동아일보』, 2001. 5. 31.
「혈연과 지연의 재결집은 유해무익」, 『동아일보』, 1956. 9. 29.

<온라인 자료>

https://en.wikipedia.org/wiki/Ethos(검색일: 2019. 10. 29).
http://onlinelibrary.wiley.com/doi/10.1525/ aa.1926.28.3.02a00100/pdf(검색일: 2019. 11. 25).

찾아보기

[인명]

ㄱ

가네코 후미코　108
가와모토 아야　135
갈브레이스(J. K. Galbreith)　205
강준식　165
강진웅　31, 242
강창동　168
겔너(E. Gellner)　50
고바야시 나리토(小林杜人)　120
고황경　128
공덕귀　106
공정자　197
구해근　158
권내현　74
권문상　24
권태환　85, 140
기무라 간(木村幹)　41
김경동　181
김경일　87
김남일　105, 110, 231
김도균　156
김동준　61
김동춘　47, 127, 130, 132, 155, 157, 221
김두헌　76
김명순　110
김미숙　170
김백문　186
김병서　187
김상용　97
김상준　81, 124
김성례　183, 191
김성철　206
김성택　173
김승현　275
김신묵　105
김영덕　86
김용복　21
김원　116
김윤수　176
김윤용　171
김윤태　206
김인회　176, 182, 189, 191
김일성　202
김일엽　110
김자혜　170
김정임　187
김중환　22
김창숙　88, 276
김태길　23

김현주 276
김형효 36
김혜경 86, 100
김홍도 187
김흥수 186
김희경 21, 220
김희복 172

ㄴ

나영균 110
나운몽 186
나카네 지에(中根千枝) 75, 76, 77, 207
나혜석 110
니스벳(Nisbet) 192

ㄷ

다이애너 기틴스(Diana Gittins) 75, 99
다카하시 도루(高橋亨) 51, 73

ㄹ

라이샤워 235
래시(Lasch) 61
량치차오(梁啓超) 23
레더러(Lederer) 229
로저 자넬리 209
루소 126
루스 베러클러프 157
류승무 221
리트워크(Litwak) 147

ㅁ

마루야마 마사오(丸山眞男) 229
마르크스 225, 259
막스 베버 248
말테 리노 201
매킨토시(Mclintoch) 31
머독(Murdock) 29
머튼(Robert Merton) 53
몽테스키외 239
무라야마 지순(村山智順) 60, 234
문선명 186
문소정 113
문옥표 32, 234
문익환 105
미야지마 히로시(宮島博士) 70, 167, 259

ㅂ

바넷(Barnett) 31
바츨라프 세로셰프스키 76, 78
박경리 129
박근수 173
박남기 173
박문수 188
박열 108
박영신 21, 40, 104, 239
박영은 97, 222, 240
박영진 85
박유진 123
박정희 100, 153, 241
박종홍 181
박준식 150

박태선　186
박현정　174
박혜인　57, 164
박훈탁　195
박희　198
배용광　62
배은경　269
백남운　279
백종구　182
밴필드(E. C. Banfield)　50, 58, 249
버제스(Burgess)　38
변시민　62, 234
빌헬름 라이히(W. Reich)　58, 70, 100, 249

ㅅ

새비지-랜도어　79
샤를 달레(Charles Dallet)　71, 72, 274
서거정　33
서광선　86
서양걸　238
서재필　22, 224
설훈　200
세실 허지스(Cecil Hodges)　181
손병규　121
송재룡　40, 224
슈티르너(Stirner)　108
스톤(Stone)　30
신수진　36
신인철　18
신채호　22
쑨원　126
쑨원(孫文)　23

ㅇ

아서 스미스(Arthur Smith)　51
안병무　110
안병직　22
안중근　107, 120, 275, 276
안창호　107
알튀세르(Althusser)　34, 258
앙드레 뷔르기에르　30
애덤 스미스(A. Smith)　60, 126
야마다 마사히로　64
야마다 소지　108
양우정　120
양현아　86
에드먼드 버크(Edmund Burke)　192
에밀 뒤르켐(Emile Durkheim)　152, 194, 248
에스핑 앤더슨(Esping Anderson)　45, 251
엥겔스(Engels)　32, 34, 79, 192
염상섭　124
옌리에산　232
오갑환　197
오세창　112
오천석　169
오치아이 에미코(落合惠美子)　26
우메사오 다다오(梅棹忠夫)　235
울리히 벡(Ulrich Beck)　46, 64, 215
울프(Wolf)　79
유달영　143
유동식　181
유동우　145
유석춘　221

윤근섭	172	이재경	101
윤보선	106	이재용	202
윤봉준	16	이정식	22, 224
윤재수	94	이종구	210
윤치호	23, 104	이종석	243
윤태림	127, 181, 191	이진구	186
윤해동 외	234	이케하라 마모루(池原衛)	21
윤형숙	128	이택선	127
윤홍식	160	이항녕	121
이광규	29, 73, 75, 81, 91, 174, 243	이효재	87, 91, 95, 196
이광수	51, 106	임돈희	209
이노센트 6세	195	임석재	182

ㅈ

이능화	182	장경섭	46, 48, 56, 151, 155, 172, 213, 222, 271
이만갑	71, 72	장기천	195
이만규	119	장수현	238
이명호	37, 133, 227	장지연	22, 23
이병천	151	정병설	105
이사벨라 버드 비숍(Isabella Bird Bishop) 78, 165		정비석	115
이삼식	271	정수복	217
이상(李箱)	109	정순우	165
이상룡	106	정약용	73
이상백	247	정원식	176
이상은	230	정윤수	175
이수건	33	정이환	204
이순이	105	정주영	113
이승만	93, 100	정진성	86, 100
이승연	274	정현우	209
이시재	134, 279	조동성	196
이영춘	32	조용기	186
이율곡	163	조은	34, 223
이인효	174		
이임하	99		

조은주 144
조주은 263
조주현 269
조한혜정(조혜정) 40, 79
짐머만(Zimmerman) 39

ㅊ

창해거사(滄海居士) 111
최길성 171
최남선 51, 112
최봉영 72, 231
최상진 233
최재석 22, 39, 72, 87, 177
최재율 95
최정운 109, 127, 130
최정호 183
최제우 103
최종욱 177
최진호 140
최협 178
친후이(秦揮) 126, 129

ㅋ

칼프(Kulp) 37
캉유웨이(康有爲) 278
콜먼(Coleman) 35
클리퍼드 거츠(Clifford Geertz) 51

ㅌ

토드(Emmanuel Todd) 33
토크빌 224

ㅍ

퍼트넘(Putnam) 35
페이샤오퉁(費孝通) 23, 24, 166, 224
표인주 128
풀란차스(Poulantzas) 131
프램프턴(Frampton) 39
피에르 부르디외(Pierre Bourdieu) 35, 52, 53, 55, 63
피터 벡 17

ㅎ

하멜(Hendrik Hamel) 164
하용출 48, 151
한경구 247
한남제 136, 147
한상권 111
한용운 22
핸더슨(G. Henderson) 252, 253
허흥식 75
헤겔 29, 34, 98, 163, 192
헬러(Perter L. Heller) 42
홍강의 17
홍경준 47
홍승직 116
홍양희 84, 195
홍찬숙 48
황정미 137
황현 103
후지이 다케시 120
후쿠야마(Francis Fukuyama) 59, 126, 249

그 외

渡辺治　　207
服部民夫　　197
野村調太郞　　94
斉藤史朗　　31

Beck-Gernsheim, E.　　46
Cavalli, Alessandro　　42
Cavazza, Fabio Luca　　42
Chang, Kyung Sup　*장경섭 참조
Elster, John　　55
Emiko Ochiai　　26, 31
Farber, Bernard　　30
Fei, Xiaotong　*페이샤오퉁(費孝通) 참조
Giddens, Anthony　　52
Ha, Yong Chool　*하용출 참조
Helle, Horst J.　　166
Henderson, Gregory　*핸더슨 참조
Ingoldsby, Bron B.　　250
Kim, Dong Choon　*김동춘 참조
Kumagai, Fumie　　83
Lau, Siu-Kai　　38
Levine, David　　193
Mishra, Ramesh　　48
Mitchell, Timothy　　88
Osterhammel, Jürgen　　89
Pichler, Florian　　52, 54
Poulantzas, Nicos　　131
Wallace, Claire　　52, 54

[주제]

ㄱ

가부장
　가부장권　　238
　가부장적 가족주의　　61, 119, 157, 160
　가부장제　　116
　가부장주의　　15, 39, 43, 63, 78, 80, 84, 100, 153, 171, 219, 242, 257
가와지마 다케요시(川島武宜)　　237
가족 개인　　89, 213, 228
가족 개인화　　215
가족계획사업　　143
가족 국가　　270
가족법　　85, 241
가족복지　　150, 156, 158
가족이기주의　　19, 21, 40, 155
가족자유주의　　213
가족투자　　179
간통 쌍벌죄　　98
강요된 핵가족화　　97
개교회주의　　200
개발주의　　59, 151, 156
개인
　개인주의　　26, 48, 81, 97, 104, 106, 109, 119, 149, 180, 217, 244, 275
　개인주의화　　268
　개인화　　88, 123, 213, 214, 253
건강가정기본법　　100
경영가족주의　　207, 209, 210, 244
경제성장주의　　193
계급연대　　62, 179

계명구락부　23, 112
공공
　공공복지　62, 156, 268
　공공성　223, 227
　공공심　275
　공공영역　276
　공공의식　224
　공공이익　22
공동체　102, 110, 278
공동체주의　46
공적 시민　276
교육열　17, 65, 165, 172
국가주의　15, 152, 279
국가주의적 가족주의　149
국민기초생활보호제도　159
국민방위군 사건　128
군혼(群婚)　33
그리피스(W. E. Griffis)　73
극우반공주의　130, 151
근대화론　58
근린공동체　62
기독교　81
기러기 가족　17
기복(祈福)신앙　57, 181, 228
기업가족주의　204, 207
기업별 노조(주의)　237, 265
기업복지(company welfare)　155, 205
기업사회　265

ㄴ

난혼(亂婚)　33
노동조합운동　156
농지개혁　89, 114

능력주의　193, 223

ㄷ

다이내믹 코리아　108
대가족　76
대살(代殺)　94
대우혼　33
대체(substitution)　53, 179
대형교회　199, 202
도덕경제(moral economy)　36
도시화　94, 147
독립협회　104
동반자살　20, 244
동성동본　125
동성마을[동성부락]　74, 220, 238
동아시아　229
동업조합　194
동학농민전쟁　103

ㄹ

러일전쟁　82

ㅁ

메이지 유신　265
모던 걸　114
무도덕　183, 190, 264
무도덕적인 가족주의(amoral
　familism)　41
무연사회　272
무정부주의　108
문화적 문법　260
미국 예외주의(American

찾아보기　**305**

exceptionalism) 252
민적법 84
민주화 운동 276

ㅂ

반개인주의 265
반공주의 152, 263
발전주의 59, 151
방어적 가족주의 125
보수주의자 192
보충(complementarity) 53
보호적 가족주의 56, 102, 126, 149, 158, 186, 264, 270
부계친족
  부계친족 74
  부계친족제도 92
  부계혈연 친족제도 83
  부계 혈족집단 100
부녀재가(婦女再嫁) 103
북한 242
분단 102, 149, 179
분단반공체제 264
분파주의 24
비공식 네트워크 259

ㅅ

사내복지 208
사인여천(使人如天) 103
4.19 혁명 136
사적소유 225
사학재단 202
사회권(social citizenship) 59, 151

사회보험제도 150
사회적 가족 278
사회적 공통자산 279
사회적 응집(social cohesion) 258
사회적 자본 35
사회주의 108, 119
사회주의자 192
산업화 58, 94, 135, 138, 147, 152
삶의 유형 51
삼성 202
3.1 운동 225
상상적 공동체 80
상속 74, 194, 206, 257, 270, 278
상속권 192, 195
상속제도 193
서얼(庶孼) 75
서옥(壻屋)제도 75
서자 80
성리학 72
성장주의 15, 151, 265
소국의식 41
소농 136, 247
소농사회 260
소농체제 70
소유권 절대주의 192
소집단주의 24
수정 확대가족 147, 219
순복음교회 186
시민사회 250
시민운동 279
시장경제 97
시장주의 159, 160
식민지 근대(화) 97, 102, 179

306

신가족주의(neofamilism) 46, 260
신민(臣民) 83, 88
신분제 69, 70
신여성 110
신유박해 105
실학사상 81
씨족
  씨족 가족주의 46, 225, 260, 275, 276, 277
  씨족관계 33
  씨족의식 124
  씨족주의 94

ㅇ

아비투스(habitus) 53, 158, 200, 223, 258, 263, 273
안보지상주의 151
압축근대 64
압축 근대화 48
압축성장 26, 150
앤더슨 155
양반 74
양처현모(良妻賢母) 87
여순사건 93
여운형 106
역동성 264
역동적 279
연고 네트워크 128, 240
연고주의 40, 46
연고집단 240
연좌제(緣坐制) 93, 119
열린 출계가족 31
온정주의 22, 236

우정 가족(companionship family) 38
위정척사(衛正斥邪) 106
유교
  유교적 가족주의 49, 59, 244
  유교적 복지체제 47
  유교적 씨족/가족주의 154
  유교주의 21
유사가족 44, 269
유숙계(留宿計) 93
의병전쟁 275
이데올로기 153, 261
이승만 정부 127
2차 근대 64, 215, 267
2차 집단 44, 56
이탈리아 246, 250
인구이동 114, 129
인내천(人乃天) 103
인정투쟁 62, 125
인종주의 51
일부다처 98
일부일처제 33, 71, 98, 99
일제 강점기 82
1차 근대 64, 116, 215, 219, 257
입양 220

ㅈ

자궁가족(ulterine family) 79
자본-임노동관계 57
자본주의 58, 69
자유부인 115
자유주의 81
자유주의자 192
재벌기업 199, 202, 209, 221

재산권	218	지위유지 가족주의	56
적자	80	지위추구 가족주의	122, 175, 176, 223, 264, 270

재산권　　218
적자　　80
전상품화(pre-commodification) 상태　　155
전쟁　　102, 149
전통가족주의　　218
전통사회　　69
전향　　119, 120, 128
정실주의　　40
제2차 라테란(Lateran) 회의　　195
제도
   제도(institutions)　　45
   제도적 가족(institutional family)　　38
   제도적 가족주의(institutional familialism)　　61, 63, 150, 155, 158, 264, 271, 273
제주 4.3 사건　　93, 185
조강지처(糟糠之妻)　　79
조선민사령　　86
조선총독부　　83, 88, 119, 227
족보　　122, 123
족보폐지운동　　112
종법질서　　78, 83, 89
종족이념(lineage ideology)　　81
종족주의　　23
종친회　　124
주민등록제도　　93
주자학　　274
준혈연적 소집단　　47
지역운동　　279
지연(地緣)　　41
지위상승 가족주의　　56

지위유지 가족주의　　56
지위추구 가족주의　　122, 175, 176, 223, 264, 270
직계가족　　140
직장복지(occupational welfare)　　205
집강소　　103

ㅊ

차단　　62, 118, 277
차미리사　　111
창씨개명　　124
첩　　75, 78, 98
체첸족　　246
추격발전　　26
축첩　　86, 98, 99
취약국가　　127
친족　　30, 57, 269

ㅌ

탈가족주의　　109, 160
탈상품화(de-commodification)　　45, 155
탈출(exit)　　102
탈출-저항-충성　　53
태평양전쟁　　135

ㅍ

파벌의식　　24
파시즘　　58
페미니즘　　271
평등주의　　81

ㅎ

하위 주체성 180
학연(學緣) 41
한국전쟁 65, 89, 97, 99, 114, 126, 127, 129, 152, 155, 169, 179, 185, 200
한국학중앙연구원 9
한일합방 88
핵가족
   핵가족 33, 86, 90, 91, 95
   핵가족 가족주의 45
   핵가족주의 148, 153, 277
   핵가족 중심주의 218
현대가족주의 218
현모양처 87, 135, 149
혈연 41
   혈연 가족주의 223, 224, 225
   혈연 공동체 184
   혈연주의 41
   혈연중심주의 265

혈족 가족주의 46
혈족주의 57
호적제도 93
호주(제도) 84, 85, 87, 88, 92, 96, 100, 119, 122, 195, 243
화수회 124
확대가족 76, 87, 140
확대가족주의 41, 46
황국신민 123
회사인간(會社人間) 207
회사주의(會社主義) 207
후기 가족주의 26
후기 근대 64, 267
후원-피후원 관계(patron-client) 59
휴전협정 130

F

familialism 44
familism 44

이 도서의 국립중앙도서관 출판예정도서목록(CIP)은 서지정보유통지원시스템 홈페이지
(http://seoji.nl.go.kr)와 국가자료종합목록 구축시스템(http://kolis-net.nl.go.kr)에서 이용하실
수 있습니다. (CIP제어번호: CIP2020011018)

역동적 한국인 총서 5 (민주주의연구소 총서 23)

한국인의 에너지, 가족주의
개인의 보호막과 지위상승의 발판인 가족

ⓒ 김동춘, 2020

초판 1쇄 발행 2020년 3월 31일
초판 2쇄 인쇄 2020년 8월 05일

지은이   김동춘
펴낸이   김명진
기획   성공회대학교 민주주의연구소 · 이건범
편집   임인기, 김명진   / 디자인   김정환   / 인쇄   재원프린팅

펴낸곳   도서출판 피어나
출판등록   2012년 11월 1일 제2012-000357호
주소   121-731 서울시 마포구 토정로 37길 46, 303호(도화동, 정우빌딩)
전화   02-702-5084   / 전송   02-6082-8855

ISBN 978-89-98408-26-8   93330
책값은 뒤표지에 있습니다.

* 이 책 내용의 전부 또는 일부를 재사용하려면 반드시 저작권자와 도서출판 피어나의 허락을 먼저 받아야 합니다.

** 이 저서는 2014년 대한민국 교육부와 한국학중앙연구원(한국학진흥사업단)의 한국학 총서 사업 지원을 받아 수행된 연구입니다(AKS-2014-KSS-1230002).